Dr. John Coleman

CW01513144

LA DIPLOMATIE PAR LE
MENSONGE

UN COMPTE RENDU DE LA TRAÎTRISE DES
GOUVERNEMENTS DE L'ANGLETERRE
ET DES ÉTATS-UNIS

John Coleman

John Coleman est un auteur britannique et un ancien membre du Secret Intelligence Service. Coleman a produit diverses analyses concernant le Club de Rome, la Giorgio Cini Foundation, le Forbes Global 2000, le Interreligious Peace Colloquium, le Tavistock Institute, la noblesse noire ainsi que d'autres organisations qui se rapprochent de la thématique du Nouvel Ordre Mondial.

LA DIPLOMATIE PAR LE MENSONGE

UN COMPTE RENDU DE LA TRAÎTRISE DES GOUVERNEMENTS DE L'ANGLETERRE ET DES ÉTATS-UNIS

DIPLOMACY BY DECEPTION

An account of the treasonous conduct by the governments of Britain and the United States

Traduit de l'anglais et publié par Omnia Veritas Limited

© Omnia Veritas Ltd – 2022

OMNIA VERITAS.

www.omnia-veritas.com

Note de l'éditeur

Le présent recueil est une compilation d'articles comportant quelques redites et répétitions que nous avons conservées car elles ne nuisent en rien à la compréhension des thèmes traités.

AVANT-PROPOS

J'ai décidé d'écrire ce livre parce que de nombreuses personnes qui avaient lu *La hiérarchie des conspirateurs*[1] m'ont demandé de donner des exemples spécifiques et des cas concrets de la manière dont le Comité exerce un contrôle à une échelle aussi vaste. Ce livre est une façon de répondre à ces demandes.

Après avoir lu *La diplomatie par le mensonge*, il ne fait guère de doute que les gouvernements britannique et américain sont les plus corrompus du monde et que, sans leur pleine coopération pour mener à bien les projets du Comité des 300, cet organisme supranational ne serait pas en mesure d'aller de l'avant avec ses plans pour la création d'un gouvernement mondial unique, que l'ancien président Bush, l'un de ses plus habiles serviteurs, a appelé "le Nouvel Ordre Mondial".

Je souhaite sincèrement que cet ouvrage permette de mieux comprendre le fonctionnement des sociétés secrètes et la façon dont leurs ordres sont exécutés par ceux-là mêmes qui sont censés servir les intérêts nationaux et veiller à la sécurité nationale de leurs pays respectifs et de leurs populations.

Dr. John Coleman

---

[1] Cf. *La hiérarchie des conspirateurs, histoire du comité des 300*, Omnia Veritas Limited, www.omnia-veritas.com

I. La menace des Nations Unies

L'histoire de la création des Nations Unies est un cas classique de diplomatie par le mensonge. Les Nations Unies ont succédé à la défunte Société des Nations, première tentative de mise en place d'un gouvernement mondial unique dans le sillage de la Conférence de paix de Paris qui a donné naissance au traité de Versailles.

La conférence de paix s'est ouverte à Versailles, en France, le 18 janvier 1919, en présence de 70 délégués représentant les banquiers internationaux des 27 puissances alliées "victorieuses". Il est un fait que les délégués étaient sous la direction des banquiers internationaux depuis leur sélection jusqu'à leur retour dans leur pays, et même longtemps après.

Soyons clairs, la conférence de paix avait pour but de saigner l'Allemagne à blanc ; il s'agissait d'obtenir d'énormes sommes d'argent pour les brigands-banquiers internationaux qui avaient déjà récolté des bénéfices obscènes en plus des terribles pertes de la guerre de cinq ans (1914-1919). À elle seule, la Grande-Bretagne a subi 1 000 000 de morts et plus de 2 000 000 de blessés. L'historien de la guerre Alan Brugar estime que les banquiers internationaux ont réalisé un bénéfice de 10 000 dollars sur chaque soldat tombé au combat. La vie est bon marché quand il s'agit du Comité des 300 banquiers Iluminati-Rothschild-Warburg, les maîtres de la Federal Reserve, qui ont financé les deux côtés de la guerre.

Il est également utile de rappeler que H. G. Wells et Lord Bertrand Russell avaient prévu cette terrible guerre dans laquelle des millions de personnes — les fleurs des nations majoritairement chrétiennes — sont mortes inutilement. Les membres du Comité des 300 ont planifié la guerre de façon à ce que les banquiers internationaux en tirent un grand profit. H.G. Wells était connu comme le "prophète" du Comité des 300. Il est vrai que Wells n'a fait qu'actualiser les idées de la Compagnie britannique des Indes orientales (BEIC) qui ont été mises en œuvre par Jeremy Bentham et Adam Smith, pour ne citer que deux des démolisseurs utilisés par le roi George III pour saper et saborder l'avenir économique des colons d'Amérique du Nord qui cherchaient à échapper aux difficultés économiques engendra par la prise de contrôle de leur pays par la caste des banquiers vénitiens à la fin des années 1700.

Dans un article écrit par Wells et publié dans le *Banker* (dont j'ai trouvé un exemplaire au British Museum de Londres), Wells expose le rôle futur du Fonds Monétaire International (FMI) et de la banque des banques, la Banque des Règlements Internationaux (BRI). Lorsque nous, les peuples souverains, comprendrons le rôle des banques internationales dans la fomentation des guerres, puis dans le financement des deux camps, les guerres pourraient bien appartenir au passé. D'ici là, les guerres resteront l'outil favori des banques internationales pour augmenter leurs revenus et se débarrasser des populations indésirables, comme l'a si bien dit Bertrand Russell.

Dans son livre *After Democracy*, Wells affirme qu'une fois que l'ordre économique (énergie sociale) d'un gouvernement mondial unique et dictatorial sera établi, un ordre politique et social sera imposé. C'est précisément ce que les pourparlers de paix de Paris, qui ont débuté en 1919, visaient à faire, en se fondant principalement sur un mémorandum rédigé par le Royal Institute for International Affairs (RIIA).

Le RIIA a rédigé une proposition en 23 points qu'elle a envoyée à Woodrow Wilson, qui l'a remise à Mandel Huis, (alias Colonel House), le contrôleur de Wilson d'origine juive néerlandaise. Le colonel House est immédiatement parti pour Magnolia, sa résidence privée dans le Massachusetts, où il a réduit le nombre de propositions à 14, créant ainsi la base des "14 points" présentés à la Conférence de paix de Paris par le président Wilson en décembre 1918.

L'arrivée de Wilson à Paris est accueillie avec un enthousiasme débridé par la population pauvre et trompée qui s'est lassée de la guerre et qui voit en Wilson l'annonciateur de la paix éternelle. Wilson a habillé ses discours d'un langage vrai, d'un nouvel esprit d'idéalisme, tout en ayant l'intention d'assurer le contrôle du monde par les banquiers internationaux par le biais de la Société des Nations.

Le lecteur ne devrait pas perdre de vue la similitude entre la manière dont le traité de la Société des Nations et son successeur des Nations Unies, a été présenté. Les délégués allemands furent tenus à l'écart des débats jusqu'à ce que les termes soient prêts à être soumis à la conférence. La Russie n'était pas représentée, car l'opinion publique s'opposait violemment au bolchevisme. Le Premier ministre britannique Lloyd George et le président Wilson savaient parfaitement que la révolution bolchevique était sur le point de réussir, avec des conséquences terribles pour le peuple russe.

Dès le début, le Conseil suprême des Dix Grands (précurseurs du Conseil de sécurité de l'ONU) a pris le dessus. Le conseil est composé de Wilson, Lansing, Lloyd George, Balfour, Pichon, Orlando, Sonnino (tous deux représentant les banquiers de la noblesse noire de Venise), Clemenceau, Saionji et Makino.

Le 25 janvier 1919, l'agenda du RIIA l'emporte, les délégués de la conférence adoptent à l'unanimité une résolution pour la création d'une Société des Nations. Un comité est choisi (dont les membres sont en fait nommés par le RIIA) pour s'occuper des réparations de l'Allemagne. Le 15 février 1919, Wilson rentre aux États-Unis et Lloyd George retourne à Londres. En mars cependant, les deux hommes sont de retour à Paris pour travailler sur la meilleure façon de saigner financièrement l'Allemagne, et le Conseil des Dix, s'étant avéré trop important, est réduit au Conseil des Quatre.

Les Britanniques ont invité le général Jan Christian Smuts, un vétéran de la guerre des Boers, à participer aux discussions, afin d'ajouter une aura de bonne foi à ce complot déplorable. Smuts était un traître à son propre peuple. En tant que Premier ministre, il avait entraîné l'Afrique du Sud dans la Première Guerre mondiale malgré les objections de 78% de son peuple qui estimait n'avoir aucun différend avec l'Allemagne. Smuts faisait partie du comité composé de Wilson, House, Lord Cecil contrôleur de la famille royale britannique (voir ma monographie *King Makers/King Breakers*[2]), Bourgeois et Venizelos.

La Société des Nations est née en janvier 1920. Installée à Genève, elle se composait d'un secrétaire général, d'un Conseil (choisi parmi les cinq grandes puissances) et d'une Assemblée générale. La nation allemande a été bradée, les conditions de paix dépassant de loin celles convenues lorsque l'Allemagne a été persuadée de déposer les armes. L'armée allemande n'a pas été vaincue sur le champ de bataille. Elle a été vaincue par la diplomatie mensongère.

Les banquiers internationaux sont devenus les grands gagnants, dépouillant finalement l'Allemagne de tous ses principaux actifs et recevant d'énormes paiements en "réparation". Le RIIA pensait maintenant qu'il avait "tout dans le sac", pour citer Wilson. Mais le RIIA n'avait pas tenu compte du grand nombre de sénateurs américains qui connaissaient la Constitution américaine. En revanche, le nombre de sénateurs et de membres du Congrès qui connaissent réellement la Constitution des États-Unis aujourd'hui n'est que d'une vingtaine.

Par exemple, le sénateur Robert Byrd, un protégé avoué de Rockefeller, a récemment déclaré qu'un traité était la loi suprême du pays. Apparemment, le sénateur Byrd ne sait pas que pour qu'un traité soit valide, il doit être conclu avec un pays souverain, et les Nations Unies, comme nous le verrons, n'ont aucune souveraineté. Quoi qu'il en soit, un traité n'est qu'une loi et ne peut primer sur la Constitution des États-Unis, pas plus qu'il ne peut être maintenu lorsqu'il menace la souveraineté et la sécurité des États-Unis.

Si le sénateur Byrd est de cet avis, nous nous demandons pourquoi il a voté pour donner le canal de Panama. Lorsque les

---

[2] *Faiseurs et défaiseurs de rois*, NDT.

États-Unis ont acquis les terres de la Colombie pour le canal de Panama, ces terres sont devenues des territoires américains souverains. Par conséquent, la cession du canal de Panama était inconstitutionnelle et illégale, comme nous le verrons dans le chapitre traitant du traité Carter-Torrijos sur le canal de Panama.

Lorsque le traité de la Société des Nations a été présenté au Sénat américain en mars 1920, 49 sénateurs ont compris les immenses implications qu'il impliquait et ont refusé de le ratifier. Il y a eu beaucoup de discussions, comparées à ce qui est passé pour un débat lorsque la Charte des Nations Unies a été présentée au Sénat en 1945. Plusieurs amendements au traité de la Société ont été soumis par le RIIA. Ils étaient acceptables pour le président Wilson, mais ont été refusés par le Sénat. Le 19 novembre 1920, le Sénat a rejeté le traité avec et sans réserve par un vote de 49-35.

Les banquiers internationaux ont alors demandé à Wilson d'opposer son veto à une résolution conjointe du Congrès, déclarant la fin de la guerre avec l'Allemagne, de sorte qu'ils puissent continuer à massacrer la nation allemande pendant une année entière. Ce n'est que le 18 avril 1945 que la Société des Nations s'est dissoute, transférant tous ses actifs (principalement l'argent pris au peuple allemand après la Première Guerre mondiale et les prêts de guerre non remboursés par les alliés aux États-Unis) aux Nations Unies. En d'autres termes, le Comité des 300 n'a jamais renoncé à son projet de gouvernement mondial unique et a attendu que les Nations Unies existent pour dissoudre la Société des Nations discréditée.

L'argent que la Société des Nations a transféré aux Nations Unies appartient de droit au peuple souverain des États-Unis. Les États-Unis avaient avancé des milliards de dollars à de soi-disant alliés pour tirer les marrons du feu après qu'ils se soient disputés avec l'Allemagne en 1914 et qu'ils aient risqué de perdre le combat…

En 1923, un observateur américain est envoyé à la conférence des puissances alliées de Lausanne pour des discussions sur le remboursement des 10,4 milliards de dollars dus aux États-Unis et sur le partage entre eux des pays producteurs de pétrole du

Moyen-Orient. Les banquiers internationaux se sont opposés à l'intervention américaine à Lausanne sur la base d'instructions reçues de Chatham House, siège du RIIA. Le premier accord de remboursement fut conclu avec la Grande-Bretagne, qui dut rembourser les prêts de guerre sur une période de 62 ans, à un taux d'intérêt de 3,3%.

En novembre 1925 et en avril 1926, les États-Unis ont conclu des accords avec l'Italie et la France pour rembourser leur part des prêts de guerre sur la même période. En mai 1930, 17 nations à qui les États-Unis avaient prêté de l'argent avaient signé des accords pour rembourser la totalité de leurs prêts de guerre, soit près de 11 milliards de dollars.

En novembre 1932 a été élu le premier président ouvertement socialiste des États-Unis, Franklin D. Roosevelt. Son arrivée à la Maison-Blanche a commencé par l'assassinat du président William McKinley, suivi de l'élection du "patriote" Teddy Roosevelt, dont la mission était d'ouvrir les portes du socialisme qui allait être inauguré par Franklin D. Roosevelt. Sur les instructions de Chatham House, Roosevelt n'a pas perdu de temps pour valider le défaut de paiement des accords de prêts signés par les alliés. Le 15 décembre 1932, toutes les nations qui devaient des milliards de dollars aux États-Unis pour des dettes de guerre étaient en défaut de paiement. La Grande-Bretagne était le plus grand débiteur et le plus grand défaillant.

Une partie importante de cet argent, ainsi qu'une grande partie de ce qui a été extorqué à l'Allemagne après la Première Guerre mondiale, a été versée dans les coffres de la Société des Nations pour finalement aboutir sur le compte des Nations Unies. Ainsi, non seulement l'Amérique a sacrifié inutilement ses soldats sur les champs de bataille d'Europe, mais les nations qui ont déclenché la Première Guerre mondiale lui ont également fait les poches. Pire encore, des obligations de réparation de guerre sans valeur ont été déversées sur le marché financier américain, coûtant aux contribuables des milliards de dollars supplémentaires.

S'il y a une chose que nous avons apprise au sujet du Comité des

300, c'est qu'il n'abandonne jamais. Il y a un dicton qui dit que l'histoire se répète ; c'est certainement vrai de l'intention du Comité des 300 d'imposer aux États-Unis un organisme de gouvernement mondial unique. H. G. Wells, dans son ouvrage *The Shape of Things to Come*[3] a décrit cette organisation comme "une sorte de conspiration ouverte — un culte de l'État mondial" (c'est-à-dire un gouvernement mondial unique).

L'État mondial (OWG), disait Wells, "doit être le seul propriétaire terrien sur terre. Tous les chemins doivent mener au socialisme." Dans son livre *After Democracy*, Wells dit clairement qu'une fois l'ordre économique mondial établi (par le biais du Fonds Monétaire International et de la Banque des Règlements Internationaux), l'ordre politique et social sera imposé de manière totalitaire. Dans le chapitre sur l'Institut Tavistock pour les relations humaines, il sera expliqué comment la "recherche opérationnelle" de Tavistock devait être le moteur des réformes drastiques en économie et en politique.

Dans le cas des États-Unis, le plan ne consiste pas à renverser le gouvernement américain ou sa Constitution, mais à le "rendre négligeable". Cela a été largement accompli en mettant lentement et soigneusement en œuvre le manifeste socialiste écrit en 1920 par la Fabian Society, qui était basé sur le Manifeste communiste de 1848.

Ce fait de rendre la Constitution "négligeable" n'est-il pas exactement ce qui se passe ? En fait, lorsque le gouvernement américain viole la Constitution presque quotidiennement et en toute impunité, cela rend la Constitution "négligeable". Les ordres exécutifs, tels que l'entrée en guerre sans déclaration officielle de guerre, comme lors de la guerre du Golfe, ont contribué à rendre la Constitution totalement "négligeable". Il n'y a absolument aucune disposition dans la Constitution pour la promulgation d'ordres exécutifs. Les ordres exécutifs ne sont que des proclamations que le président n'a ni le pouvoir ni l'autorité

---

[3] "La forme des choses à venir", NDT.

de faire. Seul un roi peut faire des proclamations.

La Société des Nations réchauffée a été imposée au Sénat américain en 1945, sous une nouvelle étiquette : le Traité des Nations Unies. Les sénateurs n'ont eu que trois jours pour discuter des implications du traité, qui n'auraient pas pu être pleinement examinées en 18 mois de discussion au moins. Si les sénateurs avaient bien compris ce dont ils discutaient, ce qui, à quelques exceptions près, n'était pas le cas, ils auraient exigé une période de discussion adéquate. Le fait est que le Sénat n'a pas compris le document et n'aurait donc pas dû le voter.

Si les sénateurs qui ont débattu du traité des Nations Unies avaient bien compris le document, celui-ci aurait certainement été rejeté. En dehors de toute autre considération, le document était si mal écrit et, dans de nombreux cas, si vague, trompeur et contradictoire, qu'il aurait pu être rejeté pour ces seuls motifs.

Une loi, la définition même d'un traité, doit être clairement écrite et non ambiguë. Le traité de l'ONU était loin de cela. De toute façon, les États-Unis, liés par leur Constitution, ne pouvaient pas ratifier le traité de l'ONU, pour les raisons suivantes :

(1)   Notre Constitution repose sur le socle de la souveraineté, sans lequel il ne peut y avoir de constitution. La politique étrangère des États-Unis est fondée sur le "droit des gens" de Vattel, qui fait de la souveraineté le problème. Bien que la Constitution soit muette sur le gouvernement mondial et les organismes étrangers, lorsque la Constitution est muette sur un pouvoir, et qu'il n'est pas accessoire à un autre pouvoir dans la Constitution, alors il s'agit d'une inhibition de ce pouvoir, ou d'une PROHIBITION de ce pouvoir.

(2)   Les Nations Unies ne sont pas un organe souverain, elles n'ont pas de pouvoir mesurable circonscrit à un territoire qui lui est propre. Elles sont hébergées sur le territoire américain, à New York, dans un bâtiment prêté par les Rockefeller. En vertu de la Constitution des États-Unis, nous ne pouvons pas conclure de traité avec une nation ou un organisme qui n'est pas souverain. Les États-Unis ne pourraient pas (et ne peuvent pas) conclure un

traité avec un organisme ou un pays n'ayant aucune souveraineté. Les États-Unis peuvent conclure un accord avec un pays ou un organisme sans souveraineté, mais ne peuvent jamais conclure un traité avec un organisme sans souveraineté.

(3) Pour le Sénat, tenter de ratifier un traité avec un organisme, un État ou un pays dépourvu de souveraineté, de frontières définies, de données démographiques, d'un système monétaire, d'un ensemble de lois ou d'une constitution, à savoir les Nations Unies, revient à trahir le serment de défendre la Constitution que les sénateurs ont juré de faire. C'est ce qu'on appelle communément la trahison.

(4) Pour que les États-Unis deviennent membres des Nations Unies, il faudrait adopter deux amendements à la Constitution. Le premier amendement devrait reconnaître l'existence d'un organisme mondial. Dans sa forme actuelle, la Constitution ne peut pas reconnaître les Nations Unies comme un organisme mondial. Un deuxième amendement devrait stipuler que les États-Unis peuvent avoir une relation de traité avec un organisme mondial non souverain. Aucun de ces amendements n'a jamais été proposé, et encore moins accepté par le Sénat et ratifié par tous les États.

Ainsi, le "traité" de l'ONU, tout à fait suspect, n'a jamais eu force de loi aux États-Unis. Dans l'état actuel des choses en 1945 et en 1993, bien que le président ait le pouvoir d'avoir son mot à dire dans les affaires étrangères, il n'a pas le pouvoir, et n'a jamais eu le pouvoir, de conclure un accord — et encore moins un traité — avec un organisme mondial. Cela signifie absolument qu'aucun autre organisme mondial, en particulier les Nations Unies, n'a la compétence de déployer des militaires américains ou d'ordonner aux États-Unis d'agir en dehors des restrictions constitutionnelles imposées par nos Pères fondateurs.

Le sénateur David I. Walsh, l'un des rares politiciens à avoir compris les dangers constitutionnels posés par la Charte des Nations Unies, qui présente de graves lacunes, a déclaré ce qui suit à ses collègues :

"Les seuls actes d'agression ou de rupture de la paix que la charte est sûre de pouvoir gérer sont ceux qui sont commis par de petites nations, c'est-à-dire par les nations les moins capables et les moins susceptibles de déclencher un autre conflit mondial. Même dans ces cas, Monsieur le Président, l'investigation et l'action préventive peuvent être arbitrairement paralysées par n'importe laquelle des cinq grandes puissances, qui sont des membres permanents du Conseil de sécurité..."

"Ainsi, toute petite nation qui bénéficie du patronage, ou qui sert d'instrument ou de marionnette à l'une des grandes puissances est aussi à l'abri de toute ingérence que les Cinq Grands eux-mêmes. Regardons la réalité en face : la Charte nous offre un instrument pour arrêter les actes de guerre commis par des pays qui n'ont pas le pouvoir de faire la guerre. La menace d'un conflit à grande échelle ne réside pas dans les querelles entre pays. Ces querelles peuvent être limitées et atténuées".

"La menace réside plutôt dans le fait que les petites puissances agissent dans l'intérêt d'un grand voisin et sont provoquées dans leur action par ce voisin. Mais dans ce cas, le privilège de veto qui rend la grande puissance immunisée contre l'action des Nations Unies peut fonctionner pour rendre la petite nation satellite immunisée. La machinerie préventive fonctionne sans problème jusqu'à ce que le point de danger réel soit atteint, le moment où une nation est assez forte pour précipiter une guerre mondiale survient, et peut alors s'arrêter."

"Nous pouvons supposer, en fait, que tout petit pays pourrait être tenté et poussé à rechercher le patron d'une grande puissance. Ce n'est que de cette façon qu'il peut obtenir une part indirecte du monopole de contrôle dont disposent les cinq grands. L'un des défauts de la Charte, Monsieur le Président, est que son levier punitif et coercitif ne pourrait être appliqué que contre une véritable petite nation indépendante." (L'Irak est un exemple parfait de la pourriture de la Charte des Nations Unies).

"Au prix de son indépendance, l'une de ces nations pourrait s'affranchir de l'autorité coercitive de la charte, par le simple fait de passer un accord avec une nation disposant du droit de veto…"

Le sénateur Hiram W. Johnson, l'un des rares, à part le sénateur Walsh, à avoir vu la Charte des Nations Unies, a déclaré ce qui suit :

> "À certains égards, c'est un roseau assez faible. Il ne fait rien pour arrêter une guerre déclenchée par l'une des cinq grandes puissances ; il donne à chaque nation la liberté totale de faire la guerre. Notre seul espoir, par conséquent, de maintenir la paix mondiale est qu'aucune des cinq grandes nations ne choisisse de faire la guerre…"

Le fait que le peuple américain ne dispose d'aucune protection et d'aucun recours contre le potentiel de guerre des Nations Unies a été confirmé par la guerre du Golfe, lorsque le président Bush s'est déchaîné, foulant aux pieds les dispositions de la Constitution. Si le président Bush avait suivi les procédures appropriées et tenté d'obtenir une déclaration de guerre, la guerre du Golfe n'aurait jamais eu lieu, car il aurait essuyé un refus. Des millions d'Irakiens et plus de 300 militaires américains n'auraient pas perdu la vie inutilement.

Le président n'est pas le commandant en chef de nos forces armées tant qu'une déclaration de guerre légale n'a pas été émise par le Congrès et que la nation n'est pas officiellement en guerre. Si le président était le commandant en chef à tout moment, la fonction aurait les mêmes pouvoirs qu'un roi — ce qui est expressément interdit par la Constitution. Avant la guerre du Golfe, CNN a accepté la fausse prémisse selon laquelle Bush, en tant que commandant en chef de nos forces armées, avait le droit d'engager l'armée dans la guerre. Cette interprétation dangereuse a été rapidement reprise par les médias et est aujourd'hui acceptée comme un fait alors qu'il n'en est rien sur le plan constitutionnel.

Une tromperie grossière pratiquée sur le peuple américain est que le président est le commandant en chef des forces armées à tout moment. Les membres du Sénat et de la Chambre sont si mal informés sur la Constitution qu'ils ont permis au président

George Bush de s'en tirer en envoyant près de 500 000 soldats dans le Golfe pour mener une guerre pour British Petroleum et pour satisfaire une haine personnelle envers Saddam Hussein. Bush a perdu la relation de confiance qu'il était censé entretenir avec le peuple américain à ce moment précis. Le président Bill Clinton a dernièrement utilisé cette idée fausse de "commandant en chef" pour essayer d'obliger l'armée à accepter les homosexuels dans les services, ce qu'il n'a pas le pouvoir de faire. Il s'agit moins d'une question de morale que du fait que le président outrepasse son autorité.

La vérité tragique concernant les militaires américains déployés pour combattre — comme ils l'ont été par les Nations Unies lors des guerres de Corée et du Golfe — est que ceux qui sont morts dans ces guerres ne sont pas morts pour leur pays, car mourir pour notre pays sous notre drapeau, constitue un acte de souveraineté, qui était totalement absent dans les guerres de Corée et du Golfe. Puisque ni le Conseil de sécurité ni aucun conseil des Nations Unies n'a de souveraineté, le drapeau de l'ONU est dénué de sens.

Pas une seule résolution du Conseil de sécurité de l'ONU, affectant directement ou indirectement les États-Unis, n'a de validité, car ces résolutions sont prises par un organisme qui n'a lui-même aucune souveraineté. La Constitution des États-Unis est au-dessus de tout organisme dit mondial, et cela inclut en particulier les Nations Unies, la Constitution des États-Unis est au-dessus et supérieure à tout accord ou traité conclu avec une nation ou un groupe de nations, qu'il soit lié aux Nations Unies ou non. Mais les Nations Unies donnent de facto et de jure au président des États-Unis des pouvoirs dictatoriaux illimités non accordés par la Constitution américaine.

Ce que le président Bush a fait lors de la guerre du Golfe a contourné la Constitution en publiant une proclamation (un ordre exécutif) directement au nom du Conseil de sécurité de l'ONU. La Chambre et le Sénat, quant à eux, ont manqué à leur devoir constitutionnel d'empêcher l'émission illégale d'un tel ordre. Ils auraient pu le faire en refusant de financer la guerre. Ni la

Chambre ni le Sénat n'avaient le droit, et ne l'ont pas aujourd'hui, de financer un accord (ou un traité) avec un organisme mondial qui s'érige au-dessus de la Constitution des États-Unis, surtout lorsque cet organisme mondial n'a pas de souveraineté, et plus particulièrement, lorsque cet organisme menace la sécurité des États-Unis.

La loi publique[4] 85766, section 1602, stipule :

> "...Aucune partie des fonds alloués dans cette loi ou dans toute autre loi ne sera utilisée pour payer... une personne, une firme ou une société, ou une combinaison de personnes, de firmes ou de sociétés pour mener une étude ou planifier quand ou comment ou dans quelles circonstances le gouvernement des États-Unis devrait céder ce pays et son peuple à une quelconque puissance étrangère."

La loi publique 471, section 109, stipule en outre :

> "Il est illégal d'utiliser des fonds pour tout projet qui promeut un gouvernement mondial ou la citoyenneté au sein d'un monde unifié."

Alors, comment les Nations Unies ont-elles abordé ce droit fondamental ? Les guerres de Corée, du Viêt Nam et du Golfe ont également violé la Constitution des États-Unis, car elles ont enfreint l'article 1, section 8, clause 11 :

> "Le Congrès aura le pouvoir de déclarer la guerre."

Il n'est pas dit que le Département d'État, le Président ou les Nations Unies ont ce droit...

Les Nations Unies voudraient que nous engagions notre pays à faire la guerre dans des territoires étrangers, mais l'article 1, section 10, clause 1, stipule qu'aucune disposition ne sera prise pour que les États-Unis, en tant que nation, puissent s'engager à faire la guerre dans des pays étrangers. En outre, l'article 1, section 8, clause 1, permet que les recettes fiscales soient dépensées uniquement aux fins suivantes :

---

[4] Public Law, NDT.

(1) "… payer les dettes, pourvoir à la défense commune et au bien-être général des États-Unis."

Il ne dit rien sur le paiement de cotisations (tribut) aux Nations Unies ou à tout autre organisme mondial, et aucun pouvoir n'est accordé pour le permettre. En outre, il y a l'interdiction contenue dans l'article 1, section 10, clause 1, qui dit :

(2) "Aucun État ne pourra, sans le consentement du Congrès… maintenir des troupes ou des navires de guerre en temps de paix… ou s'engager dans la guerre, à moins qu'il ne soit réellement envahi ou en danger imminent."

Puisqu'il n'y a pas eu de déclaration de guerre constitutionnelle valide par le Congrès depuis la Seconde Guerre mondiale, les États-Unis sont en paix et, par conséquent, nos troupes stationnées en Arabie saoudite, ou n'importe où dans la région du golfe Persique, au Botswana et en Somalie sont là en violation de la Constitution et ne devraient pas être financées, mais ramenées chez elles immédiatement.

La question brûlante pour les États-Unis devrait être : "Comment l'ONU a-t-elle autorisé l'usage de la force contre l'Irak (c'est-à-dire : déclarer la guerre), alors qu'il n'a aucune souveraineté, et pourquoi nos représentants ont-ils accepté une telle parodie et une telle violation de notre Constitution qu'ils ont juré de défendre ?" De plus, l'ONU n'a pas de souveraineté ce qui est nécessaire pour conclure un traité avec les États-Unis, selon notre propre Constitution.

Qu'est-ce qui constitue la souveraineté ? Elle est basée sur un territoire adéquat, une forme de monnaie constitutionnelle, une population substantielle, dans des frontières clairement délimitées et définitivement mesurables. Les Nations Unies ne remplissent absolument pas ces conditions et, quoi qu'en disent nos politiciens, l'ONU ne pourra jamais être considérée comme un organisme souverain au sens de la définition de la souveraineté donnée par la Constitution américaine. Par conséquent, il s'ensuit que nous ne pourrons jamais avoir de traité avec l'ONU, ni maintenant, ni jamais. La réponse pourrait être que, soit par pure ignorance de la Constitution, soit en tant que serviteurs du Comité des 300, les sénateurs, en 1945, ont approuvé la Charte des Nations Unies en violation de leur serment de défendre et de maintenir la Constitution des États-Unis.

Les Nations Unies sont une sangsue sans but, sans racines, un parasite qui se nourrit de son hôte américain. S'il y a des troupes de l'ONU dans ce pays, elles devraient être expulsées sur-le-champ, car leur présence dans notre pays est une souillure de notre Constitution, et ne devrait pas, en fait, ne peut pas être tolérée par ceux qui ont prêté serment de faire respecter la Constitution. Les Nations Unies sont une extension continue de la plate-forme fabiano-socialiste établie en 1920, dont chaque élément a été mis en œuvre exactement en conformité avec le projet fabiano-socialiste pour l'Amérique. La présence des Nations Unies au Cambodge, leur inaction en Bosnie-Herzégovine n'ont pas besoin d'être amplifiées.

Certains législateurs ont vu clair dans l'accord de l'ONU. L'un d'entre eux était le représentant Jessie Sumner, de l'Illinois :

> "Monsieur le président, vous savez bien sûr que le programme de paix de notre gouvernement n'est pas la paix. Le mouvement est dirigé par les mêmes vieux bellicistes, qui se font toujours passer pour les princes de la paix, qui nous ont impliqués dans la guerre tout en prétendant que leur but était de nous tenir à l'écart de la guerre (une description très appropriée de la diplomatie par le mensonge). Comme le prêt-bail et d'autres projets de loi qui nous ont impliqués dans la guerre, tout en promettant de nous tenir à l'écart de la guerre, cette mesure (le traité de l'ONU) nous impliquera dans toutes les guerres à venir".

Le représentant Sumner a été rejoint par un autre législateur averti, le représentant Lawrence H. Smith :

> "Voter pour cette proposition, c'est donner son approbation au communisme mondial. Sinon, pourquoi aurait-elle le soutien total de toutes les formes de communisme ailleurs ? Cette mesure (de l'ONU) frappe au cœur même de la Constitution. Elle prévoit que le pouvoir de déclarer la guerre

sera retiré au Congrès et donné au président. Voilà l'essence de la dictature et du contrôle dictatorial que tout le reste doit inévitablement tendre à suivre."

Smith a également déclaré :

"Le président se voit conférer des pouvoirs absolus (que la Constitution des États-Unis ne donne pas), pour, au moment qu'il choisit, et sous n'importe quel prétexte, arracher nos fils et nos filles à leurs foyers pour combattre et mourir au combat, non seulement pour la durée qui lui convient, mais aussi pour celle qui convient aux membres majoritaires de l'organisation internationale. Gardez à l'esprit que les États-Unis seront en minorité, de sorte que les politiques relatives à la durée du séjour de nos soldats dans des pays étrangers lors de toute guerre future relèveront davantage des nations étrangères que des nôtres...".

Les craintes de Smith se sont avérées fondées, car c'est précisément ce que le président Bush a fait lorsqu'il a arraché nos fils et nos filles à leurs foyers et les a envoyés combattre dans la guerre du Golfe sous couvert des Nations Unies, un organisme mondial qui n'a aucune souveraineté. La différence entre un traité (ce que les documents adoptés par le Sénat en 1945 étaient censés être) et un accord est qu'un traité exige la souveraineté, alors qu'un accord n'exige pas la souveraineté.

En 1945, le Sénat américain n'a débattu que pendant trois jours — si l'on peut appeler cela débattre de la question des traités. Comme nous le savons tous, les traités ont une histoire de plusieurs milliers d'années, et le Sénat ne pouvait pas, et n'a pas examiné la Charte des Nations Unies dans toute l'étendue des ressources dont il disposait. Le Département d'État américain a envoyé ses personnages les plus sournois pour mentir et confondre les sénateurs. Un bon exemple de cela était le témoignage de feu John Foster Dulles, l'un des 13 principaux Illuminati américains, membre du Comité des 300 et d'un gouvernement mondial unique à leur botte.

Dulles et son équipe, triés sur le volet par le Comité des 300, ont reçu pour instruction de subvertir le Sénat et de le confondre totalement, la plupart d'entre eux connaissant mal la Constitution, comme le prouve assez clairement le témoignage du Congressional Record. Dulles était un homme malhonnête, qui mentait ouvertement et se dégonflait quand il pensait qu'il pouvait être pris en flagrant délit de mensonge. Une performance tout à fait traître et perfide.

Dulles avait le soutien du Sénateur W. Lucas, l'agent des banquiers planté au Sénat. Voici ce que le sénateur Lucas avait à dire au nom de ses maîtres, les banquiers de Wall Street :

> "...J'y suis très attaché (à la Charte des Nations Unies), parce que c'est maintenant que les sénateurs doivent déterminer ce que signifie la Charte. Nous ne devrions pas attendre un an, ou un an et demi, lorsque les conditions seront différentes (de l'immédiat après-guerre). Je ne veux pas voir un sénateur retirer son jugement jusqu'à un an et demi d'ici..."

De toute évidence, cet aveu tacite du sénateur Lucas impliquait que pour que le Sénat examine correctement la Charte des Nations Unies, il aurait fallu au moins dix-huit mois pour y parvenir. C'était également un aveu que si les documents étaient étudiés, le traité serait rejeté.

Pourquoi cette hâte inconvenante ? Si le bon sens l'avait emporté, si les sénateurs avaient fait leurs devoirs, ils auraient vu qu'il aurait fallu au moins un an, et probablement deux ans, pour étudier correctement la charte qui leur était présentée et pour la voter. Si les sénateurs de 1945 l'avaient fait, des milliers de militaires seraient encore en vie aujourd'hui au lieu d'avoir sacrifié leur vie pour cet organe non souverain que sont les Nations Unies.

Aussi choquante que la vérité puisse paraître, la dure réalité est que la guerre de Corée était une guerre inconstitutionnelle menée au nom d'un organisme non souverain. Nos courageux soldats ne sont donc pas morts pour leur pays. Il en va de même pour la guerre du Golfe. Il y aura beaucoup plus de "guerres de Corée" ; la guerre du Golfe et la Somalie étant les répurgations de l'échec du Sénat américain à rejeter le traité de l'ONU en 1945. Les États-Unis ont participé à de nombreuses guerres inconstitutionnelles à cause de cela.

Dans son ouvrage de référence sur le droit constitutionnel, le juge Thomas M. Cooley a écrit :

> "La Constitution en elle-même ne cède jamais devant un traité ou un texte législatif. Elle ne change pas avec le temps et ne se plie pas, en théorie, à la force des circonstances… Le Congrès tire ses pouvoirs de légiférer de la Constitution, qui est la mesure de son autorité. La Constitution n'impose aucune restriction au pouvoir, mais elle est sujette à des restrictions implicites selon lesquelles rien ne peut être fait en vertu de la Constitution du pays ni priver un département du gouvernement ou l'un des États de son autorité constitutionnelle — le Congrès et le Sénat, dans un traité, ne peuvent pas donner de substance à un traité plus grand qu'eux-mêmes, ou au pouvoir délégué du Sénat et de la Chambre des représentants."

Le professeur Hermann von Hoist, dans son œuvre monumentale, *Constitutional Law of the United States* a écrit :

> "Quant à l'étendue d'un pouvoir conventionnel, la Constitution ne dit rien (c'est-à-dire qu'il est réservé — interdit), mais il est évident qu'il ne peut être illimité. Le pouvoir n'existe qu'en vertu de la Constitution, et tout traité incompatible avec une disposition de la Constitution est donc irrecevable et, selon le droit constitutionnel, ipso facto nul et non avenu."

Le traité des Nations Unies viole au moins une douzaine de dispositions de la Constitution, et puisqu'un "traité" ne peut primer sur la Constitution, chacune de ses résolutions du Conseil de sécurité est nulle et non avenue dans la mesure où elle concerne les États-Unis. Cela inclut notre prétendue adhésion à cette organisation parasitaire. Les États-Unis n'ont jamais été membres des Nations Unies, ne le sont pas aujourd'hui et ne pourront jamais l'être, sauf si nous, le peuple, acceptons que la Constitution soit amendée par le Sénat et ratifiée par tous les États, afin de permettre l'adhésion aux Nations Unies.

Il existe un grand nombre de cas où la jurisprudence soutient cette affirmation. Comme il n'est pas possible de les inclure tous ici, je mentionnerai les trois cas où ce principe a été établi : Cherokee Tobacco vs. the United States, Whitney vs. Robertson et Godfrey vs. Riggs (133 U.S., 256).

Pour résumer notre position concernant l'adhésion à l'ONU, nous, le peuple souverain des États-Unis, ne sommes pas obligés d'obéir aux résolutions de l'ONU, car la promulgation de la Charte des Nations Unies par le Sénat, qui prétendait faire en sorte que la Constitution se plie à la loi des Nations Unies, est en conflit avec les dispositions de la Constitution et est donc, ipso facto, nulle et non avenue.

En 1945, les sénateurs ont été subornés en croyant qu'un traité a des pouvoirs qui surpassent la Constitution. De toute évidence, les sénateurs n'avaient pas lu ce que Thomas Jefferson avait à dire ;

> "Considérer le pouvoir de conclure des traités comme illimité revient à faire de la Constitution du papier vierge par construction."

Si les sénateurs de 1945 avaient pris la peine de lire les nombreuses informations contenues dans le Congressional Record concernant l'élaboration des traités et des accords, ils n'auraient pas agi par ignorance en approuvant la Charte des Nations Unies.

Les Nations Unies sont en fait un organisme de gouvernement mondial unique mis en place dans le but d'écraser la Constitution des États-Unis — ce qui est clairement l'intention de ses premiers auteurs, les fabianistes Sydney et Beatrice Webb, le Dr Leo Posvolsky et Leonard Woolf. Une bonne source de confirmation de ce qui précède peut être trouvée dans *Fabian Freeway, High Road to Socialism in the U.S.* par Rose Martin.

Les fondements du complot socialiste visant à subvertir les États-Unis se trouvent dans des journaux tels que le *New Statesman* et le *New Republic*. Ces deux journaux ont été publiés vers 1915, et des copies se trouvaient au British Museum de Londres, lorsque j'y étudiais. En 1916, *Brentanos* de New York, a publié les mêmes documents sous le titre : "Gouvernement international", accompagné d'éloges de la part de socialistes américains de tous bords.

La Charte des Nations Unies a-t-elle réellement été écrite par les traîtres Alger Hiss, Molotov et Posvolsky ? Les preuves du contraire abondent, mais en gros, ce qui s'est passé, c'est que le RIIA a pris le document socialiste fabien de Beatrice Webb et l'a envoyé au président Wilson pour que ses dispositions soient rédigées dans la loi américaine. Le document n'a pas été lu par le Président Wilson, mais remis au Colonel House pour une action immédiate. Wilson, et en fait tous les présidents après lui, ont toujours agi avec alacrité lorsque nos maîtres britanniques leur adressaient la parole à Chatham House. Le colonel House s'est retiré dans sa résidence d'été, "Magnolia", dans le Massachusetts, les 13 et 14 juillet 1918, aidé et encouragé par le professeur David H. Miller, du groupe d'enquête de Harvard, afin d'élaborer les propositions britanniques pour un organisme de gouvernement mondial unifié.

House revint à Washington avec une proposition de 23 articles, que le ministère britannique des Affaires étrangères accepta comme constituant la base de la Société des Nations. Ce n'était rien d'autre qu'une tentative de subversion de la Constitution américaine. Le projet de la "Chambre" a été transmis au gouvernement britannique pour son approbation, puis réduit à 14 articles.

C'est ainsi que sont nés les "14 points" de Wilson, en fait pas ceux de Wilson, mais plutôt ceux du gouvernement britannique, aidé par le socialiste Walter Lippman — qui sont ensuite devenus la base d'un document présenté à la Conférence de paix de Paris. (Lorsqu'il est question de sociétés secrètes subversives, il convient de noter que le mot "paix" est utilisé strictement dans un sens communiste-socialiste).

Si les sénateurs avaient fait leurs devoirs en 1945, ils auraient rapidement découvert que le traité des Nations Unies n'était rien d'autre qu'une version réchauffée du document socialiste imaginé par les fabianistes britanniques et soutenu par leurs cousins américains. Cela aurait tiré la sonnette d'alarme. Si les sénateurs avaient découvert qui étaient réellement les rédacteurs traîtres de la Société des Nations, ils auraient certainement rejeté le document sans hésitation.

Il est clair que les sénateurs ne savaient pas ce qu'ils regardaient, à en juger par les remarques du sénateur Harold A. Burton :

> "Nous avons à nouveau la possibilité de récupérer et d'établir, non pas une Société des Nations, mais l'actuelle Charte des Nations Unies, bien que 80% de ses dispositions (dans la Charte des Nations Unies) soient, en substance, les mêmes que celles de la Société des Nations en 1919..."

Si les sénateurs avaient lu le *Congressional Record* sur la Société des Nations, en particulier les pages 8175-8191, ils auraient trouvé confirmation de l'affirmation du sénateur Burton selon laquelle la Charte des Nations Unies n'était rien d'autre qu'une Charte rénovée de la Société des Nations. Leurs soupçons auraient dû être éveillés au sujet de la Société des Nations transférant ses actifs aux Nations Unies proposées. Ils auraient également remarqué que la tâche de remodeler la version moderne de la Société des Nations a été menée à bien par un groupe de personnes dissolues et sans intérêt pour le bien-être des États-Unis : Alger Hiss, dont le mentor était le démolisseur de la Constitution, Felix Frankfurter, Leo Posvolsky, et derrière eux, les banquiers internationaux personnifiés par les Rothschild, les Warburg et les Rockefeller.

L'ancien membre du Congrès John Rarick l'a très bien exprimé en qualifiant les Nations Unies de "créature du gouvernement invisible". Si les sénateurs avaient seulement jeté un coup d'œil à l'histoire de la Société des Nations remise à neuf, ils auraient découvert qu'elle a été ressuscitée à Chatham House et qu'en 1941, elle a été envoyée avec des instructions du RIIA à Cordell Hull, secrétaire d'État (choisi par le Council on Foreign Relations, comme l'ont été tous les secrétaires d'État depuis 1919), qui a ordonné son activation.

Le timing était parfait, 14 jours après Pearl Harbor, quand nos maîtres britanniques ont estimé que cela ne recevrait pas beaucoup d'attention de la part du public, et de toute façon, après l'horreur de Pearl Harbor, l'opinion publique serait favorable. Ainsi, le 22 décembre 1941, à la demande des banquiers internationaux du Comité des 300, Cordell Hull a été chargé d'informer le président Roosevelt de son rôle dans la présentation de la version "nouvelle et améliorée" de la Société des Nations.

L'enfant-sœur du RIIA, le Council on Foreign Relations (CFR), recommandait à Roosevelt de donner l'ordre de créer immédiatement un comité consultatif présidentiel sur la politique étrangère d'après-guerre. Voici comment le CFR recommandait l'action à entreprendre :

> "Que la Charte des Nations Unies devienne la loi suprême du pays, et que les juges de chaque État soient liés par elle, nonobstant toute disposition contraire de la constitution de tout État."

Ce que les sénateurs auraient découvert en 1945, s'ils s'étaient donné la peine de regarder, c'est que la directive du CFR équivalait à une trahison, qu'ils n'auraient pas pu cautionner sans violer leur serment de respecter la Constitution. Ils auraient découvert qu'en 1905, un groupe de banquiers internationaux croyait pouvoir subvertir la Constitution en utilisant un organisme mondial comme véhicule, et que la directive du CFR faisait simplement partie de ce processus en cours.

Un traité ne peut pas être juridiquement supérieur à la Constitution, et pourtant le traité des Nations Unies a bien primé sur la Constitution. La Constitution, ou une partie de celle-ci ne peuvent pas simplement être abrogées par le Congrès, mais un traité peut être annulé ou mis au rebut. Selon la Constitution, un traité n'est qu'une loi qui peut être abrogée par le Congrès de deux manières :

(1) Adopter une loi qui abrogera le traité.

(2) Couper le financement du traité.

Afin d'éviter de tels abus de pouvoir, nous, le peuple souverain, devons exiger de notre gouvernement qu'il coupe le financement des Nations Unies, qui s'exprime le plus souvent par des "cotisations". Le Congrès doit adopter une loi d'habilitation pour financer toutes les obligations des États-Unis, mais il est clairement illégal pour le Congrès d'adopter un financement d'habilitation dans un but illégal, tel que notre prétendue adhésion aux Nations Unies, qui s'est placée au-dessus de la Constitution. Si les sénateurs de 1945 avaient fait les recherches appropriées, et s'ils n'avaient pas permis à Dulles de les embobiner, de leur mentir, de les dissimuler, de les tromper et de les induire en erreur, ils auraient trouvé l'échange suivant entre le sénateur Henry M. Teller et le sénateur James B. Allen et en auraient tiré profit. Voici un échange éloquent entre deux sénateurs :

Sénateur Teller : "Il ne peut y avoir aucun traité qui liera le gouvernement des États-Unis concernant la perception des recettes".

Sénateur Allen : "Très bien. Cela, dans sa nature même, est tout à fait national, et ne peut être le sujet d'un traité."

Sénateur Teller : "Ce n'est pas parce qu'il s'agit d'une affaire intérieure ; c'est parce que la Constitution a placé cette affaire entre les mains du Congrès exclusivement."

Sénateur Allen : "Non, Monsieur le Président, pas nécessairement, car la collecte de revenus est une question purement nationale. Elle est à la base de la vie de la nation, et elle doit être exercée par le gouvernement seul, sans le consentement ou la participation d'une puissance étrangère (ou d'un organisme mondial)…"

Un traité n'est pas la loi suprême du pays. Ce n'est qu'une loi, et même pas une loi sûre. Tout traité qui met en péril la Constitution est ipso facto immédiatement nul et non avenu. De plus, un traité peut être rompu. Ceci est bien établi par le "Droit des gens" de Vattel, à la page 194 :

> "En l'an 1506, les états généraux du royaume de France réunis à Tores engagèrent Louis XII à rompre un traité qu'il avait conclu avec l'empereur Maximilien et l'archiduc Philippe, son fils, parce que ce traité était pernicieux pour le

royaume. Ils décident également que ni le traité ni le serment qui l'accompagne ne peuvent lier le royaume qui n'a pas le droit d'aliéner les biens de la couronne."

Il est certain que le traité des Nations Unies est destructeur pour la sécurité nationale et le bien-être des États-Unis. Dans la mesure où un amendement constitutionnel, qui est requis pour que les États-Unis soient membres des Nations Unies, n'a pas été adopté ni accepté par les 50 États, nous ne sommes pas membres des Nations Unies. Un tel amendement aurait subjugué le droit du Congrès à déclarer la guerre, et aurait placé la déclaration de guerre entre les mains des Nations Unies à un niveau supérieur à celui de la Constitution, plaçant les militaires américains sous le contrôle et le commandement des Nations Unies.

De plus, il faudrait un amendement à la Constitution pour inclure une déclaration de guerre des Nations Unies et des États-Unis dans le même document, ou même pour y être associé, directement ou implicitement. Sur ce seul point, les Nations Unies menacent la sécurité de la Constitution et, par conséquent, sur ce seul point, notre adhésion aux Nations Unies est définitivement nulle et non avenue et ne doit pas être autorisée. Le sénateur Langer, l'un des deux sénateurs qui ont voté contre la Charte des Nations Unies, a averti ses collègues en juillet 1945 que le traité était lourd de dangers pour l'Amérique.

Le défunt représentant américain, Larry McDonald, a pleinement exposé la sédition et la trahison massives du traité de l'ONU, comme on peut le lire dans le Congressional Record, Extension of Remarks, le 27 janvier 1982, sous le titre "Get Us Out" :

"Les Nations Unies, depuis trois décennies et demie, se livrent à une gigantesque conspiration sans entraves, la plupart du temps aux frais des contribuables américains, pour asservir notre république dans un gouvernement mondial dominé par l'Union soviétique et son tiers-monde. En ayant assez de cette conspiration en roue libre, de plus en plus de fonctionnaires responsables et de citoyens réfléchis sont prêts à se retirer…"

McDonald avait raison, mais au cours des deux dernières années, nous avons assisté à un changement marqué dans la manière dont les Nations Unies sont dirigées par la Grande-Bretagne et les États-Unis principalement, et nous y reviendrons en temps voulu. Sous le président Bush, il y avait un désir évident de rester au sein des Nations Unies, car cela correspondait à son style de politique ainsi qu'à ses aspirations royales.

En 1945, malades de la guerre, les sénateurs pensaient que les Nations Unies seraient un moyen de mettre fin aux guerres. Ils étaient loin de se douter que l'objectif des Nations Unies était tout le contraire. On sait aujourd'hui que seuls cinq sénateurs ont réellement lu la charte rédigée par Alger Hiss, avant de voter le traité.

L'objectif des Nations Unies, ou plutôt, l'objectif des hommes derrière les Nations Unies n'est pas la paix, même au sens communiste du terme.

Il s'agit en fait d'une révolution mondiale, du renversement du bon gouvernement et du bon ordre et de la destruction de la religion établie. Le socialisme et le communisme ne sont pas nécessairement le but en soi ; ils ne sont que les moyens d'atteindre une fin. Le chaos économique actuellement perpétré contre les États-Unis est un moyen beaucoup plus puissant pour atteindre cette fin.

La révolution mondiale, dont les Nations Unies font partie intégrante, est une tout autre affaire ; son objectif est de renverser complètement les valeurs morales et spirituelles dont jouissent les nations occidentales depuis des siècles. Dans le cadre de cet objectif, le leadership chrétien doit nécessairement être détruit, et cela a déjà été largement accompli en plaçant de faux leaders à des endroits où ils exercent une influence considérable. Billy Graham et Robert S. Schuler sont deux bons exemples de soi-disant leaders chrétiens qui ne le sont pas. Une grande partie de ce programme de révolution a été confirmée par Franklin D. Roosevelt dans son livre *Our Way*.

Si on lit entre les lignes de la Charte de l'ONU, traître et séditieuse, on s'aperçoit qu'une grande partie des objectifs décrits dans les paragraphes précédents sont implicites et, dans certains cas, sont même explicités dans le "traité" pernicieux qui, si nous, le peuple, ne le renversons pas, foulera aux pieds notre Constitution et fera de nous les esclaves d'une dictature des plus sauvages et répressives sous un gouvernement mondial unique.

En résumé, les objectifs de la révolution mondiale spirituelle et morale qui fait rage actuellement — et nulle part ailleurs autant qu'aux États-Unis — sont les suivants :

(1)   La destruction de la civilisation occidentale.

(2)   Dissolution du gouvernement légal

(3)   Destruction du nationalisme, et avec lui, de l'idéal du patriotisme.

(4)   Amener le peuple des États-Unis à la pénurie par le biais d'impôts progressifs sur le revenu, d'impôts fonciers, d'impôts sur les successions, de taxes sur les ventes et ainsi de suite, ad nauseam.

(5)   L'abolition du droit divin à la propriété privée en taxant les biens pour qu'ils n'existent plus et en taxant de plus en plus les héritages. (Le président Clinton a déjà fait un pas de géant dans cette voie).

(6)   Destruction de la cellule familiale par le biais de l'"amour libre", de l'avortement, du lesbianisme et de l'homosexualité. (Là encore, le président Clinton s'est placé fermement derrière ces objectifs révolutionnaires, détruisant ainsi tout doute persistant sur sa position par rapport aux forces de la révolution mondiale).

Le Comité des 300 emploie un grand nombre de spécialistes qui nous font croire que des changements gravement dangereux et souvent perturbateurs surviennent en raison des "temps qui changent", comme si leur direction pouvait changer sans qu'une force quelconque ne les impose. Le Comité dispose d'un grand nombre d'"enseignants" et de "leaders" dont la seule tâche dans la vie est de tromper le plus grand nombre de personnes possible en leur faisant croire que les changements majeurs "arrivent simplement" et qu'il faut donc, bien sûr, les accepter.

À cette fin, ces "dirigeants", qui sont à l'avant-garde de la réalisation des "programmes sociaux" du Manifeste communiste, ont habilement employé les méthodes de l'Institut Tavistock pour les relations humaines, comme le "conditionnement directionnel interne" et l'"Opération Recherche", pour nous faire accepter les changements comme si c'étaient nos propres idées au départ.

Un examen critique de la Charte des Nations Unies montre qu'elle ne diffère que très légèrement du Manifeste communiste de 1848, dont un exemplaire non abrégé et non modifié est conservé au British Museum de Londres. On y trouve un extrait du manifeste, prétendument l'œuvre de Karl Marx (le juif Mordechai Levy) et Friedrich Engels, mais qui a en réalité été rédigée par des membres des Illuminati, qui sont encore très actifs aujourd'hui par l'intermédiaire de leurs 13 principaux membres du conseil aux États-Unis.

En 1945, absolument aucune de ces informations vitales n'a été vue par les sénateurs, qui se sont empressés de signer ce dangereux document. Si nos législateurs connaissaient la Constitution, si notre Cour Suprême la faisait respecter, alors nous serions en mesure de faire écho aux mots de feu le sénateur Sam Ervin, un grand spécialiste de la Constitution, tant admiré par les libéraux en raison de son travail sur le Watergate : "Il n'est pas question que nous adhérions aux Nations Unies" et de forcer nos législateurs à reconnaître le fait que la Constitution américaine est suprême par rapport à tout traité.

Les Nations Unies sont un organe de guerre. Elles s'efforcent de placer le pouvoir dans les mains de l'exécutif plutôt que là où il doit être : dans le législatif. Prenons l'exemple de la guerre de Corée et de la guerre du Golfe. Dans cette dernière, ce sont les Nations Unies, et non le Sénat et la Chambre, qui ont donné au président Bush l'autorité d'entrer en guerre contre l'Irak, lui permettant ainsi d'utiliser comme moyen de contourner la déclaration de guerre prescrite par la Constitution. Le président Harry Truman a évoqué le même pouvoir non autorisé pour déclencher la guerre de Corée.

Si nous, le peuple souverain, continuons à croire que les États-

Unis sont légalement membres des Nations Unies, nous devons nous préparer à d'autres actions illégales de la part de nos présidents, comme nous l'avons vu lors de l'invasion du Panama et de la guerre du Golfe. En agissant sous couvert des résolutions du Conseil de sécurité, le président des États-Unis peut s'arroger les pouvoirs d'un roi ou d'un dictateur. Ces pouvoirs sont expressément interdits par la Constitution.

En vertu des pouvoirs qui lui sont conférés par les résolutions du Conseil de sécurité de l'ONU, le président pourra nous entraîner dans toutes les guerres futures qu'il décidera que nous devons mener. Les bases de cette méthode de sabotage des procédures de déclaration de guerre mandatées par la Constitution ont été testées et mises en œuvre dans les jours qui ont précédé la guerre du Golfe, qui sera sans aucun doute utilisée à jamais comme un précédent pour de futures guerres non déclarées, dans le cadre de la stratégie des guerres. Les guerres apportent des changements profonds qui ne peuvent être obtenus par la diplomatie.

Afin que nous soyons parfaitement clairs sur les procédures prévues par la Constitution, qui doivent être respectées AVANT que les États-Unis puissent être engagés dans une guerre, examinons-les :

(1)   Le Sénat et la Chambre doivent adopter des résolutions distinctes déclarant qu'un état de belligérance existe entre les États-Unis et l'autre nation. À cet égard, nous devons étudier le mot "belligérant", car sans "belligérance", il ne peut y avoir d'intention d'entrer en guerre...

(2)   La Chambre et le Sénat doivent ensuite adopter séparément et individuellement des résolutions déclarant qu'un état de guerre existe entre les belligérants, une ou plusieurs nations et les États-Unis. L'Amérique est ainsi officiellement avertie qu'elle est sur le point d'entrer en guerre.

(3) La Chambre et le Sénat doivent ensuite adopter des résolutions individuelles et distinctes informant les militaires que les États-Unis sont désormais en guerre avec la ou les nations belligérantes.

(4) La Chambre et le Sénat doivent ensuite décider si la guerre doit être une guerre "imparfaite" ou "parfaite". Une guerre imparfaite signifie que seule une seule branche de l'armée peut être impliquée, tandis qu'une guerre parfaite signifie que chaque homme, femme et enfant des États-Unis est en guerre publique avec chaque homme, femme et enfant de l'autre ou des autres nations. Dans ce dernier cas, toutes les branches des forces armées sont engagées.

Si le président n'obtient pas une déclaration de guerre constitutionnelle du Congrès, tout le personnel militaire américain envoyé pour combattre la guerre non déclarée doit retourner aux États-Unis dans les 60 jours suivants la date à laquelle il a été envoyé (cette disposition vitale est devenue pour la plupart nulle et non avenue). Il est facile de voir comment la Constitution a été détournée par le président Bush ; nos militaires sont toujours en guerre contre l'Irak et sont toujours utilisés pour faire respecter un blocus illégal de l'ONU. Si nous avions un gouvernement qui respecte réellement la Constitution, la guerre du Golfe n'aurait jamais été déclenchée, et nos troupes ne seraient pas actuellement au Moyen-Orient, ni même en Somalie.

Ces mesures de déclaration de guerre ont été conçues spécifiquement pour éviter que les États-Unis ne soient précipités dans une guerre, ce qui explique pourquoi le président Bush a contourné la Constitution pour que nous soyons entraînés dans la guerre du Golfe. Les Nations Unies n'ont pas non plus l'autorité d'imposer aux États-Unis une règle qui nous dit d'obéir à un blocus économique de l'Irak ou de toute autre nation — car les Nations Unies n'ont aucune souveraineté. Nous traiterons de la guerre du Golfe dans les prochains chapitres.

Ces pouvoirs, qui ne sont pas conférés au président, mais au pouvoir législatif de facto, font des Nations Unies l'organe le plus puissant du monde par le biais des résolutions du Conseil de sécurité. Depuis que nous avons abandonné la forme de neutralité de Jefferson, nous avons été gouvernés par une série de vagabonds, l'un après l'autre, qui a pillé l'Amérique à volonté et continue de le faire. C'est Thomas Jefferson qui a lancé un avertissement sévère, que nos agents au Congrès ont allègrement ignoré, selon lequel l'Amérique serait détruite par des accords secrets avec des gouvernements étrangers ayant le désir de diviser et de gouverner le peuple américain, afin que les intérêts des gouvernements étrangers soient servis avant les besoins de notre propre peuple.

L'aide étrangère n'est rien d'autre qu'un programme visant à voler et à piller les pays de leurs ressources naturelles, et à remettre l'argent des contribuables américains aux dictateurs de ces pays, afin que le Comité des 300 puisse récolter des bénéfices obscènes de ce pillage illégal, tandis que le peuple américain, qui ne vaut pas mieux que les esclaves des pharaons égyptiens, gémit sous l'énorme fardeau de la contribution à l'"aide étrangère". Dans le chapitre sur les assassinats, nous donnons le Congo belge comme un bon exemple de ce que nous voulons dire. Le Congo belge était bien évidemment géré au profit du Comité des 300, et non du peuple congolais.

Les Nations Unies utilisent l'aide étrangère comme un moyen de piller les ressources des nations souveraines. Aucun pirate ou voleur n'a jamais eu la vie aussi belle. Même Kubla Kahn n'a pas eu autant de chance que les Rothschild, Rockefeller, Warburg et leurs semblables. Si une nation se montre timide en cédant ses ressources naturelles, comme ce fut le cas pour le Congo, qui a essayé de se protéger de la prédation étrangère, les troupes des Nations Unies se rendent sur place pour "l'obliger à se conformer", même si cela signifie assassiner des civils, ce que les troupes des Nations Unies ont fait au Congo en évinçant et en assassinant son dirigeant, comme ce fut le cas pour Patrice Lumumba. La tentative actuelle d'assassiner le président Hussein d'Irak est un autre exemple de la manière dont les Nations Unies subvertissent le droit américain et les lois des nations indépendantes.

La question est de savoir combien de temps nous, le peuple souverain, continuerons à tolérer notre appartenance illégale à cet organisme du gouvernement mondial unique. Nous seuls, le peuple souverain, pouvons ordonner à nos agents, nos serviteurs, à la Chambre et au Sénat, d'abroger immédiatement notre adhésion à un organisme mondial, qui est préjudiciable au bien-être des États-Unis d'Amérique.

II. La brutale et illégale guerre du Golfe

La plus récente des guerres menées sous le couvert de la guerre du Golfe se distingue des autres par le fait que le Comité des 300, le Council on Foreign Relations, les Illuminati et les Bilderbergers n'ont pas couvert leurs traces de manière adéquate sur le chemin de la guerre. La guerre du Golfe est donc l'une des guerres les plus faciles à retracer jusqu'à Chatham House et au Harold Pratt House et, heureusement pour nous, l'une des plus faciles à prouver la thèse que nous défendons.

La guerre du Golfe doit être considérée comme un élément unique de la stratégie globale du Comité des 300 à l'égard des États islamiques producteurs de pétrole du Moyen-Orient. Seul un bref aperçu historique peut être donné ici. Il est essentiel de connaître la vérité et de se libérer de la propagande des faiseurs d'opinions de Madison Avenue, également connus sous le nom d'"agences de publicité".

Les impérialistes britanniques, aidés par leurs cousins américains, ont commencé à mettre en œuvre leurs plans pour prendre le contrôle de tout le pétrole du Moyen-Orient vers le milieu du XIXe siècle. La guerre illégale du Golfe était une disposition intégrale de ce plan. Je dis illégale, car, comme expliqué dans les chapitres traitant des Nations Unies, seul le Congrès peut déclarer la guerre, comme le stipule l'article I, section 8, clauses 1, 11, 12, 13, 14, 15 et 18 de la Constitution des États-Unis. Henry Clay, une autorité reconnue en matière de Constitution, l'a dit à plusieurs reprises.

Aucun élu ne peut passer outre les dispositions de la Constitution, et tant l'ancien secrétaire d'État James Baker III que le président George Bush auraient dû être mis en accusation pour avoir violé la Constitution. Une source des services secrets britanniques m'a dit que lorsque Baker a rencontré la reine Elizabeth II au palais de Buckingham, il s'est en fait vanté de la manière dont il a contourné la Constitution, puis, en présence de la reine, il a réprimandé Edward Heath qui s'était opposé à la guerre. Edward Heath, ancien premier ministre britannique, a été limogé par le Comité des 300 pour n'avoir pas soutenu la politique d'unité européenne et pour sa forte opposition à la guerre du Golfe.

Baker a fait remarquer à l'assemblée des chefs d'État et des diplomates qu'il avait rejeté les tentatives visant à l'amener à discuter de questions constitutionnelles. Baker s'est également vanté de la façon dont ses menaces contre la nation irakienne ont été mises à exécution, et la reine Élisabeth II a approuvé d'un signe de tête. De toute évidence, Baker et le président Bush, qui était également présent à la réunion, ont placé leur loyauté envers le gouvernement mondial unique au-dessus du serment qu'ils ont prêté pour faire respecter la Constitution des États-Unis.

La terre d'Arabie a existé pendant des milliers d'années, et elle a toujours été connue sous le nom d'Arabie. Cette terre était liée aux événements survenus en Turquie, en Perse (aujourd'hui l'Iran) et en Irak par l'intermédiaire des familles Wahabi et Abdul Aziz. Au 15ème siècle, les Britanniques, sous la direction des banquiers voleurs vénitiens des Guelphes de la noblesse noire, ont vu la possibilité de s'implanter en Arabie, où ils se sont heurtés à la tribu Koreish, la tribu du prophète Mahomet, le fils posthume du Hachémite Abdullah, dont sont issues les dynasties Fatimide et Abbasside.

La guerre du Golfe n'était qu'une extension des tentatives du Comité des 300 de détruire les héritiers de Mahomet et le peuple hachémite en Irak. Les dirigeants de l'Arabie saoudite sont haïs et méprisés par tous les vrais adeptes de l'Islam, d'autant plus qu'ils ont permis aux "infidèles" (les troupes américaines) d'être stationnés sur la terre du prophète Mahomet.

Les articles essentiels de la religion musulmane consistent en la croyance en un Dieu unique (Allah), en ses anges et en son prophète Mahomet, le dernier des prophètes, et la croyance en son œuvre révélée, le Coran ; la croyance au Jour de la Résurrection et à la prédestination des hommes par Dieu. Les six devoirs fondamentaux des croyants sont la récitation de la profession de foi, attestant de l'unité de Dieu, et l'acceptation ferme de la mission de Mahomet ; cinq prières quotidiennes ; le jeûne total pendant le mois de Ramadan, et un pèlerinage à la Mecque, au moins une fois dans la vie du croyant.

La stricte observation des principes fondamentaux de la religion musulmane fait de quelqu'un un fondamentaliste, ce que les familles Wahabi et Abdul Aziz (la famille royale saoudienne) ne sont pas. La famille royale saoudienne s'est lentement mais sûrement éloignée du fondamentalisme, ce qui ne les a pas rendus populaires auprès des pays fondamentalistes islamiques comme l'Irak et l'Iran, qui leur reprochent aujourd'hui d'avoir rendu la guerre du Golfe possible. En sautant des siècles d'histoire, nous arrivons en 1463, lorsqu'une grande guerre, instiguée et planifiée par les banquiers vénitiens Guelfes noirs, éclate dans l'Empire ottoman. Les Guelfes vénitiens (qui ont un lien de parenté direct avec la reine Elizabeth II d'Angleterre) avaient trompé les Turcs en leur faisant croire qu'ils étaient amis et alliés, mais les Ottomans allaient en tirer une leçon amère.

Pour comprendre cette période, il faut savoir que la noblesse noire britannique est synonyme de noblesse noire vénitienne. Sous la direction de Mahomet le Conquérant, les Vénitiens ont été chassés de ce qui est aujourd'hui la Turquie. Le rôle de Venise dans l'histoire mondiale a été délibérément et grossièrement sous-estimé. Et son influence est aujourd'hui sous-estimée, comme le rôle qu'elle a joué dans la révolution bolchevique, les deux guerres mondiales et la guerre du Golfe. Les Ottomans ont été trahis par les Britanniques et les Vénitiens, qui "sont venus en amis, mais ont tenu un poignard caché dans leur dos", comme le rapporte l'histoire. Il s'agit de l'une des premières incursions dans le monde de la guerre. George Bush l'a reproduit avec beaucoup de succès en se faisant passer pour un ami du peuple arabe.

Grâce à l'intervention britannique, les Turcs sont repoussés des portes de Venise et une présence arabe est fermement établie dans la péninsule. Les Britanniques se sont servis des Arabes sous la direction du colonel Thomas E. Lawrence pour faire tomber l'Empire ottoman, avant de les trahir et de créer l'État sioniste d'Israël par la déclaration Balfour. C'est un bon exemple de duplicité diplomatique. De 1909 à 1915, le gouvernement britannique a utilisé Lawrence pour diriger les forces arabes afin de combattre les Turcs et de les chasser de la Palestine. Le vide laissé par les Turcs a été comblé par les immigrants juifs qui ont afflué en Palestine selon les termes de la déclaration Balfour.

Le gouvernement britannique poursuivit sa tromperie en déplaçant les troupes britanniques dans le Sinaï et en Palestine. Sir Archibald Murray assura à Lawrence qu'il s'agissait d'empêcher l'immigration juive en vertu de la déclaration Balfour signée par Lord Rothschild, un membre important des Illuminati.

Les conditions auxquelles les Arabes ont accepté d'intervenir dans le conflit avec les Ottomans (auxquels la noblesse noire de Grande-Bretagne avait juré une loyauté sans faille), ont été négociées par le shérif Hussein du Hedjaz, et comprenait spécifiquement une disposition selon laquelle la Grande-Bretagne ne permettrait pas la poursuite de l'immigration juive en Palestine, en Transjordanie et en Arabie. Hussein a fait de cette demande le cœur même de l'accord signé avec le gouvernement britannique.

Bien sûr, le gouvernement britannique n'a jamais eu l'intention d'honorer les termes de son accord avec Hussein, en ajoutant les noms des autres pays à la Palestine pour qu'ils puissent dire, "bien, nous les avons tenus à l'écart de ces pays." C'était le comble, car les sionistes n'avaient aucun intérêt à envoyer des Juifs dans un quelconque pays du Moyen-Orient autre que la Palestine.

Le gouvernement britannique a toujours joué les Abdul-Aziz et les Wahabis (la famille royale saoudienne) contre le shérif Hussein, en concluant secrètement un accord avec les deux familles qui prétendaient "officiellement" reconnaître Hussein comme roi du Hedjaz (ce que le gouvernement britannique a fait le 15 décembre 1916). Le gouvernement britannique a accepté de soutenir secrètement les deux familles en leur fournissant suffisamment d'armes et d'argent pour conquérir les cités-États indépendantes d'Arabie.

Bien entendu, Hussein n'était pas au courant de l'accord parallèle et il a accepté de lancer une attaque à grande échelle contre les Turcs. Cela a incité les familles Wahabi et Abdul Aziz à constituer une armée et à lancer une guerre pour mettre l'Arabie sous leur contrôle. Les compagnies pétrolières britanniques ont ainsi réussi à amener Hussein à combattre les Turcs en leur nom, sans le vouloir.

Financées par la Grande-Bretagne en 1913 et 1927, les armées d'Abdul Aziz-Wahabi ont mené une campagne sanglante contre les cités-États indépendantes d'Arabie, s'emparant du Hedjaz, du Jauf et du Taif. La ville sainte hachémite de La Mecque a été attaquée le 13 octobre 1924, obligeant Hussein et son fils, Ali, à fuir. Le 5 décembre 1925, Médine se rend après une bataille particulièrement sanglante. Le gouvernement britannique, démontrant une fois de plus sa compréhension de la réalité, ne dit pas aux wahhabites et aux Saoudiens que son véritable objectif est la destruction du caractère sacré de La Mecque et l'affaiblissement général de la religion musulmane, ce qui est profondément souhaité par les oligarques britanniques et leurs cousins vénitiens de la noblesse noire.

Le gouvernement britannique n'a pas non plus dit aux familles saoudiennes et wahhabites qu'elles n'étaient que des pions dans le jeu visant à garantir le pétrole arabe à la Grande-Bretagne face aux revendications de l'Italie, de la France, de la Russie, de la Turquie et de l'Allemagne. Le 22 septembre 1932, les armées saoudiennes et wahhabites écrasent une rébellion dans le territoire majoritairement hachémite de la Transjordanie. Par la suite, l'Arabie est rebaptisée Arabie saoudite et doit désormais être dirigée par un roi issu des deux familles. Ainsi, par la tromperie de la diplomatie par le mensonge, les compagnies pétrolières britanniques ont pris le contrôle de l'Arabie. Cette campagne sanglante est décrite en détail dans ma monographie intitulée "Qui sont les vrais rois saoudiens et les vrais cheiks koweïtiens ?".

Une fois libéré de la menace ottomane et du nationalisme arabe sous le règne du shérif Hussein, le gouvernement britannique, agissant au nom de ses compagnies pétrolières, entre dans une nouvelle période de prospérité. Ils rédigent et garantissent un traité entre l'Arabie saoudite, comme on l'appelle désormais, et l'Irak, qui devient la base de toute une série de pactes interarabes et musulmans, que le gouvernement britannique déclare vouloir appliquer contre l'immigration juive en Palestine.

Contrairement à ce que les dirigeants britanniques ont dit aux parties arabo-musulmanes, la déclaration Balfour, qui avait déjà été négociée, autorisait les Juifs non seulement à immigrer en Palestine, mais à en faire une patrie. Cet accord, énoncé dans les termes d'un accord anglo-français, plaçait la Palestine sous administration internationale. C'est ce que font tout aussi facilement les Nations Unies d'aujourd'hui, avec Cyrus Vance qui découpe la Bosnie-Herzégovine, un pays reconnu par la communauté internationale, en petites enclaves afin que la Serbie puisse les reprendre en temps voulu.

Puis, le 2 novembre 1917, l'annonce publique de la Déclaration Balfour, selon laquelle le gouvernement britannique — et non les Arabes ou les Palestiniens, dont c'était la terre — était favorable à l'établissement de la Palestine comme patrie nationale pour le peuple juif. La Grande-Bretagne s'engage à faire tout son possible pour faciliter la réalisation de cet objectif, "étant clairement entendu que rien ne sera fait qui puisse porter atteinte aux droits civils et religieux des communautés non juives existant en Palestine".

Une pièce plus audacieuse est difficile à trouver ailleurs. Notez que les véritables habitants de la Palestine ont été déclassés en "communautés non juives". Notez également que la déclaration, qui était en réalité une proclamation, a été signée par Lord Rothschild, chef des sionistes britanniques, qui n'était pas un membre de la famille royale britannique, ni un membre du cabinet de Balfour et qui avait donc encore moins le droit que ce dernier de signer un tel document.

La trahison flagrante des Arabes a tellement irrité le colonel Lawrence qu'il a menacé de dénoncer la duplicité du gouvernement britannique, une menace qui devait lui coûter la vie. Lawrence avait promis solennellement à Hussein et à ses hommes que l'immigration juive en Palestine ne se poursuivrait pas. Les documents du British Museum montrent clairement que la promesse transmise au shérif Hussein par Lawrence a été faite par Sir Archibald Murray et le général Edmund Allenby au nom du gouvernement britannique.

En 1917, les troupes britanniques marchent sur Bagdad, marquant le début de la fin de l'Empire ottoman. Pendant toute cette période, les familles wahhabites et saoudiennes ont été continuellement rassurées par Murray sur le fait qu'aucun juif ne serait autorisé à entrer en Arabie, et que les quelques juifs qui seraient autorisés à immigrer ne seraient installés qu'en Palestine. Le 10 janvier 1919, les Britanniques se sont donné un "mandat" pour gouverner l'Irak, qui est devenu une loi le 5 mai 1920. Pas un seul gouvernement dans le monde n'a protesté contre l'action illégale de la Grande-Bretagne. Sir Percy Cox a été nommé haut-commissaire. Bien entendu, le peuple irakien n'a pas été consulté du tout.

En 1922, la Société des Nations avait approuvé les termes de la Déclaration Balfour (Rothschild), qui donnait au gouvernement britannique un mandat pour diriger la Palestine et le pays hachémite appelé Transjordanie. On ne peut que s'étonner de l'audace du gouvernement britannique et de la Société des Nations.

En 1880, le gouvernement britannique se lia d'amitié avec un cheik arabe apprivoisé du nom d'Émir Abdullah al Salem Al Sabah. Al Sabah est devenu leur représentant dans la région située le long de la frontière sud de l'Irak, où les gisements de pétrole de Rumaila ont été découverts à l'intérieur du territoire irakien. La famille Al Sabah a gardé un œil sur ce riche gisement pendant que le gouvernement irakien s'en occupait.

Les Britanniques se sont attaqués à un autre butin en 1899, celui des énormes gisements d'or dans les minuscules républiques boers du Transvaal et de l'État libre d'Orange, que nous aborderons dans les chapitres suivants. Nous le mentionnons ici pour illustrer la quête du Comité des 300 pour s'emparer des ressources naturelles des nations chaque fois qu'il le peut et partout où il le peut.

Au nom du Comité des 300, le 25 novembre 1899 — l'année même où les Britanniques sont entrés en guerre contre les républiques boers — le gouvernement britannique a conclu un accord avec l'émir Al Sabah, en vertu duquel les terres empiétant sur les champs pétrolifères de Rumaila en Irak étaient cédées au gouvernement britannique, bien que ces terres fassent partie intégrante de l'Irak ou que l'émir Al Sabah n'ait aucun droit sur elles.

L'accord est signé par le cheikh Mubarak Al Sabah, qui se rend à Londres en grande pompe avec sa suite, toutes les dépenses étant payées par les contribuables britanniques et non par les compagnies pétrolières britanniques qui sont les bénéficiaires de l'accord. Le Koweït devient de facto un protectorat britannique non déclaré. La population locale n'a pas son mot à dire dans la mise en place des Al Sabah, dictateurs absolus qui font rapidement preuve d'une cruauté impitoyable.

En 1915, les Britanniques ont envahi l'Irak et occupé Bagdad dans un acte que le président George Bush aurait appelé "agression injuste", terme qu'il a utilisé pour décrire l'action de l'Irak contre le Koweït afin de récupérer ses terres volées par la Grande-Bretagne. Le gouvernement britannique a mis en place un "mandat" autoproclamé, comme nous l'avons déjà vu, et le 23 août 1921, deux mois après son arrivée à Bagdad, le haut-commissaire autoproclamé Cox a nommé l'ancien roi Faisal de Syrie à la tête d'un régime fantoche à Bassora. La Grande-Bretagne avait maintenant une marionnette dans le nord de l'Irak et une autre dans le sud de l'Irak.

Afin de renforcer leur position, insatisfaits du plébiscite manifestement truqué qui a donné aux Britanniques leur mandat, un complot élaboré et sanglant a été ourdi. Des agents des services secrets britanniques du MI6 ont été envoyés pour susciter une révolte parmi les Kurdes de Mossoul. Encouragés à se révolter par leur chef, le cheik Mahmud, ils organisent une grande insurrection le 18 juin 1922. Pendant des mois, les agents de renseignements britanniques du MI6 ont dit au cheik Mahmud que ses chances d'obtenir un État autonome pour les Kurdes ne seraient jamais meilleures.

Pourquoi le MI6 a-t-il ostensiblement agi contre les meilleurs intérêts du gouvernement britannique ? La réponse se trouve dans la diplomatie par le mensonge. Pourtant, alors même que l'on annonçait aux Kurdes que leur quête séculaire d'un État autonome était sur le point de devenir réalité, Cox disait aux dirigeants irakiens à Bagdad que les Kurdes étaient sur le point de se révolter. C'était, disait Cox, une des nombreuses raisons pour lesquelles les Irakiens avaient besoin d'une présence britannique continue dans le pays. Après deux ans de combats, les Kurdes furent vaincus et leurs dirigeants exécutés.

En 1923, cependant, la Grande-Bretagne est contrainte par l'Italie, la France et la Russie de reconnaître un protocole qui accorde l'indépendance à l'Irak une fois que ce pays aura rejoint la Société des Nations ou, en tout cas, au plus tard en 1926. Cela a provoqué la colère de la Royal Dutch Shell Co et de British Petroleum, qui ont toutes deux appelé à une nouvelle action, craignant de perdre leurs concessions pétrolières qui devaient expirer en 1996. Un autre coup dur pour les impérialistes britanniques et leurs compagnies pétrolières fut l'attribution par la Société des Nations de Mossoul, riche en pétrole, à l'Irak.

Le MI6 s'arrangea pour qu'une autre révolte kurde ait lieu de février à avril 1925. De fausses promesses ont été faites au gouvernement irakien, avec des comptes rendus de ce qui se passerait si les Britanniques retiraient leur protection de l'Irak. Les Kurdes ont été poussés à l'insurrection. L'objectif était de montrer à la Société des Nations que l'attribution de Mossoul à l'Irak était une erreur et qu'il était mauvais pour le monde d'avoir un gouvernement "instable" à la tête d'une importante réserve de pétrole. L'autre avantage était que les Kurdes allaient probablement perdre et que leurs dirigeants seraient une fois de plus exécutés. Cette fois, cependant, le complot n'a pas fonctionné ; la Ligue est restée ferme sur sa décision concernant Mossoul. Mais la rébellion s'est à nouveau soldée par une défaite des Kurdes et l'exécution de leurs chefs.

Les Kurdes n'ont jamais réalisé que leur ennemi n'était pas l'Irak, mais les intérêts pétroliers britanniques et américains. C'est Winston Churchill, et non les Irakiens, qui, en 1929, a ordonné à la Royal Air Force de bombarder des villages kurdes, parce que les Kurdes s'opposaient aux intérêts pétroliers britanniques sur les champs pétrolifères de Mossoul, dont ils comprenaient parfaitement la valeur.

Les mois d'avril, mai et juin 1932 ont vu les Kurdes se lancer dans une nouvelle insurrection inspirée et dirigée par le M16, qui visait à persuader la Société des Nations d'adopter une politique de compromis concernant le pétrole de Mossoul, mais la tentative resta vaine et le 3 octobre 1932, l'Irak est devenu une nation indépendante avec un contrôle total sur Mossoul. Les compagnies pétrolières britanniques se sont accrochées pendant encore 12 ans, jusqu'à ce qu'elles soient finalement contraintes de quitter l'Irak en 1948.

Et même après avoir quitté l'Irak, les Britanniques n'ont pas retiré leur présence du Koweït au motif fallacieux qu'il ne faisait pas partie de l'Irak, mais constituait un pays distinct. Après l'assassinat du président Kassem, le gouvernement irakien craint un nouveau soulèvement des Kurdes, qui sont toujours sous le contrôle des services secrets britanniques. Le 10 juin 1963, les Kurdes de Mustafa al-Barzani menacent de faire la guerre à Bagdad, qui a déjà fort à faire pour écraser la menace communiste. Le gouvernement irakien conclut un accord accordant une certaine autonomie aux Kurdes et publie une proclamation à cet effet.

Encouragés par les services de renseignements britanniques, les Kurdes reprennent les combats en avril 1965, car l'Irak n'a fait aucun progrès dans la mise en œuvre des dispositions de la proclamation de 1963. Le gouvernement de Bagdad a accusé la Grande-Bretagne de s'ingérer dans ses affaires intérieures, et les troubles kurdes se sont poursuivis pendant quatre années supplémentaires. Le 11 mars 1970, les Kurdes se voient enfin accorder l'autonomie. Mais, comme auparavant, seul un très petit nombre des dispositions contenues dans l'accord sont appliquées. L'arrangement avait été perturbé en 1923 lorsque, sur l'insistance de la Turquie, de l'Allemagne et de la France, une conférence s'est tenue à Lausanne, en Suisse, sous les auspices de la Société des Nations.

La véritable raison de la conférence de Lausanne de 1923 est la découverte des gisements de pétrole de Mossoul, dans le nord de l'Irak. La Turquie décide soudainement qu'elle a des droits sur les vastes gisements de pétrole qui se trouvent sous les terres occupées par les Kurdes. À ce moment-là, l'Amérique est également intéressée, et John D. Rockefeller demande au président Warren Harding d'envoyer un observateur. L'observateur américain accepte la situation illégale existant au Koweït. Rockefeller n'a pas l'intention d'ébranler le bateau britannique, tant qu'il peut obtenir sa part de la nouvelle découverte de pétrole.

L'Irak a perdu les droits que lui conférait l'ancien accord avec la Turkish Petroleum Company, et le statut du Koweït est resté inchangé. La question du pétrole de Mossoul a été laissée délibérément vague sur l'insistance du délégué britannique. Ces questions seront réglées "par de futures négociations", a déclaré la délégation britannique. Le sang des militaires américains sera encore versé pour garantir le pétrole de Mossoul aux compagnies pétrolières britanniques et américaines, tout comme il a été versé pour le pétrole du Koweït.

Le 25 juin 1961, le Premier ministre irakien Hassan Abdul Kassem attaque férocement la Grande-Bretagne sur la question du Koweït, soulignant que les négociations promises lors de la conférence de Lausanne n'ont pas eu lieu. Kassem a déclaré que le territoire appelé Koweït faisait partie intégrante de l'Irak et était reconnu comme tel depuis plus de 400 ans par l'Empire ottoman. Au lieu de cela, les Britanniques ont accordé l'indépendance au Koweït.

Mais il était clair que le stratagème britannique consistant à remettre à plus tard le statut du Koweït et des champs pétrolifères de Mossoul était presque déjoué par Kassem. D'où la nécessité soudaine d'accorder l'indépendance au Koweït, avant que le reste du monde ne découvre la tactique britannique et américaine. Le Koweït ne pourra jamais être indépendant, car, comme les Britanniques le savent bien, il s'agit d'un morceau de l'Irak qui a été découpé au niveau des champs pétrolifères de Rumaila et donné à British Petroleum.

Si Kassem avait réussi à récupérer le Koweït, les dirigeants britanniques auraient perdu des milliards de dollars de revenus pétroliers. Mais lorsque Kassem disparaît après l'indépendance du Koweït, le mouvement de contestation de la Grande-Bretagne perd son élan. En accordant l'indépendance au Koweït en 1961, et en ignorant le fait que la terre ne leur appartenait pas, la Grande-Bretagne a pu repousser les justes revendications de l'Irak. Comme nous le savons, la Grande-Bretagne a fait la même chose en Palestine, en Inde et, plus tard, en Afrique du Sud.

Pendant les 30 années suivantes, le Koweït est resté un État vassal de la Grande-Bretagne, les compagnies pétrolières acheminant des milliards de dollars dans les banques britanniques, tandis que l'Irak ne recevait rien. Les banques britanniques prospèrent au Koweït, administrées depuis Whitehall et la City de Londres. Cette situation a perduré jusqu'en 1965. Outre la cruauté des Al Sabahs, il n'y avait pas de système "un homme, un vote". En fait, il n'y avait pas de vote du tout pour le peuple. Les gouvernements britannique et américain ne s'en préoccupent pas.

Le gouvernement britannique a conclu cet accord avec la famille Al Sabah, qui resterait désormais les souverains du Koweït (nom donné à cette partie du territoire irakien), sous l'entière protection du gouvernement britannique. C'est ainsi que le Koweït a été volé à l'Irak. Le fait que le Koweït n'ait pas demandé à devenir membre des Nations Unies au moment où l'Arabie saoudite l'a fait prouve qu'il n'a jamais été un pays au sens propre du terme.

La création du Koweït a été vivement contestée par les gouvernements irakiens successifs, qui ne pouvaient pas faire grand-chose pour récupérer le territoire face à la puissance militaire britannique. Le 1er juillet 1961, après des années de protestation contre l'annexion de son territoire par le Koweït, le gouvernement irakien a finalement agi sur la question. L'émir Al Sabah demande à la Grande-Bretagne d'honorer l'accord de 1899, et le gouvernement britannique envoie des forces militaires au Koweït. Bagdad recule, mais ne renonce jamais à sa juste revendication du territoire.

La saisie par la Grande-Bretagne du territoire irakien, qu'elle a appelé Koweït et auquel elle a accordé l'indépendance, doit être considérée comme l'un des actes de piraterie les plus audacieux des temps modernes, et a directement contribué à la guerre du Golfe. Je me suis donné beaucoup de mal pour expliquer le contexte des événements qui ont conduit à la guerre du Golfe, afin de montrer à quel point les États-Unis ont agi injustement envers l'Irak, et le pouvoir du Comité des 300.

Voici un résumé des événements qui ont conduit à la guerre du Golfe :

1811-1818. Les Wahabis d'Arabie attaquent et occupent la Mecque, mais sont contraints de se retirer par le sultan d'Égypte.

1899, 25 novembre. Le cheik Mubarak al-Sabah cède une partie des champs pétrolifères de Rumaila à la Grande-Bretagne. Les terres cédées ont été reconnues pendant 400 ans comme territoire irakien. Très peu peuplé jusqu'en 1914. Le Koweït devient un protectorat britannique.

1909-1915. Les Britanniques utilisent le colonel Thomas Lawrence, des services secrets britanniques, pour se lier d'amitié avec les Arabes. Lawrence assure aux Arabes que le général Edmund Allenby empêchera les Juifs d'entrer en Palestine. Lawrence n'est pas informé des véritables intentions de la Grande-Bretagne. Le shérif Hussein, souverain de la Mecque, lève une armée arabe pour attaquer les Turcs. La présence de l'Empire ottoman en Palestine et en Égypte est détruite.

1913. Les Britanniques acceptent secrètement d'armer, d'entraîner et d'approvisionner Abdul Aziz et les familles wahhabites afin de préparer la conquête des villes-états d'Arabie.

1916. Les troupes britanniques entrent dans le Sinaï et en Palestine. Sir Archibald Murray explique à Lawrence qu'il s'agit d'un mouvement destiné à prévenir l'immigration juive, ce que le shérif Hussein accepte. Hussein déclare un état arabe le 27 juin ; il devient roi le 29 octobre. Le 6 novembre 1916, la Grande-Bretagne, la France et la Russie reconnaissent Hussein comme chef du peuple arabe ; confirmé le 15 décembre par le gouvernement britannique.

1916. Dans une action bizarre, les Britanniques obtiennent que l'Inde reconnaisse les cités-États arabes de Nejd, Qaif et Jubail comme des possessions de la famille Ibn Saud d'Abdul Aziz.

1917. Les troupes britanniques s'emparent de Bagdad. La déclaration Balfour est signée par Lord Rothschild qui trahit les Arabes et accorde une patrie aux Juifs en Palestine. Le général Allenby occupe Jérusalem.

1920. Conférence de San Remo. Indépendance de la Turquie ; règlement des différends pétroliers. Début du contrôle britannique sur les pays riches en pétrole du Moyen-Orient. Le gouvernement britannique établit un régime fantoche à Bassora, dirigé par le roi Faisal de Syrie. Ibn Saud Abdul Aziz attaque Taif, dans le Hedjaz, et ne parvient à la capturer qu'après quatre ans de lutte.

1922. Aziz limoge Jauf et assassine la dynastie de la famille Shalan. La déclaration Balfour est approuvée par la Société des Nations.

1923. La Turquie, l'Allemagne et la France s'opposent à l'occupation britannique de l'Irak et appellent à un sommet à Lausanne. La Grande-Bretagne accepte de libérer l'Irak, mais conserve les champs pétrolifères de Mossoul afin de créer une entité distincte dans le nord de l'Irak. En mai, les Britanniques affaiblissent le pouvoir de l'émir Abdullah Ibn Hussein, fils du shérif Hussein de la Mecque, et appellent le nouveau pays "Transjordanie".

1924. Le 13 octobre, les Wahabis et Adbul Aziz attaquent et capturent la ville sainte de la Mecque, lieu de sépulture du prophète Mahomet. Hussein et ses deux fils sont obligés de fuir.

1925. Médine se rend aux forces d'Ibn Saud.

1926. Ibn Saoud se proclame roi du Hedjaz et sultan du Nejd.

1927. Les Britanniques signent un traité avec Ibn Saud et les Wahabis, leur accordant une liberté d'action totale et reconnaissant les villes-états capturées comme leurs possessions. C'est le début de la lutte entre British Petroleum et les compagnies pétrolières américaines pour obtenir des concessions pétrolières.

1929. La Grande-Bretagne signe un nouveau traité d'amitié avec l'Irak, reconnaissant son indépendance, mais laissant en suspens le statut du Koweït. Les premières attaques à grande échelle sont dirigées contre des immigrants juifs contestés par des Arabes au "Mur des Lamentations".

1930. Le gouvernement britannique publie le Livre blanc de la Commission Passfield, qui recommande l'arrêt immédiat de l'immigration juive en Palestine et l'interdiction d'attribuer de nouvelles terres aux colons juifs en raison du "trop grand nombre d'Arabes sans terre". La recommandation est modifiée par le Parlement britannique et les mesures prises sont symboliques.

1932. L'Arabie est rebaptisée Arabie saoudite.

1935. La British Petroleum construit un oléoduc reliant les champs pétrolifères contestés de Mossoul au port de Haïfa. La Commission Peel rapporte au Parlement britannique que Juifs et Arabes ne pourront jamais travailler ensemble ; elle recommande la partition de la Palestine.

1936. Les Saoudiens signent un pacte de non-agression avec l'Irak, mais le rompent pendant la guerre du Golfe. Les Saoudiens décident de soutenir les États-Unis et, ce faisant, déshonorent l'accord précédent avec l'Irak.

1937. La Conférence panarabe de Syrie rejette le plan de la Commission Peel concernant l'immigration juive en Palestine. Les Britanniques arrêtent les dirigeants arabes et les déportent aux Seychelles.

1941. La Grande-Bretagne envahit l'Iran pour "sauver" le pays de l'Allemagne. Churchill met en place un gouvernement fantoche qui prend ses ordres de Londres.

1946. La Grande-Bretagne accorde l'indépendance à la Transjordanie, qui est rebaptisée "Royaume hachémite de Jordanie" en 1949. S'ensuit une opposition généralisée et violente des sionistes.

1952. Sérieuses émeutes en Irak contre le maintien de la présence britannique, indignation contre la complicité des États-Unis avec les compagnies pétrolières...

1953. Le nouveau gouvernement de Jordanie ordonne aux troupes britanniques de quitter le pays.

1954. La Grande-Bretagne et les États-Unis reprochent à la Jordanie de refuser de participer aux pourparlers d'armistice avec Israël, ce qui entraîne la chute du cabinet jordanien. La Sixième flotte américaine menace les pays arabes en débarquant des Marines au Liban (un acte de guerre). Le roi Hussein ne se laisse pas intimider et répond en dénonçant les liens étroits des États-Unis avec Israël.

1955. Émeute de Palestiniens en Cisjordanie Israël déclare que "les Palestiniens sont un problème jordanien".

1959. L'Irak proteste contre l'inclusion du Koweït dans le CETAN. Accuse les Saoudiens d'"aider l'impérialisme britannique". Le contrôle britannique sur le Koweït est renforcé. La sortie de l'Irak vers la mer est coupée.

1961. Le Premier ministre Kassem d'Irak prévient la Grande-Bretagne : "Le Koweït est une terre irakienne et l'est depuis 400 ans." Kassem est ensuite assassiné mystérieusement. Le gouvernement britannique déclare que le Koweït est une nation indépendante. Les compagnies pétrolières britanniques obtiennent le contrôle d'une grande partie des champs pétrolifères de Rumaila. Le Koweït signe un traité d'amitié avec la Grande-Bretagne. Les troupes britanniques se déplacent pour contrer une éventuelle attaque de l'Irak.

1962. La Grande-Bretagne et le Koweït mettent fin au pacte de défense.

1965. Le prince héritier Sabah Al Salem Al Sabah devient émir du Koweït.

1967. L'Irak et la Jordanie entrent en guerre contre Israël. L'Arabie saoudite évite de prendre parti, mais envoie en Jordanie 20 000 soldats à qui il est interdit de prendre part aux combats.

À présent, l'emprise du Comité des 300 sur l'économie du Moyen-Orient était presque totale. La route que la Grande-Bretagne et l'Amérique avaient suivie n'était pas nouvelle, mais un prolongement commencé par Lord Bertrand Russell :

> "Pour qu'un gouvernement mondial fonctionne sans heurts, certaines conditions économiques devront être remplies. Diverses matières premières sont indispensables à l'industrie. Parmi celles-ci, l'une des plus importantes actuellement est le pétrole. Il est probable que l'uranium, bien que n'étant plus nécessaire pour les besoins de la guerre, sera essentiel pour l'utilisation industrielle de l'énergie nucléaire. Il n'y a aucune justification à la propriété privée de ces matières premières essentielles — et je pense que nous devrions inclure dans la propriété indésirable, non seulement la propriété par des individus ou des sociétés, mais aussi des États séparés. La matière première sans laquelle l'industrie est impossible devrait appartenir à l'autorité internationale et être accordée à des nations distinctes."

Il s'agissait d'une déclaration profonde du "prophète" du Comité des 300, faite précisément au moment où l'ingérence des Britanniques et des Américains dans les affaires arabes était à son apogée. Notez que Russell savait déjà à l'époque qu'il n'y aurait pas de guerre nucléaire. Russell s'est déclaré en faveur d'un gouvernement mondial unique, ou du nouvel ordre mondial dont parle le président Bush. La guerre du Golfe était une continuation des efforts antérieurs visant à arracher le contrôle du pétrole irakien à ses propriétaires légitimes et à protéger la position bien établie de British Petroleum et d'autres majors du cartel pétrolier pour le compte du Comité des 300.

La déclaration Balfour est le genre de document pour lequel les Britanniques sont devenus tristement célèbres. En 1899, ils avaient poussé la tromperie contre les petites républiques boers d'Afrique du Sud à de nouveaux sommets. Alors qu'elle parlait de paix, déjà troublée par les centaines de milliers de vagabonds et de chiffonniers qui affluaient dans les républiques boers à la suite de la plus grande découverte d'or de l'histoire du monde, la reine Victoria se préparait à la guerre.

La guerre du Golfe a été menée pour deux raisons principales : la première concerne la haine de tout ce qui est musulman de la part du RIIA et de leurs cousins américains du CFR, en plus de leur fort désir de protéger leur substitut, Israël. La seconde était une avidité débridée et le désir de contrôler tous les pays producteurs de pétrole du Moyen-Orient.

Quant à la guerre elle-même, la manœuvre américaine a commencé au moins trois ans avant que Bush ne passe officiellement à l'offensive. Les États-Unis ont d'abord armé l'Irak, puis l'ont incité à attaquer l'Iran dans une guerre qui a décimé les deux pays : la "guerre du hachoir à viande". Cette guerre était destinée à affaiblir l'Irak et l'Iran au point qu'ils ne constitueraient plus une menace crédible pour les intérêts pétroliers britanniques et américains et, en tant que force militaire, ils ne représenteraient plus une menace pour Israël.

En 1981, l'Irak a demandé au Banco Nazionale de Lavoro (BNL) de Brescia, en Italie, une ligne de crédit pour acheter des armes à une société italienne. Cette société a ensuite vendu des mines terrestres à l'Irak. Puis, en 1982, le président américain Ronald Reagan a retiré l'Irak de la liste des pays qui parrainent le terrorisme en réponse à une demande du département d'État.

En 1983, le ministère américain de l'Agriculture a accordé à l'Irak des prêts d'un montant de 365 millions de dollars, apparemment pour acheter des produits agricoles, mais des événements ultérieurs ont révélé que l'argent avait été utilisé pour acheter du matériel militaire. En 1985, l'Irak a contacté la succursale de la BNL à Atlanta, en Géorgie, pour lui demander de traiter ses prêts de la Commodity Credit Corporation du ministère américain de l'Agriculture.

En janvier 1986, une réunion de haut niveau entre la CIA et la National Security Agency (NSA) s'est tenue à Washington, DC. La discussion portait sur la question de savoir si les États-Unis devaient communiquer au gouvernement de Téhéran les données de renseignement dont ils disposaient sur l'Irak. Le directeur adjoint de la NSA de l'époque, Robert Gates, était opposé à cette idée, mais le Conseil de sécurité nationale l'a renversé.

Ce n'est qu'en 1987 que le président Bush a fait un certain nombre de références publiques en faveur de l'Irak, dont une dans laquelle il a dit : "les États-Unis doivent construire une relation solide avec l'Irak pour l'avenir." Peu après, la succursale d'Atlanta de la BNL a secrètement accepté d'accorder un prêt commercial de 2,1 milliards de dollars à l'Irak. En 1989, les hostilités entre l'Irak et l'Iran ont pris fin.

En 1989, un mémorandum secret préparé par l'agence de renseignement du département d'État avertissait le secrétaire James Baker :

> "L'Irak conserve son approche autoritaire des affaires étrangères… et travaille dur pour (fabriquer) des armes chimiques et biologiques et de nouveaux missiles."

Baker n'a rien fait de substantiel à propos de ce rapport et, comme nous le verrons, il a par la suite activement encouragé le président Saddam Hussein à croire que les États-Unis seraient impartiaux quant à la politique de l'Irak envers ses voisins du Moyen-Orient.

En avril de la même année, un rapport sur la prolifération nucléaire établi par le Département de l'énergie indiquait que l'Irak s'était lancé dans un projet de construction d'une bombe atomique. Ce rapport a été suivi en juin par un rapport préparé conjointement par Eximbank (une agence bancaire américaine), la CIA et les banques de la Réserve fédérale, selon lequel une étude conjointe a révélé que l'Irak intégrait la technologie américaine

> "directement dans les industries irakiennes prévues de missiles, de chars et de véhicules blindés de transport de troupes".

Le 4 août 1989, le FBI a fait une descente dans les bureaux de la BNL à Atlanta. Certains soupçonnent que cela a été fait pour empêcher toute enquête réelle sur la question de savoir si les prêts accordés à l'Irak ont été utilisés pour acheter des technologies militaires sensibles et d'autres savoir-faire militaires, plutôt qu'aux fins prévues par le ministère de l'Agriculture.

En septembre, dans un effort que les initiés considèrent comme une manœuvre anticipée pour s'absoudre de toute responsabilité, la CIA a signalé à Baker que l'Irak obtenait la capacité de fabriquer des armes nucléaires par le biais de diverses sociétés-écrans soupçonnées d'être liées au Pakistan au plus haut niveau. Le Pakistan était depuis longtemps soupçonné, et même accusé par la Commission de l'énergie atomique des États-Unis de fabriquer des armes nucléaires, ce qui a entraîné une rupture majeure dans les relations avec Washington, décrites comme étant "au plus bas".

En octobre 1989, le Département d'État a adressé à Baker un mémo "pour limiter les dégâts", dans lequel il lui recommandait de "retirer" le programme de crédit du ministère de l'Agriculture aux chercheurs du BNL. Ce mémo était paraphé par Baker, ce que certains interprètent comme une approbation de la recommandation. Il est généralement admis que le fait de parapher un document signifie que l'on approuve son contenu et toute action prévue.

Peu de temps après, de façon surprenante, le président Bush a signé la directive 26 sur la sécurité nationale, qui soutenait le commerce américain avec l'Irak. "L'accès au golfe Persique et aux principaux États amis de cette région est vital pour la sécurité nationale des États-Unis", a déclaré M. Bush. Voici donc la confirmation que, dès octobre 1989, le président s'est laissé aller à agir comme si l'Irak était un allié des États-Unis, alors qu'en réalité, les préparatifs d'une guerre contre ce pays étaient déjà en cours.

Puis, le 26 octobre 1989, un peu plus de trois semaines après que Bush ait déclaré que l'Irak était un État ami, Baker a appelé le secrétaire à l'Agriculture Clayton Yeutter pour lui demander d'augmenter les crédits commerciaux agricoles pour l'Irak. En réponse, Yeutter a ordonné à son département de fournir 1 milliard de dollars en crédits commerciaux assurés pour le gouvernement de Bagdad, même si le département du Trésor a exprimé des réserves.

Le secrétaire d'État adjoint, Lawrence Eagleburger, a assuré au Trésor que l'argent était nécessaire pour des "raisons géopolitiques" :

> "Notre capacité à influencer le comportement de l'Irak dans des domaines allant du Liban au processus de paix au Moyen-Orient (une référence oblique à Israël) est renforcée par l'expansion du commerce", a déclaré Eagleburger.

Toutefois, cela n'a pas suffi à dissiper les soupçons et l'hostilité d'une partie des démocrates du Congrès, qui réagissaient peut-être aux informations reçues d'Israël. En janvier 1990, le Congrès a interdit les prêts à l'Irak et à huit autres pays que les enquêteurs du Congrès jugeaient hostiles aux États-Unis. C'était un revers pour le grand projet de guerre contre l'Irak, que Bush ne voulait pas que le Congrès sache. Ainsi, le 17 janvier 1990, il a exempté l'Irak de l'interdiction du Congrès.

Craignant probablement qu'une intervention du Congrès ne vienne perturber les plans de guerre, John Kelly, spécialiste du département d'État, envoya un mémo au sous-secrétaire d'État à la politique Robert Kimit, dans lequel le département de l'agriculture était fustigé pour son retard dans l'octroi des prêts à l'Irak. Cet incident de février 1990 est d'une importance majeure, car il prouve que le président était impatient d'achever l'approvisionnement de l'Irak en armes et en technologies afin d'éviter que le calendrier de la guerre ne tombe à l'eau.

Le 6 février, James Kelly, un avocat de la Federal Reserve Bank de New York chargé de réglementer les opérations de BNL aux États-Unis, a rédigé un mémo qui aurait dû susciter une grande inquiétude : un voyage prévu en Italie par les enquêteurs criminels de la Réserve fédérale a été reporté. La BNL avait invoqué des inquiétudes concernant la presse italienne. Un voyage à Istanbul a été reporté à la demande du procureur général Richard Thornburgh.

Le mémo de Kelly de février 1990 disait en partie :

> "...Un élément clé de la relation et le fait de ne pas approuver les prêts alimenteront la paranoïa de Saddam et accéléreront son revirement contre nous."

Si nous n'étions pas déjà au courant de la guerre prévue contre l'Irak, cette dernière déclaration semblerait étonnante. Comment les États-Unis pourraient-ils continuer à armer le président Hussein s'ils craignent qu'il "se retourne contre nous" ? Logiquement, la bonne marche à suivre aurait été de suspendre les crédits plutôt que d'armer une nation dont le département d'État pensait qu'elle pourrait se retourner contre nous.

Mars 1990 apporte quelques développements surprenants. Des documents produits devant le tribunal fédéral d'Atlanta montrent que Reinaldo Petrignani, ambassadeur d'Italie à Washington, a dit à Thornburgh que le fait d'incriminer des fonctionnaires italiens dans l'enquête sur BNL serait "équivalent à une gifle pour les Italiens". Petrignani et Thornburgh ont ensuite nié que cette conversation ait eu lieu. Elle a prouvé une chose : l'implication profonde de l'administration Bush dans les prêts de la BNL à l'Irak.

En avril 1990, le Comité des suppléants inter-agences du Conseil national de sécurité, dirigé par le conseiller adjoint à la sécurité nationale Robert Gates, s'est réuni à la Maison-Blanche pour discuter d'un éventuel changement d'attitude des États-Unis à l'égard de l'Irak — un nouveau rebondissement dans le cyclone de la diplomatie par le mensonge.

Ce même mois, dans une autre tournure inattendue des

événements apparemment non anticipée par Bush ou la NSA, le département du Trésor a refusé le crédit de 500 millions de dollars du département de l'Agriculture. En mai 1990, le département du Trésor a fait savoir qu'il avait reçu un mémo de la NSA s'opposant à sa démarche. Le mémo indiquait que le personnel de la NSA voulait empêcher l'octroi des crédits agricoles

> "car cela exacerberait les relations de politique étrangère déjà tendues avec l'Irak".

Le 25 juillet 1990, probablement plus tôt que ne le souhaitait le Comité des 300, le piège était tendu. Encouragé par un nombre croissant d'échecs, le président Bush autorise l'ambassadrice américaine April Glaspie à rencontrer le président Hussein. Le but de cette rencontre était de rassurer le président Saddam Hussein sur le fait que les États-Unis n'avaient aucune querelle avec lui et n'interviendraient pas dans les conflits frontaliers interarabes, selon un certain nombre de câbles du département d'État non encore divulgués que le député Henry Gonzalez a pu obtenir. Il s'agissait d'une référence claire au conflit entre l'Irak et le Koweït au sujet des champs pétrolifères de Rumaila.

Les Irakiens ont pris les paroles de Glaspie comme un signal de Washington leur indiquant qu'ils pouvaient envoyer leur armée au Koweït, participant ainsi au complot. Comme l'a déclaré Ross Perot lors des élections de novembre 1992 :

> "Je suggère que dans une société libre appartenant au peuple, le peuple américain devrait savoir ce que nous avons dit à l'ambassadeur Glaspie de dire à Saddam Hussein, parce que nous avons dépensé beaucoup d'argent, risqué des vies et perdu des vies dans cet effort et n'avons pas atteint la plupart de nos objectifs."

Pendant ce temps, Glaspie a disparu de la circulation et a été séquestrée dans un lieu secret peu après que la nouvelle ait éclaté sur son rôle dans la pratique contre l'Irak. Finalement, après avoir été poussée par les médias et flanquée de deux sénateurs libéraux, qui ont agi comme si Glaspie était une potiche ayant besoin de beaucoup de galanterie, elle a comparu devant une commission du Sénat et a tout nié. Peu de temps après, Glaspie a "démissionné" du Département d'État, et sans doute vit-elle maintenant dans une confortable obscurité dont elle devrait être arrachée, placée sous serment dans un tribunal et forcée de témoigner de la vérité sur la façon dont l'administration Bush a calculé de tromper non seulement l'Irak, mais aussi cette nation.

Le 29 juillet 1990, quatre jours après la rencontre de Glaspie avec le président irakien, l'Irak a commencé à déplacer son armée vers la frontière avec le Koweït, poursuivant la tromperie, Bush a envoyé une équipe au Capitole pour témoigner contre l'imposition de sanctions contre l'Irak, renforçant ainsi la conviction du président Hussein que Washington fermerait les yeux sur l'invasion imminente de l'Irak.

Deux jours plus tard, le 2 août 1990, l'armée irakienne a franchi la frontière artificielle du Koweït. Au cours du mois d'août également, la CIA, dans un rapport top secret, a indiqué à Bush que l'Irak n'allait pas envahir l'Arabie saoudite et que l'armée irakienne n'avait élaboré aucun plan d'urgence en ce sens.

En septembre 1990, l'ambassadeur italien Rinaldo Petrignani, accompagné d'un certain nombre de fonctionnaires de la BNL, a rencontré les procureurs et les enquêteurs du ministère de la Justice. Lors de cette réunion, Petrignani a déclaré que la BNL était "victime d'une terrible fraude — la bonne réputation de la banque est d'une grande importance, car l'État italien en est le propriétaire majoritaire". Ces faits ont été révélés dans des documents remis au président de la commission bancaire de la Chambre des représentants, Henry Gonzalez.

Pour les observateurs expérimentés, cela ne signifiait qu'une chose : un complot était en cours pour laisser les vrais coupables à Rome et à Milan s'en tirer et rejeter la faute sur le coupable local. Il n'est pas étonnant que l'on ait adopté une attitude de "non-coupable" : par la suite, des preuves irréfutables ont fait surface, montrant que les prêts accordés par la succursale d'Atlanta de la BNL avaient la pleine bénédiction du siège de la BNL à Rome et à Milan.

Le 11 septembre 1990, Bush a convoqué une session conjointe du Congrès et a déclaré faussement que le 5 août 1990, l'Irak avait 150 000 soldats et 1500 chars au Koweït, prêts à frapper l'Arabie Saoudite. Bush a basé sa déclaration sur de fausses informations relayées par le ministère de la Défense. Le Département de la Défense devait savoir que cette information était fausse, sinon ses satellites KH11 et KH12 fonctionnaient mal, et nous savons qu'ils ne fonctionnaient pas. Apparemment, Bush avait besoin d'exagérer pour convaincre le Congrès que l'Irak représentait une menace pour l'Arabie saoudite.

Pendant ce temps, l'armée russe a publié ses propres images satellites montrant l'effectif exact des troupes au Koweït. Pour couvrir Bush, Washington a prétendu que les images satellites provenaient d'un satellite commercial qui avait été vendu à la télévision ABC, entre autres. En confiant les images satellites à une société commerciale, la Russie s'est livrée à une petite tromperie de son côté. Il est clair que le ministère de la Défense et le président ont menti au peuple américain et qu'ils sont maintenant pris en flagrant délit de mensonge.

À ce moment-là, le président Gonzalez posait des questions embarrassantes sur l'implication possible de l'administration Bush dans le scandale BNL. En septembre 1990, l'assistant du procureur général pour les affaires législatives a écrit un mémo au procureur général qui disait :

> "Notre meilleure tentative pour contrecarrer toute nouvelle enquête du Congrès par la commission bancaire de la Chambre des représentants sur les prêts (de BNL) est de vous demander de contacter directement le président Gonzalez."

Le 26 septembre, quelques jours après avoir reçu le mémo, Thornburgh a téléphoné à Gonzalez pour lui dire de ne pas enquêter sur l'affaire BNL en raison des questions de sécurité nationale en jeu. Gonzalez a brusquement décidé d'annuler l'enquête de la Commission bancaire de la Chambre sur BNL. Thornburgh a par la suite nié avoir dit à Gonzalez de laisser BNL tranquille. Gonzalez a rapidement mis la main sur un mémo du département d'État daté du 18 décembre, qui exposait le plaidoyer de Thornburgh en faveur de la "sécurité nationale". Ce mémo indiquait également que l'enquête du ministère de la Justice sur BNL ne soulevait aucune question ou problème de sécurité nationale.

En outre, la Defense Intelligence Agency a annoncé que ses équipes en Italie avaient appris que la branche de Brescia de BNL avait prêté 255 millions de dollars à l'Irak pour acheter des mines terrestres à un fabricant italien. Le jour de l'annonce de la "victoire alliée" dans la guerre du Golfe, le ministère de la Justice a inculpé, comme prévu, le bouc émissaire du scandale de la BNL. Christopher Drogoul est accusé d'avoir prêté illégalement à l'Irak plus de 5 milliards de dollars et d'avoir accepté des rétrocommissions allant jusqu'à 2,5 millions de dollars. Peu de gens croyaient qu'un obscur agent de crédit d'une petite succursale d'une banque d'État italienne aurait eu le pouvoir de conclure de son propre chef des transactions d'une telle ampleur.

De janvier à avril 1990, alors que la pression s'accentuait pour que l'administration Bush explique les anomalies flagrantes dans le scandale de la BNL, le Conseil de sécurité nationale a pris des mesures pour resserrer les rangs. Le 8 avril, Nicolas Rostow, l'avocat général du NSC, a organisé une réunion de haut niveau pour explorer les moyens de répondre aux demandes pressantes de documentation émanant, entre autres, du président de la commission bancaire de la Chambre des représentants, M. Gonzalez.

Étaient présents à cette réunion C. Boyden Gray, conseiller juridique de Bush, Fred Green, conseiller de l'Agence de sécurité nationale, Elizabeth Rindskopf, conseillère générale de la CIA, et toute une série d'avocats représentant les ministères de l'Agriculture, de la Défense, de la Justice, du Trésor, de l'Énergie et du Commerce. Rostow a ouvert la réunion en prévenant que le Congrès semblait avoir l'intention de sonder les relations de l'administration Bush avec l'Irak avant la guerre.

Rostow a déclaré aux avocats que "le Conseil de sécurité nationale assure la coordination de la réponse de l'administration aux demandes de documents du Congrès concernant des documents relatifs à l'Irak", ajoutant que toute demande de documents émanant du Congrès devait être vérifiée pour "des questions de privilège exécutif, de sécurité nationale, etc. Des alternatives à la fourniture de documents doivent être explorées". Cette information a finalement été obtenue par Gonzalez.

Des fissures commençaient à apparaître dans la politique d'obstruction de l'administration, par ailleurs solide. Le 4 juin 1990, des fonctionnaires du ministère du Commerce ont admis qu'ils avaient supprimé des informations sur des documents d'exportation afin de dissimuler le fait que le ministère avait effectivement accordé des licences d'exportation pour des expéditions de matériel et de technologie militaires en Irak.

Des fissures encore plus importantes ont commencé à apparaître en juillet, lorsque Stanley Moskowitz, agent de liaison de la CIA auprès du Congrès, a signalé que les responsables de la banque BNL à Rome non seulement étaient parfaitement au courant de ce qui s'était passé à l'agence d'Atlanta bien avant l'inculpation de Drogoul, mais avaient en fait signé et approuvé les prêts pour l'Irak. Il s'agissait d'une contradiction directe avec la déclaration de l'ambassadeur Petrignani au ministère de la Justice selon laquelle le bureau de Rome de la BNL ne savait rien des prêts pour l'Irak consentis par sa succursale d'Atlanta.

En mai 1992, dans une autre tournure surprenante, le procureur général William Barr écrit une lettre à Gonzales dans laquelle il accuse ce dernier de nuire aux "intérêts de la sécurité nationale" en révélant la politique de l'administration envers l'Irak. Malgré la gravité de l'accusation, Barr ne fournit aucune confirmation pour étayer l'allégation. Il est clair que le président est ébranlé et que les élections de novembre approchent à grands pas. Ce point n'a pas échappé à Gonzalez, qui a qualifié l'accusation de Barr de "politiquement motivée".

Le 2 juin 1992, Drougal plaide coupable de fraude bancaire. Un juge Marvin Shoobas mécontent demande au ministère de la Justice de nommer un procureur spécial pour enquêter sur l'ensemble de l'affaire BNL. Mais le 24 juillet 1992, l'attaque contre Gonzalez reprend avec une lettre du directeur de la CIA,

Robert Gates. Il reprochait au président d'avoir révélé le fait que la CIA et un certain nombre d'autres agences de renseignement américaines étaient au courant des relations de l'administration Bush avec l'Irak avant la guerre du Golfe. Plus tard dans le mois. La lettre de Gates a été rendue publique par la commission bancaire de la Chambre des représentants.

En août, l'ancien chef du bureau d'Atlanta du FBI a ouvertement accusé le ministère de la Justice d'avoir traîné les pieds et retardé les mises en accusation pendant près d'un an dans l'affaire BNL. Et le 10 août 1992, Barr a refusé de nommer un procureur spécial pour enquêter sur les relations de l'administration Bush avec l'Irak avant la guerre du Golfe, comme le demandait la commission judiciaire de la Chambre des représentants.

Puis, le 4 septembre, Barr a écrit une lettre à la Commission bancaire de la Chambre des représentants dans laquelle il déclarait qu'il ne se conformerait pas aux citations à comparaître de la Commission concernant les documents de BNL et les informations connexes. Il est vite devenu évident que Barr a dû donner l'ordre à tous les services gouvernementaux de refuser de coopérer avec la Commission bancaire de la Chambre des représentants, car quatre jours après la publication de la lettre de Barr, la CIA, la Defense Intelligence Agency, le Customs Service, le Commerce Department et la National Security Agency ont tous déclaré qu'ils n'avaient pas l'intention de répondre aux demandes d'informations et de documents sur la question de BNL.

Gonzalez a porté la bataille jusqu'à l'étage de la Chambre et a révélé que sur la base du rapport de la CIA de juillet 1991, il était clair que la direction de BNL à Rome était au courant des prêts accordés à l'Irak par la succursale d'Atlanta et les avait approuvés. Les procureurs fédéraux d'Atlanta ont été stupéfaits par ces informations très préjudiciables.

Le 17 septembre 1991, dans un souci évident de limiter les dégâts, la CIA et le ministère de la Justice ont accepté de dire aux procureurs fédéraux d'Atlanta que les seules informations dont ils disposaient sur BNL avaient déjà été rendues publiques, ce qui était un mensonge flagrant et irréfléchi aux ramifications bouleversantes. L'empressement à se disculper et à disculper leurs services est à l'origine de toutes les accusations et de toutes les luttes internes qui ont été diffusées sur toutes les chaînes d'information juste avant l'élection.

Sachant qu'il avait passé la majeure partie des cent derniers jours de son mandat à tenter désespérément d'étouffer les scandales qui éclataient tout autour de lui, Bush s'est vu lancer une bouée de sauvetage : les médias ont accepté de ne pas rendre compte des détails du complot. L'écran de fumée de la "sécurité nationale" avait fait le travail.

Dans un effort continu pour mettre de la distance entre lui et les autres parties impliquées dans la dissimulation du BNL-Iraqgate, le ministère de la Justice a convenu qu'il publierait bientôt des documents très préjudiciables montrant la connaissance préalable par la CIA du "feu vert" du bureau de Rome de la BNL pour des prêts pour l'Irak. L'information a ensuite été communiquée au juge Shoob, dont les doutes antérieurs concernant l'inculpation de Drougal semblaient être justifiés.

Puis, le 23 septembre 1992, Gonzalez a annoncé qu'il avait reçu des documents classifiés qui montraient clairement qu'en janvier 1991, la CIA savait que la BNL avait approuvé à un haut niveau les prêts pour l'Irak. Dans sa lettre, Gonzalez s'inquiète des mensonges de Gates aux procureurs fédéraux d'Atlanta concernant le fait que le bureau de Rome de la BNL n'était pas au courant de ce que faisait sa branche d'Atlanta.

La commission sénatoriale du renseignement a également accusé M. Gates d'avoir induit en erreur le ministère de la Justice, les procureurs fédéraux et le juge Shoob quant à l'étendue des connaissances de la CIA sur les événements de BNL. Le ministère de la Justice a permis à M. Drogoul de retirer son plaidoyer de culpabilité le 1er octobre. La seule bataille, menée et gagnée par le président de la commission bancaire de la Chambre des représentants contre l'administration Bush, a été ignorée par les médias par respect pour les souhaits du comité électoral républicain et pour protéger Bush, l'un de ses fils préférés.

Le juge Shoob s'est retiré de l'affaire BNL quelques jours plus tard. Il a déclaré qu'il avait conclu qu'

> "il est probable que les agences de renseignement américaines étaient au courant des relations de BNL-Atlanta avec l'Irak... La CIA continue à ne pas coopérer dans les tentatives de découvrir des informations sur sa connaissance ou son implication dans le financement de l'Irak par BNL — Atlanta."

La source de cette information n'a pas pu être révélée à l'origine, mais l'essentiel de celle-ci est apparu plus tard dans un rapport publié par le *New York Times*.

Un développement majeur s'est produit lorsque le sénateur David Boren a accusé la CIA de dissimulation et de mensonge aux fonctionnaires du ministère de la Justice. Dans sa réponse, la CIA a admis avoir donné des informations erronées au ministère de la Justice dans son rapport de septembre — ce qui ne constitue pas un aveu d'importance, puisque Gonzalez, entre autres, en avait déjà la preuve. La CIA a affirmé qu'il s'agissait d'une erreur honnête. Il n'y a eu "aucune tentative d'induire en erreur qui que ce soit ou de dissimuler quoi que ce soit", a affirmé l'agence. La CIA a également reconnu à contrecœur qu'elle n'avait pas publié tous les documents dont elle disposait sur BNL.

Le lendemain, l'avocat en chef de la CIA, M. Rindskopf (qui a participé au briefing de 1991 organisé par Nicolas Rostow de la National Security Agency pour limiter les dégâts), a repris le refrain de l'"erreur honnête", qualifiant l'affaire d'"erreur certainement regrettable" due à un système de classement défectueux. Était-ce la meilleure excuse que l'avocat en chef de la CIA pouvait trouver ? Ni le sénateur Boren ni le représentant Gonzalez n'ont été convaincus.

Il convient de rappeler que le but réel de la réunion de 1991 convoquée par Nicholas Rostow était de contrôler l'accès à tous les documents et informations gouvernementaux susceptibles de révéler les véritables relations entre l'administration Bush et le gouvernement de Bagdad. Évidemment, les personnes chargées d'essayer de briser le mur placé autour de telles informations avaient le droit d'être très sceptiques au sujet de l'excuse bidon de Rindskopf sur un classement défectueux.

Les efforts de limitation des dégâts déployés par Rostow ont pris un nouveau coup le 8 octobre 1992, lorsque des responsables de la CIA ont été appelés à témoigner devant une session à huis clos de la commission sénatoriale du renseignement. Selon les informations reçues de sources proches de la Commission, les responsables de la CIA n'ont pas eu la vie facile et ont fini par rejeter la faute sur le Département d'État, affirmant qu'il avait retenu des informations, puis donné des informations trompeuses sur BNL-Atlanta sur l'insistance d'un haut fonctionnaire du Département de la justice.

Un démenti officiel a été publié le 9 octobre 1992, le département d'État refusant d'assumer la responsabilité d'avoir demandé à la CIA de ne pas communiquer les documents pertinents de BNL aux procureurs d'Atlanta. Le ministère de la Justice a ensuite lancé sa propre charge, accusant la CIA d'avoir remis certains documents classifiés de manière désordonnée et d'en avoir retenu d'autres. Le Senate Select Intelligence Committee a accepté de lancer sa propre enquête sur ces accusations et contre-accusations.

Il devenait clair que toutes les parties présentes à la réunion du 8 avril 1991 s'efforçaient de prendre leurs distances par rapport à cette affaire. Puis, le 10 octobre, le FBI a annoncé qu'il allait lui aussi enquêter sur l'affaire BNL-Atlanta. La CIA a nié avoir jamais admis devant la commission du renseignement du Sénat qu'elle avait retenu des informations à la demande spéciale du ministère de la Justice.

Ces événements étranges se succèdent si rapidement que les annonces quotidiennes d'accusations par l'une ou l'autre agence gouvernementale se poursuivent jusqu'au 14 octobre 1992. Le 11 octobre, le ministère de la Justice annonce que son Bureau de la responsabilité professionnelle mènera une enquête sur lui-même et sur la CIA, avec l'aide du FBI. Le procureur général adjoint Robert S. Meuller III, porte-parole du ministère de la Justice pour sa section d'intégrité publique, en a été chargé. Des informations provenant du bureau du sénateur David Boren semblent indiquer que Meuller est directement impliqué dans la dissimulation des informations aux procureurs fédéraux d'Atlanta.

Le 12 octobre 1992, deux jours seulement après que le FBI ait annoncé qu'il mènerait sa propre enquête sur l'affaire BNL, ABC News a affirmé avoir reçu des informations indiquant que William Sessions, directeur du FBI, faisait l'objet d'une enquête de l'Office of Professional Responsibility du ministère de la Justice. Les accusations portent sur l'utilisation abusive d'avions du gouvernement, la construction d'une clôture autour de sa maison aux frais du gouvernement et l'abus de privilèges téléphoniques — aucun de ces faits n'étant lié de quelque manière que ce soit à l'affaire BNL.

Le reportage d'ABC est intervenu après que le FBI eut annoncé, le 10 octobre, qu'il allait enquêter sur l'affaire BNL. Il s'agissait d'une tentative de faire pression sur Sessions pour qu'il annule l'enquête promise par le FBI. Le Sénateur Boren a déclaré aux journalistes :

> "Le timing des accusations contre le juge Sessions me fait me demander si une tentative est faite pour faire pression sur lui afin qu'il ne mène pas une enquête indépendante."

D'autres ont souligné une déclaration faite par M. Sessions le 11 octobre, selon laquelle son enquête ne solliciterait pas l'aide de fonctionnaires du ministère de la Justice, qui pourraient eux-mêmes faire l'objet d'une enquête. "Le ministère de la Justice ne participera pas à l'enquête (du FBI) et le FBI ne partagera pas d'informations", a déclaré M. Sessions. Dans les derniers jours de sa campagne de réélection, Bush a continué à nier catégoriquement qu'il avait une quelconque connaissance ou implication personnelle dans les scandales de l'Iraqgate ou de l'Iran/Contra.

Les choses se gâtent pour le président lorsque, le 12 octobre 1992, le sénateur Howard Metzenbaum, membre du Senate Select Committee on Intelligence, écrit au procureur général Barr et demande la nomination d'un procureur spécial :

"... Étant donné que des fonctionnaires de très haut niveau peuvent très bien avoir été au courant ou avoir participé à un effort visant à absoudre BNL-Rome de sa complicité dans les activités de BNL-Atlanta, aucune branche de l'exécutif ne peut enquêter sur la conduite du gouvernement américain dans cette affaire sans qu'il y ait au moins l'apparence d'un conflit d'intérêts".

La lettre de Metzenbaum indiquait qu'il existait des indices d'une "implication secrète du gouvernement américain dans les ventes d'armes à l'Irak", qui provenaient de procédure judiciaire à Atlanta. M. Gonzalez a envoyé une lettre cinglante à M. Barr, dans laquelle il demandait qu'un procureur spécial soit nommé pour

"remédier aux échecs répétés et manifestes et à l'obstruction de la direction du ministère de la Justice... La meilleure façon d'y parvenir est de faire ce qu'il faut et de présenter votre démission", a déclaré M. Gonzalez.

Puis, le 14 octobre, le sénateur Boren a écrit à Barr pour lui demander de nommer un procureur spécial indépendant :

"Une enquête véritablement indépendante est nécessaire pour déterminer si des crimes fédéraux ont été commis dans la gestion par le gouvernement de l'affaire BNL."

Boren poursuit en affirmant que le ministère de la Justice et la CIA se sont engagés dans une opération de camouflage de l'affaire BNL. Le lendemain, la CIA a publié un câble de son chef de station à Rome, qui citait une source non identifiée accusant de hauts fonctionnaires en Italie et aux États-Unis d'avoir été soudoyés, apparemment pour les empêcher de dire ce qu'ils savaient sur l'affaire BNL-Atlanta.

Il s'ensuit une accalmie de cinq jours dans la tempête de feu qui entoure l'administration Bush, jusqu'à ce que la commission spéciale du Sénat commence son enquête sur les accusations selon lesquelles la CIA et la NSA ont utilisé des sociétés-écrans pour fournir à l'Irak du matériel et des technologies militaires en violation de la loi fédérale. Certains démocrates de la commission judiciaire du Sénat ont également demandé à

M. Barr de nommer un procureur indépendant, ce qu'il a de nouveau refusé de faire.

Bush luttait pour sa vie politique alors que le procureur spécial Lawrence Walsh prononçait un acte d'accusation contre l'ancien secrétaire à la défense Caspar Weinberger, l'accusant d'avoir menti au Congrès. Selon des sources à Washington, "c'était le pandémonium à la Maison-Blanche". Weinberger, quant à lui, a indiqué qu'il ne jouerait pas le rôle de bouc émissaire pour le président. Selon une source, C. Boyden Gray a dit au président que la seule ligne de conduite qui s'offrait à lui était de gracier Weinberger.

Ainsi, la veille de Noël 1992, Bush a gracié Weinberger et cinq autres acteurs clés du scandale Iran/Contra : L'ancien conseiller à la sécurité nationale Robert McFarlane, les agents de la CIA Clair George, Duane Clarridge et Alan Fiers, et l'ancien secrétaire d'État adjoint Elliott Abrams. La clémence de Bush a effectivement permis de le mettre à l'abri de Walsh, tuant ainsi l'enquête Iran/Contra. Quant à Clinton, il n'a pas, jusqu'à présent, montré un intérêt prioritaire pour la nomination d'un procureur spécial.

Walsh a rapidement exprimé sa colère aux médias. La clémence présidentielle

> "démontre que des personnes puissantes avec des alliés puissants peuvent commettre des crimes graves en exerçant de hautes fonctions — abusant délibérément de la confiance du public sans conséquences... La dissimulation de l'Iran/Contra, qui s'est poursuivie pendant six ans, est maintenant terminée... Ce bureau n'a été informé qu'au cours des deux dernières semaines, le 11 décembre 1992, que le président Bush n'avait pas produit aux enquêteurs ses notes contemporaines hautement pertinentes (le journal de Bush) malgré des demandes répétées de tels documents... À la lumière de la propre inconduite du président Bush en retenant son journal quotidien, nous sommes gravement préoccupés par sa décision de gracier d'autres personnes qui ont menti au Congrès et fait obstruction aux enquêtes officielles."

Peut-être Walsh ne savait-il pas ce qui l'attendait, ni que la dissimulation durait depuis bien plus longtemps qu'il ne le soupçonnait. Le cas de l'agent israélien Ben-Menashe en est un bon exemple. Le groupe de travail de la Chambre des représentants sur la surprise d'octobre n'a pas jugé bon d'appeler Ben-Menashe comme témoin. Si la commission l'avait fait, elle aurait appris que Ben-Menashe avait parlé au correspondant du *Time* Rajai Samghabadi d'un vaste commerce d'armes "officieux" entre Israël et l'Iran en 1980.

Au cours du procès de Ben-Menashe en 1989, au cours duquel Samghabadi a témoigné pour lui, il est apparu que l'histoire d'une énorme vente illicite d'armes par Israël à l'Iran a été proposée à plusieurs reprises au magazine *Time*, qui a refusé de l'imprimer, même si elle avait été corroborée par Bruce Van Voorst, un ancien agent de la CIA travaillant pour *Time*. Walsh ne semblait pas savoir que l'establishment libéral de la côte Est, dirigé par le Comité des 300, ne se préoccupe pas de la loi, parce qu'il fait la loi.

Walsh s'est heurté au même mur de briques que le sénateur Eugene McCarthy lorsqu'il avait tenté de faire comparaître William Bundy devant sa commission et qu'il n'était parvenu qu'à John Foster Dulles. Il n'est pas surprenant que Walsh n'ait pas réussi, surtout lorsqu'il s'agissait de s'en prendre à un Skull and Bonesman.[5] McCarthy avait tenté de faire témoigner Dulles sur certaines activités de la CIA, mais celui-ci avait refusé de coopérer.

R. James Woolsey, l'homme nommé par Clinton pour diriger la CIA, fera-t-il quelque chose pour traduire les coupables en justice ? Woolsey est membre du National Security Club, a travaillé sous Henry Kissinger en tant que membre du Conseil de sécurité nationale et a été sous-secrétaire à la marine dans l'administration Carter. Il a également fait partie de nombreuses commissions et est devenu un proche associé de Les Aspin et d'Albert Gore.

---

[5] Membre de la société secrète des Skull and Bones, NDT.

Woolsey a un autre ami proche en la personne de Dave McMurdy, membre de la commission du renseignement de la Chambre des représentants et également conseiller clé de Clinton. Avocat de profession, Woolsey a été associé au cabinet d'avocats de l'establishment Shae and Gardner, pendant lequel il a agi en tant qu'agent étranger — sans s'enregistrer comme tel auprès du Sénat. Woolsey a également entretenu pendant longtemps une relation client-avocat avec un haut responsable de la CIA.

L'un des clients les plus notables de Woolsey était Charles Allen, un agent du renseignement national au siège de la CIA à Langley, en Virginie. Allen a été accusé par son patron, William Webster, dans un rapport d'enquête interne sur le scandale Iran/Contra, de dissimuler des preuves. Il semble qu'Allen n'ait jamais remis tous ses dossiers sur les relations avec Manucher Ghorbanifar, intermédiaire dans l'affaire Iran/Contra. Webster a menacé Allen, qui s'est tourné vers Woolsey pour obtenir de l'aide en disant qu'il avait fait "une simple erreur". Lorsque Sessions a découvert qu'Allen était représenté par Woolsey, il a laissé tomber l'affaire. Ceux qui ont été proches de la question disent qu'avec Woolsey à la tête de la CIA, d'autres personnes qui n'ont pas été graciées par Bush trouveront une "porte ouverte" en Woolsey.

III. La politique pétrolière des États-Unis

L a politique pétrolière des États-Unis dans les pays étrangers fournissent une histoire cohérente de diplomatie par le mensonge. En recherchant les documents du Département d'État pour ce livre, j'ai découvert de nombreux documents qui proclament ouvertement le soutien à la Standard Oil au Mexique et aux compagnies pétrolières américaines au Moyen-Orient. Il m'est alors apparu clairement que le Département d'État était impliqué dans un gigantesque complot de diplomatie par la tromperie dans le domaine du pétrole étranger.

Une directive du Département d'État datée du 16 août 1919 et adressée à tous les consuls et ambassades dans les pays étrangers préconise l'espionnage massif et le redoublement du personnel du service extérieur pour aider les grandes compagnies pétrolières américaines :

> "Messieurs : L'importance vitale d'assurer un approvisionnement adéquat en hydrocarbure pour les besoins actuels et futurs des États-Unis a été portée à l'attention du ministère. Le développement de gisements prouvés et l'exploration de nouvelles zones sont menés de façon agressive dans de nombreuses parties du monde par des ressortissants de divers pays et des concessions pour les droits miniers sont activement recherchées. Il est souhaitable d'avoir les informations les plus complètes et les plus récentes concernant ces activités par des citoyens américains ou par d'autres.

> "Vous êtes donc chargé d'obtenir et de transmettre rapidement, de temps à autre, des informations concernant les concessions de pétrole, les changements de propriété des biens pétroliers ou les changements importants dans la

propriété ou le contrôle des sociétés concernées par la production ou la distribution du pétrole.

"Des informations concernant le développement de nouveaux champs ou l'augmentation de l'exploitation des régions productrices devraient également être transmises. Des données complètes sont souhaitées et les rapports ne devraient pas être limités aux points spécifiquement mentionnés ci-dessus, mais devraient inclure des informations concernant toutes les questions d'intérêt affectant l'industrie des huiles minérales qui peuvent survenir de temps à autre..."

Cette directive a été émise à la suite d'une longue et âpre lutte avec le gouvernement mexicain. Comme nous le verrons dans le récit qui suit, A.C. Bedford, président de Standard Oil, avait exigé que le gouvernement américain entre en scène :

"Tout soutien diplomatique approprié pour obtenir et exploiter des propriétés pétrolières à l'étranger devrait être soutenu par le gouvernement."

La Commission fédérale du commerce a rapidement recommandé un "soutien diplomatique" de ces entreprises pétrolières à l'étranger.

Charles Evans Hughes a également témoigné devant le Coolidge Federal Oil Conservation Board, insistant sur le fait que les politiques du département d'État et des compagnies pétrolières devaient être synonymes :

"La politique étrangère du gouvernement, exprimée par la phrase "Open Door", poursuivie de manière cohérente par le département d'État, a permis à nos intérêts américains à l'étranger d'être intelligemment encouragés et aux besoins de notre peuple, dans une large mesure, d'être sauvegardés de manière appropriée".

Cela signifiait réellement qu'une fusion des intérêts pétroliers gouvernementaux et privés était nécessaire. Ce n'est pas un hasard si Evans se trouvait être le conseiller de l'American Petroleum Institute et de Standard Oil.

Un cas d'école : L'exploitation du pétrole mexicain

L'histoire de l'exploitation du pétrole mexicain est également un exemple de la manière dont on parvient à ses fins. La conquête de la principale ressource naturelle du Mexique — son pétrole — reste une tache laide et ouverte dans les pages de l'histoire américaine.

Le pétrole a été découvert au Mexique par le magnat britannique de la construction, Weetman Pearson, dont l'entreprise faisait partie du réseau mondial des entreprises du Comité des 300. Pearson n'était pas dans le domaine du pétrole, mais il était soutenu par les compagnies pétrolières britanniques, notamment la Royal Dutch Shell Company. Il est rapidement devenu le premier producteur au Mexique.

Le président mexicain Porfirio Diaz a officiellement donné à Pearson les droits exclusifs de prospection pétrolière, après avoir déjà donné le "droit exclusif" à Edward Dahoney de Standard Oil, qui était connu comme "le tsar du pétrole mexicain". Comme nous le verrons, Diaz s'est battu pour les intérêts de ses bailleurs de fonds élitistes. Il était aussi fermement sous l'influence de Dahoney et du président Warren Harding.

Il faut remonter au traité de Guadalupe Hidalgo de 1848, aux termes duquel le Mexique cède aux États-Unis la Haute-Californie, le Nouveau-Mexique et le nord de Sonora, Coahuila et Tampaulis pour 15 millions de dollars. Le Texas avait été annexé par les États-Unis en 1845. L'une des principales raisons de l'annexion du Texas est que les géologues connaissent les vastes gisements de pétrole qui se trouvent sous ses terres.

En 1876, Diaz renverse Leordo de Tejada, et le 2 mai 1877, il est déclaré président du Mexique. Il est resté en poste jusqu'en 1911, à l'exception de quatre années (1880-1884). Diaz a stabilisé les finances, entrepris des projets industriels, construit des chemins de fer et augmenté le commerce pendant son règne dictatorial, tout en restant fidèle à ceux qui l'ont mis au pouvoir. La "royauté" du Mexique était étroitement liée à la royauté de Grande-Bretagne et d'Europe.

C'est la promulgation d'un nouveau code minier, le 22 novembre 1884, qui a ouvert la porte à Pearson pour se lancer dans l'exploitation du pétrole. Contrairement à l'ancienne loi espagnole, la nouvelle loi prévoit qu'un titre de propriété foncière emporte la propriété des produits du sous-sol. Elle permettait également aux terres communales appartenant aux Indiens et aux métis de passer aux mains des 1,5 million de "classes supérieures" du Mexique. C'est dans ce contexte que Diaz a commencé à accorder des concessions aux investisseurs étrangers.

Le premier à recevoir une concession fut Dahoney, le proche associé du Secrétaire de l'Intérieur Albert Fall et du Président Harding, à qui Dahony avait donné d'importantes sommes d'argent pour sa campagne. Le cabinet de Harding ne comptait pas moins de quatre pétroliers, notamment Fall. En 1900, Dahoney a acheté 280 000 acres de l'Hacienda del Tulillo pour 325 000 dollars. En "récompense" du président Diaz, Dahoney était littéralement capable de voler des terres ou de les acheter à des prix ridiculement bas.

Après quatre ans d'exploitation, Dahoney produisait la plupart des 220 000 barils de pétrole qui sortaient du Mexique. Pensant qu'il était bien établi, Dahoney, sur les instructions du gouvernement des États-Unis, a refusé d'augmenter les paiements de "récompense" au président Diaz, bien que les champs de Potrero et de Cero Azul produisaient plus d'un million de dollars par semaine. Cette attitude était assez typique de l'avidité égoïste de John D., une tendance qui traversait toute la famille Rockefeller. À ce stade, Diaz, mécontent de Dahoney, a donné à Pearson une "concession unique". En 1910, la Mexican Eagle Company de Pearson avait acquis 58% de la production totale du Mexique.

En réponse, Rockefeller a ordonné que les puits de Pearson soient dynamités et que ses travailleurs soient attaqués par des paysans que son argent avait armés à cet effet. De grandes bandes de brigands ont été armées et formées pour détruire les pipelines et les installations pétrolières de Mexican Eagle. Tous les mauvais coups enseignés par William "Doc" Avery Rockefeller ont fait surface dans la guerre de John D. Rockefeller contre Pearson.

Mais Pearson s'est avéré être plus qu'à la hauteur de Rockefeller, se défendant avec des tactiques similaires. Calculant qu'il n'y avait pas assez de pétrole au Mexique pour continuer à se battre (ce qui s'est avéré une grave erreur), Rockefeller s'est retiré et a laissé le champ libre à Pearson. Plus tard, John D. regretta sa décision de se retirer de la lutte et engagea les ressources de la Standard pour créer un chaos sanglant au Mexique. Dans ce pays, on appelait ces troubles "révolutions mexicaines", ce que personne ne comprenait.

En reconnaissance de ses services aux intérêts pétroliers britanniques, Pearson reçoit le titre de "Lord Cowdray" et est désormais connu sous ce nom. Il devient également un membre permanent du Comité des 300. Lord Cowdray est en bons termes avec le président Wilson, mais en coulisses, John D. s'efforce de saper cette relation et de reprendre l'exploitation du pétrole du Mexique. Lord Cowdray, cependant, est déterminé à garder la majeure partie des bénéfices pétroliers mexicains dans les coffres du gouvernement britannique.

La diplomatie pétrolière à Londres et à Washington diffère peu en termes d'agressivité. Les motifs et les méthodes sont restés remarquablement inchangés. Après tout, le pouvoir international reste, avant tout, économique. Le 21 janvier 1928, le contre-amiral Charles Plunkett, commandant du Brooklyn Navy Yard, a vendu la mèche en défendant le programme naval de 800 millions de dollars du président Calvin Coolidge en déclarant :

> "La pénalité pour l'efficacité commerciale et industrielle est inévitablement la guerre".

C'était en référence à la grande demande de pétrole pour les navires de la marine. Plunkett avait un œil sur le pétrole du Mexique.

Logiquement, la nation qui contrôle les actifs en matières premières du monde le gouverne. Quand la Grande-Bretagne avait une grande marine dont elle avait besoin pour garder son commerce mondial était la clé des opérations britanniques dans les pays producteurs de pétrole. L'Amérique a vite appris, surtout après l'arrivée de la famille Illuminati de Dulles, comme nous le verrons.

Revenons au Mexique, où, en 1911, Diaz a été évincé par Francisco Madero, et découvrons le rôle joué par la Standard Oil dans cette évolution. Le général Victoriano Huerto a alarmé les intérêts pétroliers britanniques en déclarant son intention de reprendre le contrôle du pétrole mexicain, et les Britanniques ont demandé à Lord Cowdray (qui avait alors vendu son opération mexicaine à Shell) de convaincre le président Wilson de les aider à renverser Huerta.

C'était une bonne idée, car les Britanniques savaient que la Standard Oil était derrière la révolution Madero de 1911 qui a renversé le président Diaz. Une révolution que la Standard Oil jugeait nécessaire pour mettre fin au viol britannique de "son" pétrole mexicain. Francisco Madero, qui est devenu président du Mexique le 6 novembre 1911, ne comprenait guère les forces qui tiraient ses ficelles et a joué le jeu politique, sans se rendre compte que la politique est basée uniquement sur l'économie. Mais Huerta, qui l'a remplacé, savait comment le jeu se jouait.

La Standard Oil était très impliquée dans la chute de Porfirio Diaz. Les témoignages donnés par un certain nombre de témoins lors de l'audition de la commission sénatoriale des relations étrangères de 1913, ont impliqué Dahoney et la Standard Oil dans le financement de la révolution Madero de 1911. L'un des témoins, Lawrence E. Converse, en a dit bien plus aux membres de la commission que ce que Standard souhaitait leur faire entendre :

> "M. Madero m'a dit que dès que les rebelles (les forces de Madero) ont fait une bonne démonstration de force, plusieurs grands banquiers d'El Paso (Texas) étaient prêts à lui accorder une avance. Je crois que la somme était de 100 000$ et que les intérêts de la Standard Oil avaient acheté le gouvernement provisoire du Mexique... Ils (le gouverneur

Gonzalez et le secrétaire d'État Hernandez) ont dit que les intérêts de la Standard Oil soutenaient Madero dans sa révolution…"

Le gouvernement Wilson, soucieux de limiter les concessions de Cowdray, établit des relations diplomatiques avec le gouvernement de Madero, ordonnant un embargo sur les armes contre tout contre-révolutionnaire. Le colonel House (contrôleur de Woodrow Wilson) confie à Cowdray le rôle de méchant lorsque Francisco Huerta renverse Madero. "Nous ne l'aimons pas (Cowdray), car nous pensons qu'entre lui et Carden (Sir Lionel Carden, ministre britannique au Mexique), une grande partie de nos problèmes se perpétuent", a déclaré House.

Le colonel House a accusé à juste titre Huerta d'avoir été porté au pouvoir par les Britanniques afin que les concessions de la Standard puissent être réduites par l'expansion de l'exploitation pétrolière de Lord Cowdray. Le président Wilson a refusé de reconnaître le gouvernement Huerta, bien que la Grande-Bretagne et les autres grandes puissances l'aient fait. Wilson a déclaré :

"Nous ne pouvons avoir aucune sympathie pour ceux qui cherchent à s'emparer du pouvoir du gouvernement pour faire avancer leurs intérêts ou leurs ambitions personnelles."

Un porte-parole du Comité des 300 a dit au président Wilson "vous parlez comme un Standard Oilman". La question a été posée :

"…Que représente le pétrole ou le commerce du Mexique, en comparaison de l'amitié étroite entre les États-Unis et la Grande-Bretagne ? Les deux pays devraient se mettre d'accord sur ce principe fondamental — laisser leurs intérêts pétroliers mener leurs propres batailles, juridiques et financières."

Les proches du président Wilson ont déclaré qu'il était visiblement ébranlé par le fait que les services secrets britanniques MI6 avaient découvert ses liens directs avec les entreprises mexicaines de la Standard, ce qui commençait à ternir son image de président démocrate. House l'a prévenu que l'exemple donné par Huerto en défiant la puissance américaine pourrait être ressenti dans toute l'Amérique latine si les États-Unis (comprendre la Standard Oil) ne s'affirmaient pas. Voilà une belle énigme à laquelle un "démocrate libéral" devait faire face.

Le secrétaire à l'Intérieur Fall a exhorté le Sénat américain à envoyer des forces militaires américaines au Mexique pour "protéger les vies et les biens des Américains". Ce raisonnement a également été utilisé par le président Bush pour envoyer des troupes américaines en Arabie saoudite afin de "protéger les vies et les biens" de British Petroleum et de ses employés, sans oublier l'entreprise de sa propre famille, la Zapata Oil Company. Zapata a été l'une des premières compagnies pétrolières américaines à se lier d'amitié avec les Al Sabahs du Koweït.

En 1913, la Commission des relations étrangères du Sénat américain a convoqué des audiences sur ce qu'elle appelait "les révolutions au Mexique". Le public américain, à l'époque comme aujourd'hui, n'avait aucune idée de ce qui se passait et était amené par les journaux à croire qu'un grand nombre de "Mexicains fous couraient partout en se tirant dessus".

M. Dahoney, qui comparaissait en tant que témoin expert, était assez lyrique dans sa demande voilée que le gouvernement de Washington utilise la force pour retenir Huerta. Il a dit :

> "...Il me semble que les États-Unis doivent profiter de l'esprit d'entreprise, de la capacité et de l'esprit de pionnier de leurs citoyens pour acquérir, avoir et conserver une partie raisonnable des réserves mondiales de pétrole. S'ils ne le font pas, ils découvriront que les réserves de pétrole qui ne se trouvent pas dans les limites du territoire américain seront rapidement acquises par les citoyens et les gouvernements d'autres nations…".

Il semble que nous ayons déjà entendu une citation similaire à une époque plus récente, lorsque le "fou" Saddam Hussein était censé constituer une menace pour les approvisionnements en pétrole du monde. Le secrétaire Fall a ajouté à ses appels au Sénat pour une intrusion armée au Mexique :

"... et prêter leur concours (c'est-à-dire les forces militaires américaines) à la restauration de l'ordre et au maintien de la paix dans ce malheureux pays, ainsi qu'au placement des fonctions administratives entre les mains de citoyens mexicains capables et patriotes."

La ressemblance entre la tromperie perpétrée contre le Sénat et le peuple des États-Unis par Dahoney de Standard Oil et le secrétaire Fall ressemble étrangement à la rhétorique de Bush avant et pendant sa guerre illégale contre l'Irak. Bush a déclaré qu'il était nécessaire que les soldats américains "apportent la démocratie au Koweït".

La vérité est que la démocratie était un concept totalement étranger aux dictateurs Al Sabah du Koweït.

Une fois que l'Amérique a réussi à récupérer le Koweït pour British Petroleum (un exemple de l'amitié spéciale entre les États-Unis et la Grande-Bretagne dont parlait le messager du Comité des 300 lors de sa visite au président Wilson), Bush a tourné son attention vers "le triste et malheureux pays d'Irak".

À l'instar de Wilson, qui estimait que le "tyran Huerta" devait être destitué et le Mexique restauré pour "assurer l'ordre et le maintien de la paix dans ce malheureux pays en plaçant les fonctions administratives entre les mains de citoyens mexicains compétents et patriotes", Bush, utilisant une formule similaire, a déclaré que l'Amérique devait se débarrasser du "tyran Saaaddam". (Faute d'orthographe intentionnelle.)

Les Américains ont rapidement été convaincus que le président Hussein était la cause de tous les problèmes de l'Irak, ce que le colonel House, par l'intermédiaire de Wilson, a dit au peuple américain à propos du président Huerta du Mexique. Dans les deux cas, le dénominateur commun, au Mexique et en Irak, est le pétrole et la cupidité. Aujourd'hui, le secrétaire d'État du Council on Foreign Relations, Warren Christopher, a remplacé Dahoney, Fall et Bush, et perpétue la prétention que Hussein doit être abattu pour sauver le peuple irakien.

Christopher continue simplement à utiliser des mensonges afin de couvrir l'objectif du Comité des 300 de s'emparer totalement des champs pétrolifères de l'Irak. Ce n'est pas différent de la politique de Wilson envers Huerta.

Alors qu'en 1912, Wilson a présenté la "menace Huerta" comme un danger pour le canal de Panama, Bush a présenté Hussein comme une menace pour l'approvisionnement en pétrole des États-Unis à partir de l'Arabie saoudite. Dans les deux cas, ce n'était pas la vérité : Wilson a menti au sujet de la "menace" pour le canal de Panama, et Bush a menti au sujet d'une "invasion en cours" de l'Arabie saoudite par l'armée irakienne. Dans les deux cas, une telle menace n'existait pas. L'agression verbale de Wilson contre Heurta a été rendue publique dans un discours prononcé devant le Conseil pétrolier interallié.

Dans un discours préparé pour lui par le Colonel House, Wilson a déclaré au Congrès que le Mexique était un "danger permanent pour les intérêts américains".

> "La situation actuelle au Mexique est incompatible avec l'accomplissement des obligations internationales du Mexique, avec le développement civilisé du Mexique lui-même et avec le maintien de conditions politiques et économiques tolérables en Amérique centrale", a déclaré Wilson.

> "Le Mexique se trouve enfin là où le monde entier regarde. L'Amérique centrale est sur le point d'être touchée par les grandes routes du commerce mondial et de l'intersection qui va d'un océan à l'autre vers l'isthme..."

En fait, Wilson annonçait que, dorénavant, la politique des compagnies pétrolières américaines deviendrait la politique des États-Unis d'Amérique.

Le président Wilson était complètement sous l'emprise de Wall Street et de Standard Oil. Nonobstant le fait que le 1er mai 1911, la Cour suprême avait ordonné une action antitrust contre Standard Oil, il donna instruction aux consuls américains en Amérique centrale et au Mexique de "transmettre aux autorités l'idée que tout mauvais traitement des Américains est susceptible de soulever la question de l'intervention." Cette citation est tirée d'un long document du département d'État, ainsi que d'auditions tenues par la commission des relations étrangères du Sénat en 1913.

À la suite de ce message, Wilson a demandé au secrétaire d'État William Bryan d'indiquer clairement qu'il souhaitait le départ rapide du président Huerta :

> "Il est clair que Huerta a le devoir immédiat de se retirer du gouvernement mexicain et que le gouvernement des États-Unis doit maintenant employer tous les moyens nécessaires pour obtenir ce résultat".

Dans le meilleur style des États-Unis impérialistes, Wilson a enchaîné avec une autre charge contre le président Huerta le 12 novembre 1912 :

> "Si le général Huerta ne se retire pas par la force des choses, il sera du devoir des États-Unis d'utiliser des moyens moins pacifiques pour le mettre dehors."

La déclaration belliqueuse de Wilson est d'autant plus choquante qu'elle faisait suite à une élection pacifique au cours de laquelle le président Huerta avait été reconduit dans ses fonctions.

On peut se demander pourquoi, si tel était le cas concernant le Panama, l'héritier de John D., David Rockefeller, s'est tant battu pour donner le canal de Panama au colonel Torrijos, mais cela fait l'objet d'un autre chapitre sous le titre du Panama et du traité frauduleux Carter-Torrijos.

Il ne faut pas s'étonner qu'à l'époque, le peuple américain ait accepté l'attaque belliqueuse de Wilson contre le Mexique, à peine déguisée en "patriotique" et dans l'intérêt des États-Unis. Après tout, la majeure partie de la population, et je crois que c'était 87% des Américains, n'a-t-elle pas soutenu pleinement Bush dans son attaque contre l'Irak, et ne sommes-nous pas coupables d'avoir laissé subsister l'embargo inhumain et totalement injustifié contre l'Irak ?

Nous ne devrions pas nous étonner de la similitude de la

rhétorique de Wilson et de Bush, car tous deux étaient contrôlés par notre gouvernement secret parallèle de haut niveau,[6] tout comme Clinton est contrôlé depuis Chatham House à Londres, en la personne de Mme Pamela Harriman. Il n'est donc pas étonnant que Warren Christopher poursuive le grand mensonge contre l'Irak. Le pétrole et la cupidité sont le facteur déterminant en 1993, tout comme en 1912. Les accusations que je porte ici contre Wilson sont bien documentées par l'auteur Anton Mohr dans son livre "The Oil War".

C'est l'Amérique qui a fait le plus de mal au Mexique en 1912, le plongeant dans une guerre civile faussement qualifiée de "révolution", tout comme nous sommes la nation qui a fait le plus de mal à l'Irak en 1991, et qui continue de le faire, au mépris de notre Constitution, ce que les membres du Congrès qui ont prêté serment de respecter ont lamentablement et misérablement échoué à faire.

Le secrétaire Bryan a déclaré aux puissances européennes, qui n'aimaient pas ce qui se passait au Mexique, que

> "les perspectives de paix, de sécurité des biens et de paiement rapide des obligations étrangères sont plus prometteuses si le Mexique est laissé aux forces qui s'y affrontent actuellement".

C'était un exemple classique de diplomatie par le mensonge. Ce que Bryan n'a pas dit aux Européens, c'est que, loin d'abandonner le Mexique "aux forces en présence", il n'en a rien fait. Wilson avait déjà commencé à isoler Huerta en imposant un embargo financier et sur les armements. Dans le même temps, il armait et soutenait financièrement les forces contrôlées par Venustiano Carranza et Francisco Villa, et les incitait à renverser le général Huerta.

Le 9 avril 1914, le consul des États-Unis a organisé une crise à Tampico qui s'est soldée par l'arrestation d'un groupe de Marines américains. Le gouvernement des États-Unis a exigé des excuses et, comme elles n'ont pas été présentées, a rompu le

---

[6] Le fameux "Deep State", NDT.

contact avec le gouvernement Huerta. Le 21 avril, l'incident avait pris des proportions démesurées, au point que les troupes américaines ont reçu l'ordre de marcher sur Vera Cruz.

En capitalisant sur l'incident de Tampico, Wilson a pu justifier l'envoi de forces navales américaines à Vera Cruz. L'offre de Huerta de soumettre l'affaire de Vera Cruz au tribunal de La Haye a été refusée par Wilson. Comme son successeur, Bush, dans le cas du président Hussein, Wilson ne laissa rien s'opposer à la fin du règne du général Huerta. En cela, Wilson fut habilement aidé par Dahoney de Standard Oil, qui informa Wilson et Bryan qu'il avait donné au rebelle Carranza 100 000$ en espèces et 685 000$ en crédits de carburant.

Au milieu de l'année 1914, le Mexique est réduit au chaos le plus total par l'ingérence du président Wilson dans ses affaires. Le 5 juillet, Huerta est élu président par un vote populaire, mais il démissionne le 11 juillet, lorsqu'il devient évident que Wilson fomentera des troubles tant qu'il tiendra les rênes du gouvernement mexicain.

Un mois plus tard, le général Obregón prend le contrôle de Mexico et installe Carranza comme président. Mais dans le nord, Francisco Villa est devenu un dictateur. Villa s'oppose à Carranza, mais les États-Unis reconnaissent quand même Carranza. À présent, les pays d'Amérique latine craignent l'intervention des États-Unis, ce qui est renforcé par les combats entre les troupes de Villa et les forces américaines à Carrizal.

À la suite de la clameur soulevée en Amérique latine, et en tenant compte notamment des réactions de ses consultants sur l'Amérique latine, Wilson a ordonné le retrait des forces américaines du Mexique le 5 février 1917. Carranza a déçu ses partisans américains en ce sens qu'il n'a rien fait pour aider leur cause. Il a plutôt essayé de justifier la révolution de 1911, qu'il disait nécessaire pour préserver l'intégrité du Mexique. Ce n'était pas ce que les compagnies pétrolières américaines lui avaient ordonné de dire.

En janvier 1917, la nouvelle Constitution mexicaine est prête, et elle constitue un choc pour la Standard Oil et les entreprises de Cowdray. Carranza a été élu pour quatre ans. La nouvelle constitution, qui déclarait en fait que le pétrole était une ressource naturelle inaliénable du peuple mexicain, est entrée en vigueur le 19 février 1918 et une nouvelle taxe a également été prélevée sur les terres pétrolifères et les contrats conclus avant le 1er mai 1917.

Cette taxe supplémentaire, couverte par l'article 27 du document dit des États-Unis, était "confiscatoire" et incitait en substance les entreprises américaines au Mexique à ne pas payer d'impôts. Le gouvernement Carranza a répondu à Washington que la fiscalité relevait de "l'État souverain du Mexique". Le département d'État américain a beau essayer, il ne parvient pas à faire changer Carranza d'avis : le pétrole mexicain appartient au Mexique et, si les étrangers peuvent encore y investir, ils ne peuvent le faire qu'à un prix — l'impôt. Les compagnies pétrolières se réveillent et découvrent que Carranza a retourné sa veste.

À ce moment-là, Cowdray s'est adressé au président américain en lui demandant "d'affronter ensemble l'ennemi commun (la nationalisation)". Carranza était maintenant persona non grata et Cowdray a essayé de vendre ses actions parce qu'il voyait venir plus de confusion alors que les trois principaux généraux mexicains se disputaient le pouvoir. L'offre de vente de Cowdray est acceptée par la Royal Dutch Shell Company. Bien que les conditions soient incertaines, Cowdray réalise un joli bénéfice sur la vente de ses actions.

Après de nombreux combats, au cours desquels Carranza est tué et Villa assassiné, le général Obregón est élu président le 5 septembre 1923. Le 26 décembre, Huerta mène une révolte contre Obregón, mais est vaincu. Obregón est soutenu par Washington à condition qu'il limite l'application de la constitution jugée si répréhensible par les compagnies pétrolières étrangères. Au lieu de cela, Obregón a imposé une taxe de 60% sur les exportations de pétrole. Le gouvernement américain et les compagnies pétrolières étaient furieux de ce qu'ils considéraient comme la défection d'Obregón.

Pendant près de cinq ans, Washington poursuit son attaque contre la Constitution mexicaine, tout en cachant ses véritables motivations. En 1927, le Mexique est en proie à des troubles civils et son trésor est presque vide. Le gouvernement mexicain est contraint de capituler. Il n'y a pas de meilleure description de ce que les Mexicains ont ressenti en se faisant piller le pétrole qu'un éditorial de *El Universal* de Mexico City, octobre 1927 :

> "L'impérialisme américain est un produit fatal de l'évolution économique. Il est inutile d'essayer de persuader nos voisins du Nord de ne pas être impérialistes ; ils ne peuvent s'empêcher de l'être, quelles que soient leurs excellentes intentions. Étudions les lois naturelles de l'impérialisme économique, dans l'espoir de trouver une méthode qui, au lieu de s'y opposer aveuglément, atténue son action et la tourne à notre avantage."

Il s'ensuivit un recul complet et total de la Constitution mexicaine par le président Plutarco Calles. Ce recul a été poursuivi par les gouvernements mexicains successifs. Le Mexique a payé le rapprochement, en reculant par rapport aux principes pour lesquels il s'était battu en 1911 et 1917. Le 1er juillet 1928, le général Obregón est réélu président, mais est assassiné 16 jours plus tard. Les compagnies pétrolières étrangères ont été accusées du crime et d'avoir maintenu le Mexique dans un état d'incertitude.

Le gouvernement américain agissait dans le cadre d'une alliance avec Standard Oil et Lord Cowdray pour forcer le gouvernement mexicain à revenir sur le décret du 19 février 1918 qui déclarait que le pétrole était une ressource naturelle inaliénable du peuple mexicain. Le 2 juillet 1934, le général Lazaro Cardenas est choisi par Calles pour lui succéder. Cardenas s'est ensuite retourné contre Calles, le qualifiant de "trop conservateur", et, sous la pression des intérêts pétroliers britanniques et américains, a fait arrêter Calles à son retour des États-Unis en 1936. Les documents du département d'État ne laissent aucun doute sur la main du gouvernement américain dans ces événements.

Cardenas manifeste de la sympathie pour les sociétés pétrolières américaines et britanniques, mais Vincente Lombardo Toledano, leader de la Confédération des travailleurs mexicains, s'y oppose vigoureusement. Cardenas est contraint de se plier aux exigences de ce groupe et, le 23 novembre 1936, une nouvelle loi sur l'expropriation donne au gouvernement le pouvoir de saisir les biens, en particulier les terres pétrolières. C'était l'inverse de ce que le gouvernement américain et les compagnies pétrolières attendaient, et cela a paniqué les compagnies pétrolières.

En 1936, 17 sociétés étrangères étaient occupées à pomper le pétrole qui appartenait légitimement au Mexique. La situation était assez semblable à celle de l'Afrique du Sud, où, depuis la guerre anglo-boer (1899-1902), la famille Oppenheimer du Comité des 300 a vidé l'Afrique du Sud de son or et de ses diamants, les expédiant à Londres et à Zurich, tandis que le peuple sud-africain n'en a guère profité. La guerre anglo-boer est la première démonstration ouverte de la puissance et du pouvoir du Comité des 300.

Tant avec l'"or noir" qu'avec l'"or jaune", les ressources nationales du Mexique et de l'Afrique du Sud, qui appartiennent réellement au peuple, ont été pillées. Tout cela s'est déroulé sous le couvert de l'accord de paix, qui ne s'est effondré que lorsque des leaders nationaux forts ont émergé, comme Daniel Malan, en Afrique du Sud, et Lazaro Cardenas, au Mexique.

Mais contrairement à Malan, qui n'a pas pu retenir les conspirateurs voleurs en nationalisant les mines d'or, Cardenas a promulgué un décret le 1er novembre 1936, dans lequel les droits sur le sous-sol de la Standard Oil et d'autres compagnies ont été déclarés nationalisés. L'effet net de ce décret a privé les compagnies pétrolières d'opérer au Mexique et de rapatrier leurs bénéfices aux États-Unis. Pendant des années, les travailleurs du pétrole mexicains ont vécu au bord de la pauvreté pendant que Rockefeller et Cowdray gonflaient leurs coffres de profits. Cowdray est devenu l'un des hommes les plus riches d'Angleterre ; les Américains ne connaissent que trop bien l'ampleur de l'empire Rockefeller.

Le sang de milliers de Mexicains avait été versé inutilement à cause de l'avidité de Standard Oil, Eagle, Shell, etc. Les révolutions étaient délibérément provoquées par les manipulateurs des États-Unis, toujours soutenus par les représentants appropriés du gouvernement américain. Alors que Cowdray vivait dans un luxe absolu et fréquentait les meilleurs clubs de Londres, les travailleurs mexicains du pétrole étaient plus mal lotis que les esclaves des pharaons, vivant dans la misère et se serrant les uns contre les autres dans des bidonvilles qui ne souffraient d'aucune description.

Le 18 mars 1938, le gouvernement Cardenas nationalise les propriétés des compagnies pétrolières américaines et britanniques. Les États-Unis ripostent en cessant d'acheter de l'argent au Mexique. Le gouvernement britannique a rompu ses relations diplomatiques. Secrètement, la Standard Oil et les compagnies pétrolières britanniques financent le général Saturnino Cedillo, l'incitant à se révolter contre Cardenas. Cependant, une manifestation massive de soutien à Cardenas par la population a mis fin à la tentative de révolte en quelques semaines.

Les États-Unis et la Grande-Bretagne ont rapidement institué un boycott du pétrole mexicain, qui a dévasté la compagnie pétrolière nationale connue sous le nom de PEMEX. Les Cardenas ont ensuite conclu des accords de troc avec l'Allemagne et l'Italie. Cette conduite trompeuse des deux gouvernements — que la plupart des gens considéraient comme des piliers de la civilisation occidentale — s'est poursuivie lorsque les communistes ont essayé de prendre le contrôle de l'Espagne et que le gouvernement mexicain a tenté de briser le boycott du pétrole en envoyant du pétrole au gouvernement du général Franco.

Dans la guerre franco-communiste, connue sous le nom de "guerre civile espagnole", Roosevelt a soutenu le camp communiste et l'a autorisé à recruter des hommes et des munitions aux États-Unis. Washington a adopté une politique officielle de "neutralité", mais cette tromperie était mal dissimulée et a été révélée lorsque Texaco a été traîné sur le tapis.

PEMEX a décidé de fournir du pétrole à Franco, en utilisant les pétroliers de Texaco pour le transporter vers les ports espagnols. Sir William Stephenson, chef des services secrets du MI6, a dénoncé Texaco à Roosevelt. Comme il est de coutume lorsque des gouvernements anticommunistes de droite se battent pour l'existence de leur pays, le gouvernement parallèle secret des États-Unis a ordonné à Roosevelt d'arrêter les livraisons de pétrole mexicain à Franco. Mais cela n'a pas empêché les bolcheviks de recruter aux États-Unis ni d'obtenir des munitions et des financements de Wall Street Texaco n'a pas agi par sympathie pour Franco ou le Mexique : son motif était le profit. Cela démontre ce qui se passe lorsqu'un socialiste fabien comme Roosevelt dirige un pays opposé au socialisme.

Ce n'est qu'en 1946 qu'un semblant d'ordre est revenu au Mexique avec l'élection du président Miguel Aleman. Le 30 septembre 1947, le gouvernement mexicain a procédé à un règlement définitif de toutes les demandes d'expropriation américaines et britanniques. Cela a coûté cher au peuple mexicain et a laissé le contrôle du pétrole de facto entre les mains des compagnies pétrolières américaines et britanniques. Ainsi, le décret d'expropriation de 1936 signé par Cardenas n'a été qu'un succès partiel.

En 1966, lorsque plusieurs écrivains ont exposé la cupidité et la corruption de Lord Cowdray, celui-ci a engagé Desmond Young pour écrire un livre dans lequel il blanchissait et minimisait son implication avec Diaz et Huerta. En 1970, le président Richard Nixon, à la demande du Council on Foreign Relations, a signé un accord avec le président Diaz Ordaz qui prévoyait un règlement pacifique des futurs conflits frontaliers et autres (c'est-à-dire le pétrole).

Cet accord est toujours valable aujourd'hui et, si les méthodes de pillage du pétrole mexicain ont changé, l'intention et la motivation n'ont pas changé. Il existe une idée fausse très répandue concernant l'accord de Nixon, à savoir qu'il représentait un changement de la politique de Washington. Il visait à donner l'impression que nous reconnaissons désormais le droit du Mexique à ses ressources naturelles. Il s'agit d'une répétition de la période où Morrow a négocié un accord avec Cailes-Obregón dans ce qu'on a dit au peuple américain être une "grande concession des États-Unis", alors qu'en fait, ce n'était pratiquement pas une concession du tout en ce qui concerne Washington. Tel est la politique de la diplomatie par le mensonge.

IV. Rockefeller : le génie du mal

Aucune autre industrie n'a été autant corrompue que la puissante industrie pétrolière, et aucune autre industrie n'a autant mérité les épithètes qui lui ont été lancées. Lorsque les Indiens d'Amérique ont conduit le père Joseph de la Roche Daillon, un missionnaire franciscain français, vers la mystérieuse mare d'eaux noires de Pennsylvanie occidentale, ils ne pouvaient pas imaginer les horribles résultats qui en résulteraient.

L'industrie pétrolière a survécu à toutes les tentatives de percer ses murs, que ce soit par le gouvernement ou par des citoyens privés. L'industrie pétrolière américaine a survécu aux vendettas personnelles de feu les sénateurs Henry Jackson et Frank Church, et est sortie de nombreuses enquêtes avec aplomb et ses secrets intacts. Pas même les procès antitrust n'ont pu briser son pouvoir.

On ne peut évoquer l'industrie pétrolière sans nommer John D. Rockefeller, qui a créé la Standard Oil du New Jersey. Le nom de Rockefeller est également synonyme de cupidité et de soif inébranlable de pouvoir. La haine que la majorité des Américains éprouvent à l'égard des Rockefeller a commencé lorsque la "Grande Main" a fait surface dans les régions pétrolières de Pennsylvanie. Elle a commencé parmi les descendants des pionniers foreurs qui ont afflué à Titusville et Pit Head lorsque la "ruée vers l'or" noir a commencé en 1865.

La capacité de John D. Rockefeller à dépouiller les prospecteurs et les foreurs de leurs concessions pétrolières rappelle étrangement les efforts "pionniers" de Cecil John Rhodes, de Barny Barnato et d'autres agents de Rothschild-Warburg qui ont fourni l'argent pour les vols et les chicaneries commis en plein jour par ces escrocs sur les propriétaires des diamants Kimberly et des concessions aurifères Rand. Nelson Rockefeller a prétendu un jour que la fortune familiale était "un accident", mais les faits parlent autrement.

La paranoïa et le besoin de secret qui entouraient John D. Rockefeller ont été transmis à ses fils et adoptés comme une stratégie contre l'ingérence extérieure dans les affaires pétrolières. Aujourd'hui, le cabinet comptable du Comité des 300, Price Waterhouse, fait les comptes de telle manière que même les meilleurs comptables et les diverses commissions du Sénat n'ont pas été en mesure de dénouer les finances des Rockefeller. Telle est la nature de la bête. La question est souvent posée : "Pourquoi Rockefeller était-il si profondément tordu ?" On ne peut que supposer que c'était inhérent à sa nature.

John D. Rockefeller ne croyait pas qu'il fallait laisser l'amitié faire obstacle à sa progression, et il mettait en garde ses fils de ne jamais laisser "la bonne camaraderie s'emparer de vous". Son dogme préféré concernait la vieille chouette sage qui ne disait rien et entendait beaucoup. Les premières photographies de John D. montrent un visage long et sinistre, de petits yeux, sans la moindre trace de qualités humaines.

Au vu de son apparence, il est d'autant plus étonnant que les frères Clark aient accepté que John D. devienne leur comptable, puis leur associé dans leur raffinerie. Les frères ont vite compris qu'il ne fallait pas faire confiance à Rockefeller. En peu de temps, ils sont contraints de se retirer, "rachetés" selon John D. Le livre d'Ida Tarbell, "The History of the Standard Oil Company", est riche en exemples de l'impitoyabilité de Rockefeller et de son inhumanité envers tous, sauf lui-même.

La Standard Oil Company était la société la plus secrète de l'histoire des États-Unis, une tradition perpétuée aujourd'hui par Exxon et ses filiales. On dit que la Standard Oil était verrouillée et barricadée comme une forteresse. L'image de Rockefeller s'est tellement ternie qu'il a engagé Ivy Lee, un homme de relations publiques, pour l'aider à redorer son blason en tant que philanthrope. Mais malgré tous ses efforts, Lee n'a pas réussi à effacer l'héritage de haine laissé par John D. L'image ternie de la Standard et des Rockefeller s'est poursuivie dans les années 1990 et restera probablement à jamais. La Standard Oil devait être le porte-drapeau de l'industrie pétrolière dans sa conduite envers les nations disposant de réserves de pétrole et de gaz dans leur sous-sol.

Les Rockefeller ont toujours fait la loi, et très tôt, ils ont décidé que le seul moyen d'échapper à l'impôt était de placer la majeure partie de leurs fonds et de leurs actifs en dehors des États-Unis. Déjà en 1885, Rockefeller avait établi des marchés en Europe et en Extrême-Orient, qui représentaient un pourcentage stupéfiant de 70% des activités de la Standard Oil.

Mais la marche de Rockefeller à travers les continents ne se fait pas sans heurts. Le ressentiment du public à l'égard de la Standard a atteint de nouveaux sommets après que des écrivains comme Ida Tarbell et H.D. Lloyd ont révélé que Standard était une entreprise dotée d'une armée d'espions au-dessus des gouvernements locaux, étatiques et fédéraux

> "qui ont déclaré la guerre, négocié la paix, réduit les tribunaux, les législatures et les États souverains à une obéissance inégalée à sa volonté".

Des plaintes virulentes ont afflué au Sénat lorsque le peuple américain a été informé des pratiques monopolistiques de Standard, ce qui a donné lieu à la loi antitrust Sherman. Mais la loi était si délibérément vague, et laissait plusieurs questions en suspens, que Rockefeller et sa bande d'avocats pouvaient facilement éviter de s'y conformer. Rockefeller l'a un jour décrite comme "un exercice de relations publiques sans aucun mordant". L'influence de John D. Rockefeller au Sénat ne s'est jamais fait autant sentir que pendant les débats sur la loi antitrust Sherman. À cette époque, les sénateurs individuels étaient soumis à de fortes pressions de la part des lobbyistes de Rockefeller.

Rockefeller subit un revers temporaire lorsque, le 11 mai 1911, le juge en chef Edward White rend sa décision dans un procès antitrust intenté à Standard par Frank Kellogg : Standard doit se séparer de toutes ses filiales dans les six mois. Rockefeller réagit en employant une armée d'écrivains qui expliquent que la "nature particulière" du commerce du pétrole ne se prête pas à des méthodes commerciales normales ; il doit être traité comme une entité spéciale, comme l'avait fait John D. Rockefeller.

Pour diluer la décision du juge White, Rockefeller a mis en place sa propre forme de gouvernement. Ce nouveau "gouvernement" a pris la forme de fondations et d'institutions philanthropiques, sur le modèle du système de patronage des cours royales d'Europe. Ces institutions et fondations protégeraient la fortune de Rockefeller de l'impôt sur le revenu, dont ses mercenaires du Sénat l'avaient averti qu'il y serait assujetti dans les années à venir.

C'était le début du "gouvernement dans le gouvernement" de l'industrie pétrolière, un pouvoir qui est toujours en place aujourd'hui. Il ne fait aucun doute que le CFR doit son ascension rapide au pouvoir à Rockefeller et Harold Pratt. En 1914, un membre du Sénat a qualifié l'empire de Rockefeller de "gouvernement secret des États-Unis". Les stratèges de Rockefeller ont demandé la création d'une agence de renseignement privée et, suivant leurs conseils, Rockefeller a littéralement acheté le personnel et l'équipement du service de renseignement SS de Reinhardt Heydrich, qui est aujourd'hui connu sous le nom d'"Interpol."

Avec des renseignements comparables à ceux des SS d'Heydrich, les Rockefeller étaient capables d'infiltrer des pays, de prendre virtuellement le contrôle de leurs gouvernements, de changer leurs lois fiscales et leurs politiques étrangères, puis de faire pression sur le gouvernement américain pour qu'il s'y plie. Si les lois fiscales devenaient plus sévères, les Rockefeller faisaient simplement changer la loi. C'est ce bacille dans l'industrie pétrolière qui a fermé la production locale qui aurait rendu l'Amérique totalement indépendante du pétrole étranger. Le résultat net ? Des prix plus élevés pour le consommateur américain et des profits obscènes pour les compagnies pétrolières.

Les Rockefeller sont bientôt sur la scène au Moyen-Orient, mais leurs efforts pour obtenir des concessions sont bloqués par Harry F. Sinclair. Il semble que Sinclair ait été capable de battre les Rockefeller à chaque fois. Puis survient un revirement spectaculaire, le scandale du Tea Pot Dome, dans lequel le secrétaire à l'Intérieur Albert Fall, ami proche de Sinclair, et Dahoney, ami de Fall, sont inculpés pour s'être emparés des réserves pétrolières navales de Tea Pot Dome et d'Elk Hills à des fins privées. Nombreux sont ceux qui craignent que le scandale du Tea Pot Dome n'ait été monté par les Rockefeller pour discréditer et éliminer Sinclair en tant que concurrent indésirable.

Le scandale a ébranlé Washington et a coûté son poste à Fall (d'où l'expression "bouc émissaire"). Sinclair réussit à peine à éviter la prison. Tous ses contrats lucratifs avec la Perse et la Russie sont annulés. Aujourd'hui encore, on soupçonne, sans le prouver, que le scandale du Tea Pot Dome était une opération d'infiltration des Rockefeller. Finalement, la plupart des concessions de Sinclair au Moyen-Orient, à l'exception de celles détenues par la Grande-Bretagne, sont passées aux mains des Rockefeller.

Les événements en Iran allaient bientôt prouver le pouvoir de Rockefeller et de ses associés britanniques. En 1941, lorsque Reza Shah Pahlavi d'Iran refuse de se joindre aux soi-disant "alliés" contre l'Allemagne et d'expulser ses ressortissants du pays, Churchill entre dans une colère noire et ordonne l'invasion de l'Irak, à laquelle se joignent ses alliés bolcheviques russes. En autorisant les troupes russes à entrer en Iran, Churchill a ouvert la porte à une présence russe dans la région, l'un des objectifs tant désirés par Staline. Il s'agit d'une trahison choquante du peuple iranien et de l'Occident en général, qui montre que l'influence des Rockefeller est internationale.

Tel est le pouvoir des compagnies pétrolières, en particulier celles contrôlées par les Rockefeller. Les représentants des compagnies pétrolières Standard Oil et Royal Dutch Shell ont conseillé à Churchill d'arrêter et d'expulser Reza Shah, ce qu'il s'est empressé de faire, l'envoyant d'abord à l'île Maurice, puis en Afrique du Sud, où il est mort en exil. Les documents que j'ai examinés au British Museum de Londres montrent que les Rockefeller sont largement intervenus dans la politique du Moyen-Orient.

Au parlement britannique, Churchill s'est vanté :

> "Nous (les compagnies pétrolières) venons de chasser un dictateur en exil et d'installer un gouvernement constitutionnel qui s'est engagé à réaliser tout un catalogue de réformes sérieuses".

Ce qu'il n'a pas dit, c'est que le "gouvernement constitutionnel" était un gouvernement fantoche choisi par les compagnies pétrolières, et que son "catalogue complet de réformes" avait pour seul but de renforcer les intérêts pétroliers américains et britanniques afin d'obtenir des parts encore plus importantes des revenus pétroliers.

Mais en 1951, l'humeur nationaliste qui balayait le Moyen-Orient, qui avait commencé en Égypte où le colonel Gamal Abdel Nasser était déterminé à évincer les Britanniques du contrôle du pays, s'est étendue à l'Iran également. À cette époque, un véritable patriote iranien, le Dr Mohamed Mossadegh, est apparu pour défier le gouvernement fantoche de Churchill. L'objectif principal de Mossadegh était de briser le pouvoir des compagnies pétrolières étrangères. Il jugeait que l'humeur du peuple iranien était mûre pour une telle action.

Cela a profondément alarmé les Rockefeller, qui ont appelé la Grande-Bretagne à l'aide. Mossadegh déclare à Rockefeller et à British Petroleum qu'il ne respectera pas leurs accords de concession. David Rockefeller aurait développé une haine personnelle à l'égard de Mossadegh. C'est pourquoi British Petroleum a demandé au gouvernement britannique de "mettre fin à la nuisance créée par Mossadegh". Churchill, désireux de se conformer aux exigences du cartel pétrolier des Sept Sœurs (composé des sept principales compagnies pétrolières britanniques et américaines au Moyen-Orient), demande l'aide des États-Unis.

Homme politique talentueux, instruit et astucieux, issu d'un milieu aisé, Mossadegh souhaitait sincèrement aider le peuple iranien à profiter de sa ressource nationale. En mai 1951, le Dr Mossadegh nationalise le pétrole iranien. Une campagne publicitaire internationale fut lancée contre Mossadegh, qui était dépeint comme un petit homme stupide courant dans Téhéran en pyjama, plongé dans l'émotion. C'était loin d'être la vérité.

Sous l'impulsion des compagnies pétrolières Rockefeller et avec le soutien du département d'État américain, un boycott international du pétrole iranien est ordonné. Le pétrole iranien devient rapidement invendable. Le Département d'État déclare son soutien au gouvernement fantoche de Churchill à Téhéran, qui a été installé lorsque le Shah a refusé de se joindre aux alliés dans la guerre contre l'Allemagne.

Au même moment, la CIA et le MI6 lancent une opération conjointe contre Mossadegh. Ce qui s'ensuit est un exemple classique de la façon dont les gouvernements sont subvertis et renversés par le biais d'une campagne de propagande. Churchill, qui avait perdu son élection après la fin de la guerre, est ramené au pouvoir par un public britannique qui a subi un lavage de cerveau. Il a utilisé son poste pour faire la guerre au Dr Mossadegh et au peuple iranien en recourant à des tactiques de bandit de grand chemin et de pirate, comme le montre l'exemple suivant :

Le "Rose Marie", qui naviguait dans les eaux internationales et transportait du pétrole iranien, n'enfreignait aucune loi ni aucun traité international lorsqu'il a reçu l'ordre de Churchill d'être intercepté par la Royal Air Force, et a été contraint de faire route vers Aden, un port sous contrôle britannique. Le détournement d'un navire en mer a reçu le soutien total du département d'État américain, à la suggestion de la famille Rockefeller.

Ma source à Londres, dont le travail consiste à surveiller l'industrie pétrolière, m'a dit en 1970 que Churchill n'a été retenu que difficilement par son cabinet d'ordonner à la RAF de bombarder le "Rose Marie". Une année passa, au cours de laquelle l'Iran subit de grandes pertes financières. En 1953, le Dr Mossadegh écrivit au président Dwight D. Eisenhower pour lui demander de l'aide. Il aurait tout aussi bien pu écrire à Rockefeller. Eisenhower, jouant sur les nerfs, ne répond pas.

Cette tactique a eu l'effet escompté d'effrayer Mossadegh. Finalement, Eisenhower a répondu et, dans le style classique, a conseillé au dirigeant iranien de "respecter les obligations internationales de l'Iran". Mossadegh continua à défier les gouvernements britannique et américain. Les compagnies pétrolières envoient une députation auprès d'Eisenhower pour demander que des mesures immédiates soient prises pour destituer Mossadegh.

Kermit Roosevelt, qui a dirigé l'opération secrète de la CIA contre Mossadegh, a travaillé sans relâche pour établir des forces à l'intérieur de Téhéran qui pourraient être utilisées pour provoquer des troubles. D'importantes sommes d'argent, dont ma source dit qu'elles s'élèvent à 3 millions de dollars, changent de mains. En avril 1953, le Shah Mohammed Reza Pahlavi, sous la pression intense des banquiers internationaux, a tenté de destituer le Dr Mossadegh, mais cette tentative a échoué. Une armée d'agents équipés par la CIA et le MI6 commence à attaquer l'armée. Craignant d'être assassiné, le Shah s'enfuit et Mossadegh est renversé en août 1953. Le coût pour les contribuables américains s'élève à presque 10 millions de dollars.

Il convient de noter qu'au moment même où Kermit Roosevelt préparait l'opération secrète de la CIA contre le Dr Mossadegh en 1951, ses partenaires Rockefeller faisaient l'objet de procédures judiciaires à Washington qui auraient dû entraîner l'arrêt des opérations en Iran. Le fait est que la toute puissante industrie pétrolière savait qu'elle pouvait repousser le défi comme elle l'avait fait avec tous les autres. Des procédures du ministère de la Justice ont été lancées contre Exxon, Texaco, Standard Gulf, Mobil et Socal. (Aucun effort n'a été fait pour poursuivre Shell et BP).

La Standard Oil a immédiatement chargé Dean Acheson d'étouffer l'enquête. Acheson s'avère être un bon exemple de la façon dont Rockefeller a utilisé des personnes importantes du gouvernement et du secteur privé pour passer outre le gouvernement de Washington. Au début de 1952, Acheson passe à l'attaque. Invoquant l'intérêt du département d'État à protéger les initiatives de politique étrangère de l'Amérique, admettant ainsi tacitement que les grandes compagnies pétrolières dirigeaient la politique étrangère de l'État, Acheson exigea que l'enquête soit classée sans suite afin de ne pas affaiblir "nos bonnes relations au Proche-Orient".

Acheson a omis de mentionner le tumulte et l'instabilité créés à ce moment précis en Iran par Rockefeller, la CIA et le MI6. Le procureur général répond par une attaque en règle contre les monopoles pétroliers, avertissant que le pétrole doit être libéré "de l'emprise de quelques-uns ; la libre entreprise ne peut être préservée qu'en la protégeant des excès de pouvoir, tant gouvernementaux que privés". Hethen a accusé le cartel d'agir de manière à mettre en danger la sécurité nationale.

Rockefeller a immédiatement ordonné que des efforts de limitation des dégâts soient mis en place par le biais de ses contacts au sein des départements d'État et de la Justice. (Acheson a publiquement dénoncé l'enquête comme une action "menée par des chiens policiers de l'antitrust qui ne veulent pas avoir affaire avec Mammon et les injustes". Le ton de sa voix était à tout moment belliqueux et menaçant. Acheson s'est assuré le soutien des départements de la défense et de l'intérieur pour Rockefeller, qui s'est porté garant des Sept Sœurs d'une manière tout à fait étonnante.

> "Les sociétés (les grandes compagnies pétrolières) jouent un rôle vital dans l'approvisionnement de la denrée la plus essentielle du monde libre. Les opérations pétrolières américaines sont, à toutes fins pratiques, des instruments de notre politique étrangère."

Dean Acheson a ensuite tenté de soulever le croque-mitaine de l'interférence soviétique au Moyen-Orient, qui n'était rien d'autre qu'un faux-fuyant pour détourner l'attention de la façon dont les compagnies pétrolières opéraient. Finalement, toutes les charges criminelles contre le cartel ont été abandonnées...

Pour montrer leur mépris total pour la loi américaine, les représentants des principales compagnies pétrolières se sont réunis à Londres en 1924 pour éviter d'éventuelles accusations de conspiration à la demande de Sir William Fraser. La lettre que Fraser a écrite aux cadres supérieurs de Standard, Mobil, Texaco, BP, Socal et Shell, expliquait qu'ils devaient se rencontrer afin de régler leurs comptes avec un Shah Reza Pahlavi désormais complètement excité.

Les conspirateurs se sont retrouvés à Londres un mois plus tard, où ils ont été rejoints par le PDG de la société Française des Pétroles. Un accord a été conclu pour former un consortium qui contrôlerait le pétrole iranien. Le nouvel organisme est appelé "consortium", car l'utilisation du mot "cartel" en Amérique est jugée peu judicieuse. Le succès est garanti, disent les dirigeants américains à leurs homologues étrangers, car le Département d'État a donné sa bénédiction à la réunion de Londres.

En ce qui concerne le département d'État, les Seven Sisters[7] ont joué un rôle clé au Moyen-Orient en empêchant la pénétration communiste dans une région d'intérêt vital pour les États-Unis. Étant donné qu'en 1942, ces mêmes compagnies pétrolières ont soutenu Churchill pour que les troupes bolcheviques soviétiques envahissent l'Iran, donnant ainsi à Staline sa meilleure occasion de prendre pied au Moyen-Orient, ce n'est pas tout à fait la vérité.

Tout au long de la procédure du ministère de la Justice, qui a débuté en octobre 1951, les témoins du département d'État n'ont cessé de désigner l'industrie pétrolière comme "le soi-disant cartel". Le Département d'État est densément peuplé d'agents Rockefeller, peut-être plus que toute autre institution gouvernementale contrôlée par David Rockefeller.

Je suis toujours fermement convaincu à ce jour qu'il n'y a pas encore de moyen de briser les chaînes Rockefeller qui lient les compagnies pétrolières et cette nation au Council on Foreign Relations, qui contrôle toutes les facettes de notre politique

---

[7] Les "Sept Sœurs", les compagnies composant le cartel du monopole pétrolier mondial. NDÉ.

étrangère envers les nations pétrolières du monde. C'est une situation que nous, le peuple, devrons affronter, espérons-le, le plus tôt possible.

À Washington, les poursuites civiles contre le cartel pétrolier tournent court face aux menaces du Council on Foreign Relations, soutenu par sa marionnette, le président Eisenhower. Eisenhower a déclaré que les intérêts de la sécurité nationale des États-Unis étaient en train d'être menacés par la procédure. Eisenhower, marionnette du CFR, a demandé à son procureur général Herbert Brownell Jr. de dire à la cour que

> "les lois antitrust doivent être considérées comme secondaires par rapport aux intérêts de la sécurité nationale".

Pendant que Kermit Roosevelt se battait à coups de marteau et de pinces à Téhéran, Eisenhower et Dulles proposaient à la cour un compromis qui, selon les mots d'Eisenhower, "protégerait les intérêts du monde libre au Proche-Orient en tant que source majeure d'approvisionnement en pétrole". Rien d'étonnant à ce que l'ayatollah Khomeini, des décennies plus tard, appelle les États-Unis "le grand Satan". Khomeini ne faisait pas référence au peuple des États-Unis, mais à leur gouvernement

Khomeini savait parfaitement que l'Américain ordinaire était victime d'une conspiration, qu'on lui mentait, qu'on le trompait, qu'on le volait et qu'on le forçait à sacrifier le sang de millions de ses fils dans des guerres étrangères auxquelles il n'avait absolument aucune raison de participer. Khomeini, féru d'histoire, connaissait parfaitement la loi sur la Réserve fédérale qui, selon lui, "maintenait le peuple sous l'emprise de l'esclavage". Lorsque l'ambassade des États-Unis à Téhéran a été prise par les gardes révolutionnaires, plusieurs documents compromettants sont tombés entre les mains de Khomeini, qui montraient clairement l'implication de la CIA avec British Petroleum, Standard et les autres grandes compagnies pétrolières.

Une fois le coup d'État déclaré réussi, le Shah retourne dans son palais. Il était loin de se douter que deux décennies plus tard, il subirait le même sort que Mossadegh, aux mains de l'industrie pétrolière et de ses gouvernements de substitution à Washington et à Londres : la CIA et le MI6. Le Shah pensait pouvoir faire confiance à David Rockefeller, mais comme beaucoup d'autres, il n'a pas tardé à se rendre compte que sa confiance était malheureusement mal placée.

Ayant accès aux documents que Mossadegh avait déterrés, qui montraient l'ampleur du pillage de la ressource nationale de l'Iran, le Shah a rapidement été désenchanté par Londres et Washington. En apprenant la nouvelle des révoltes au Mexique et au Venezuela contre Rockefeller et Shell, ainsi que la nouvelle du "Golden Gimmick" de l'Arabie Saoudite, le Shah commence à faire pression sur Rockefeller et les Britanniques pour obtenir une plus grande part des revenus pétroliers iraniens qui, à l'époque, ne représentaient que 30% du montant total des revenus pétroliers dont bénéficiaient les compagnies pétrolières.

D'autres pays ont également ressenti le fouet de l'industrie pétrolière. Le Mexique est un cas classique de la capacité des compagnies pétrolières à élaborer des politiques étrangères qui ont transcendé les frontières nationales et coûté une énorme fortune aux consommateurs américains. Le pétrole semblait être le fondement d'un nouvel ordre économique, avec un pouvoir incontesté entre les mains de quelques personnes à peine connues en dehors de l'industrie pétrolière.

Les "majors" ont été évoquées à plusieurs reprises. Il s'agit d'un raccourci pour désigner les grandes compagnies pétrolières qui forment le cartel le plus prospère de l'histoire du commerce. Exxon (appelée Esso en Europe), Shell, BP, Gulf, Texaco, Mobil et Socol-Chevron. Ensemble, elles font partie d'un grand réseau de banques, de compagnies d'assurance et de maisons de courtage qui s'imbriquent et s'interfacent, contrôlé par le Comité des 300, qui n'est guère connu en dehors de son cercle.

La réalité du gouvernement mondial unique, ou gouvernement de niveau supérieur du Nouvel Ordre Mondial, ne tolère aucune interférence de la part de qui que ce soit, même des gouvernements nationaux puissants, des dirigeants de nations grandes ou petites, des sociétés ou des particuliers. Ces géants supranationaux possèdent une expertise et des méthodes comptables qui ont déconcerté les meilleurs cerveaux du gouvernement, dont ils restent hors de portée. Il semble que les majors aient été en mesure d'inciter les gouvernements à leur attribuer des concessions pétrolières, sans tenir compte de ceux qui s'y opposaient. John D. Rockefeller aurait très certainement approuvé cette entreprise fermée, dirigée depuis 68 ans par Exxon et Shell.

Il est évident, par l'ampleur et la complexité de leurs opérations, le plus souvent menées tambour battant et impliquant souvent des activités dans plusieurs pays à la fois, que l'industrie pétrolière est l'une des composantes les plus puissantes qui composent les opérations économiques du Comité des 300.

En secret, le club des Sept Sœurs a comploté des guerres et décidé entre eux quels gouvernements devaient se plier à leurs déprédations. Lorsque des problèmes surgissent, comme dans le cas du Dr Mossadegh, et plus tard du président Saddam Hussein d'Irak, il suffit de faire appel à l'armée de l'air, à la marine, à l'armée de terre et aux services de renseignement appropriés pour résoudre le problème et se débarrasser de la "nuisance". Cela ne doit pas poser plus de problèmes que d'écraser une mouche. Les Sept Sœurs sont devenues un gouvernement au sein d'un gouvernement, et ce n'est nulle part ailleurs qu'avec la Standard Oil de Rockefeller (SOCO-Exxon-Chevron).

Si l'on veut connaître les politiques étrangères américaines et britanniques à l'égard de l'Arabie saoudite, de l'Iran ou de l'Irak, il suffit d'étudier les politiques de BP, Exxon, Gulf Oil et ARAMCO. Quelle est notre politique en Angola ? Elle consiste à protéger les propriétés de Gulf Oil dans ce pays, même si cela signifie soutenir un marxiste avoué. Qui aurait pu imaginer que Gulf, Exxon, Chevron et ARAMCO ont plus à dire sur les affaires étrangères américaines que les membres du Congrès ? En effet, qui aurait imaginé que. Standard Oil contrôlerait un jour la politique étrangère des États-Unis et ferait en sorte que le Département d'État agisse comme s'il était dirigé pour son propre intérêt économique ?

Existe-t-il un autre groupe aussi exalté, aussi favorisé par des pluies de concessions fiscales qui se chiffrent en milliards de dollars par an ? On me demande souvent pourquoi l'industrie pétrolière américaine, autrefois si dynamique et pleine de promesses, a connu un déclin brutal. La réponse, en un mot, est la cupidité. Pour cette raison, la production nationale de pétrole a dû être réduite, au cas où le public découvrirait un jour ce qui se passait. Cette connaissance est beaucoup plus difficile à obtenir lorsqu'il s'agit d'opérations étrangères. Que sait le public américain de ce qui se passe dans la politique pétrolière de l'Arabie Saoudite ? Tout en réalisant des bénéfices records, l'industrie pétrolière demande et obtient des allégements fiscaux supplémentaires, à la fois ouverts — et cachés — à la vue du public.

Les citoyens des États-Unis ont-ils bénéficié des énormes bénéfices réalisés par Exxon, Texaco, Chevron et Mobil (avant sa vente) ? La réponse est non, car la plupart des bénéfices ont été réalisés "en amont", c'est-à-dire en dehors des États-Unis, où ils ont été conservés, tandis que le consommateur américain payait des prix toujours plus élevés pour l'essence à la pompe.

La principale préoccupation de Rockefeller était l'Arabie Saoudite. Les compagnies pétrolières, par différents stratagèmes, s'étaient retranchées avec le roi Ibn Saoud. Le roi, inquiet de voir Israël menacer un jour son pays et renforcer le lobby israélien à Washington, avait besoin de quelque chose qui lui donnerait un avantage. Le Département d'État, à l'instigation des Rockefeller, a déclaré qu'il ne pouvait suivre une politique pro-saoudienne sans contrarier Israël qu'en utilisant Exxon (ARAMCO) comme façade. Cette information a été donnée à la Commission des Relations Étrangères du Sénat. Elle était si sensible que les membres du comité n'ont même pas été autorisés à la voir.

Rockefeller n'avait en fait payé qu'une petite somme, 500 000 dollars, pour obtenir une importante concession pétrolière d'Ibn Saud. Après beaucoup de diplomatie, une tromperie a été mise au point, une tromperie qui a coûté aux contribuables américains au moins 50 millions de dollars la première année. Le résultat des discussions entre Exxon et Ibn Saoud est connu sous le nom de "Golden Gimmick" dans le secret des salles de conseil Rockefeller. Les compagnies pétrolières américaines ont accepté de verser une subvention au dirigeant saoudien d'au moins 50 millions de dollars par an, en fonction de la quantité de pétrole saoudien pompée. Le département d'État autoriserait alors les entreprises américaines à déclarer ces subventions comme des "impôts étrangers sur le revenu", que Rockefeller, par exemple, pourrait déduire des impôts américains d'Exxon.

Avec l'augmentation de la production de pétrole saoudien bon marché, les paiements de subventions ont également augmenté. C'est l'une des plus grandes escroqueries perpétrées sur le public américain. L'essentiel du plan était que d'énormes paiements d'aide étrangère étaient versés chaque année aux Saoudiens sous le couvert de "subventions". Lorsque le gouvernement israélien a découvert le plan, il a lui aussi exigé des "subventions" qui s'élèvent aujourd'hui à 13 milliards de dollars par an — le tout aux frais des contribuables américains.

Puisque le consommateur américain contribue en fait à payer le pétrole brut importé moins cher que le pétrole brut national, ne devrions-nous pas bénéficier de cet arrangement par des prix de l'essence moins élevés à la pompe ? Après tout, le pétrole saoudien était si bon marché, et compte tenu des subventions à la production, cela ne devrait-il pas se traduire par une baisse des prix ? Le consommateur américain tire-t-il le moindre avantage à payer cette énorme facture ? Pas du tout. En dehors des considérations géopolitiques, les "majors" sont également coupables de fixation des prix. Le pétrole arabe bon marché, par exemple, a été fixé au prix plus élevé du pétrole brut national lors de son importation aux États-Unis par un subterfuge connu sous le nom de "taux de fret fantôme".

Selon des preuves tangibles présentées lors des auditions multinationales en 1975, les grandes compagnies pétrolières, dirigées par les sociétés Rockefeller, réalisaient 70% de leurs bénéfices à l'étranger, bénéfices qui ne pouvaient pas être taxés à l'époque. Comme la majeure partie de leurs bénéfices provenait de l'étranger, l'industrie pétrolière n'était pas prête à faire un investissement majeur dans l'industrie pétrolière nationale. En conséquence, cette dernière a commencé à décliner. Pourquoi dépenser de l'argent pour l'exploration et l'exploitation du pétrole national alors qu'il était disponible en Arabie saoudite, à un prix inférieur à celui du produit local et avec un bénéfice bien plus important ?

Le consommateur américain, qui ne se doute de rien, s'est fait avoir, et se fait encore avoir, sans le savoir. Selon des données économiques secrètes, qu'un de mes contacts, qui travaille toujours dans le domaine de la surveillance de l'intelligence économique, m'a montrées, l'essence à la pompe en Amérique, compte tenu de toutes les taxes locales, régionales et fédérales qui s'ajoutent au prix, n'aurait pas dû coûter au consommateur plus de 35 cents par gallon à la fin de 1991. Pourtant, nous savons que les prix à la pompe étaient trois à cinq fois plus élevés, sans que rien ne justifie ces prix excessivement élevés.

L'immoralité de cette tromperie grossière est que si les grandes compagnies pétrolières, et je dois à nouveau souligner le leadership des Rockefeller dans cette affaire, n'avaient pas été aussi avides, elles auraient pu produire du pétrole national qui aurait fait de nos prix de l'essence les moins chers du monde. À mon avis, la manière dont cette tromperie diplomatique a été mise en place entre le Département d'État et l'Arabie Saoudite fait du Département d'État un partenaire d'une entreprise criminelle. En effet, afin de ne pas se brouiller avec Israël et de satisfaire en même temps les Saoudiens, le consommateur américain a été soumis à une énorme charge fiscale, dont ce pays n'a tiré aucun avantage. N'est-ce pas un peu comme la servitude involontaire interdite par la Constitution américaine ?

Les dirigeants de l'Arabie saoudite ont alors exigé que des prix fixes soient affichés par les compagnies pétrolières (ARAMCO), ce qui signifie que le pays ne subira pas de baisse de revenus en cas de chute des prix du pétrole. Lorsqu'ils ont eu connaissance de cet arrangement, l'Iran et l'Irak ont demandé et obtenu le même accord sur les prix fixés par les sociétés Rockefeller, payaient des taxes sur un prix artificiellement plus élevé, et non sur le prix réel du marché, ce qui était compensé par les taxes moins élevées qu'elles payaient aux États-Unis — un avantage majeur dont ne bénéficiait aucune autre industrie en Amérique.

Cela a permis à Exxon et Mobil (et à toutes les sociétés ARAMCO) de payer un taux d'imposition moyen de 5%, malgré les énormes bénéfices qu'elles réalisaient. Non seulement les compagnies pétrolières escroquaient le consommateur américain, et le font encore, mais elles élaborent et mettent en œuvre la politique étrangère des États-Unis au détriment extrême du peuple américain. Ces arrangements et actions placent l'industrie pétrolière au-dessus de la loi, lui donnant une position d'où les compagnies peuvent dicter, et de facto dictent, la politique étrangère au gouvernement élu, sans aucun contrôle de nos représentants à Washington.

Les politiques des compagnies pétrolières coûtent au contribuable américain des milliards de dollars d'impôts supplémentaires et des milliards de dollars de profits excessifs à la pompe. L'industrie pétrolière, et en particulier Exxon, ne craint pas le gouvernement américain grâce au contrôle exercé par le gouvernement secret parallèle permanent de haut niveau du Council on Foreign Relations (CFR), Rockefeller est intouchable. Cela a permis à ARAMCO de vendre du pétrole à la marine française à 0,95$ par baril, alors que dans le même temps la marine américaine se voyait facturer 1,23$ par baril.

L'un des rares sénateurs à avoir osé s'attaquer au pouvoir impressionnant des Rockefeller était le sénateur Brewster. Il a révélé certaines des "conduites déloyales" de l'industrie pétrolière au cours d'audiences en 1948, accusant l'industrie de mauvaise foi "avec un désir avaricieux de réaliser d'énormes profits tout en cherchant constamment le manteau de la protection et de l'assistance des États-Unis pour préserver leurs vastes concessions,". Les Rockefeller rédigèrent un mémo signé par les plus grandes compagnies pétrolières américaines, dont l'essentiel était qu'elles n'avaient "aucune obligation particulière envers les États-Unis". L'internationalisme flagrant de

Rockefeller était enfin exposé au grand jour.

À titre d'exemple de ce qui précède, M. J. Eaton, dans un article publié par *The Oil Industry*, a déclaré : "L'industrie pétrolière est actuellement confrontée avec la question du contrôle gouvernemental". Lorsque le gouvernement américain a invité l'American Petroleum Institute à nommer trois membres d'un comité qu'il avait mis sur pied pour étudier la législation sur la conservation, le président de l'API, E.W. Clarke, a déclaré :

> "Nous ne pouvons entreprendre de nous prononcer sur, et encore moins d'accéder à, toute suggestion selon laquelle le gouvernement fédéral pourrait réglementer directement la production de pétrole brut dans plusieurs États."

L'API a fait valoir que le gouvernement fédéral n'avait pas le pouvoir de contrôler les compagnies pétrolières en vertu de l'article 1 de la Constitution des États-Unis. Le 27 mai 1927, l'API a déclaré que le gouvernement ne pouvait pas dire à l'industrie ce qu'elle devait faire, même si la défense commune et le bien-être général de la nation étaient concernés.

L'une des meilleures et des plus vastes expositions de l'industrie pétrolière est un rapport de 400 pages intitulé "The International Petroleum Cartel". Ce grand rapport a disparu de la circulation, et je crois savoir que Rockefeller et le CFR ont acheté tous les exemplaires disponibles peu après sa publication, et ont empêché l'impression de tout autre exemplaire du rapport.

Inspiré par le regretté sénateur John Sparkman et mis en place par le Professeur M. Blair, l'histoire du cartel du pétrole remonte à une conspiration qui a eu lieu au château d'Achnacarry, une réserve de pêche éloignée en Écosse. Sparkman n'a pas lésiné sur les moyens pour attaquer l'empire pétrolier de Rockefeller. Il a méticuleusement construit un dossier prouvant que les grandes compagnies pétrolières avaient conclu une conspiration pour atteindre les objectifs suivants :

1) Contrôler toute la production de pétrole dans les pays étrangers, en ce qui concerne la production, la vente et la distribution du pétrole.

2) Contrôler strictement toutes les technologies et tous les brevets liés à la production et au raffinage du pétrole.

3) Partager les pipelines et les pétroliers entre les sept sœurs.

4) Partager les marchés mondiaux entre eux seulement.

5) Agir conjointement pour maintenir des prix artificiellement élevés pour le pétrole et l'essence.

Le professeur Blair accusait notamment ARAMCO d'avoir maintenu les prix du pétrole à un niveau élevé alors qu'elle obtenait du pétrole saoudien à des prix incroyablement bas. En réponse aux accusations de Sparkman, le ministère de la Justice a commencé sa propre enquête en 1951, qui a été traitée plus tôt dans ce document.

Rien n'a changé. La guerre du Golfe est un bon exemple de "business as usual". L'occupation de la Somalie a également des connotations pétrolières. Grâce à notre tout dernier satellite-espion, le Crosse Imager, qui peut relayer des images de ce qui se trouve sous terre, des réserves très importantes de pétrole et de gaz ont été détectées en Somalie il y a environ 3 ans. Cette découverte a été gardée absolument secrète, ce qui a conduit à la mission américaine visant ostensiblement à nourrir les enfants somaliens affamés, montrée à la télévision nuit après nuit pendant 3 mois.

Une mission de sauvetage d'"enfants affamés" a été mise en scène par l'administration Bush afin de protéger les opérations de forage d'Aramco, de Phillips, de Conoco, de Cohoco et de British Petroleum, menacées par les dirigeants somaliens qui prenaient conscience qu'ils étaient sur le point d'être pillés. L'opération américaine n'avait pas grand-chose à voir avec le fait de nourrir des enfants affamés. Pourquoi les États-Unis n'ont-ils pas organisé une mission de "sauvetage" similaire en Éthiopie, où la famine est un véritable problème ? La réponse est évidemment que l'Éthiopie n'a pas de réserves pétrolières connues. Cependant, la sécurisation du port de Berbera est le principal objectif des forces américaines. Il y a une grande discorde en Russie au sujet du pétrole. Les Kurdes devront souffrir encore et encore pour le pétrole de Mossoul. Rockefeller et BP sont toujours les avides accapareurs de pétrole qu'ils ont toujours été.

V. Focus sur Israël

Peut-être plus que tout autre pays du Moyen-Orient, à l'exception de ce qu'on appelle aujourd'hui l'Arabie saoudite, la diplomatie par le mensonge a été portée à son apogée pendant les années de formation de l'État d'Israël. Comme je l'ai fait tout au long de ce livre, je me suis efforcé d'être absolument objectif en traitant du contexte de la formation d'Israël, étant donné la propension de la majorité à considérer comme "antisémite" tout ce qui est dit sur le pays.

Ce récit de la naissance de l'État d'Israël ne tient pas compte des questions religieuses, mais se base purement et simplement sur des facteurs politiques, géographiques, géopolitiques et économiques. Il est difficile d'arriver à un point de départ lorsqu'on traite de l'histoire d'un pays, mais après presque quinze ans de recherche, j'ai déterminé que le 31 octobre 1914 était le début des événements qui ont conduit à la fondation d'Israël.

L'histoire d'un pays ne peut être séparée de celle de ses voisins, et cela s'applique tout particulièrement lorsqu'il s'agit de retracer l'histoire d'Israël. Lord Horatio Kitchener, qui venait de réussir à mettre fin à la souveraineté et à l'indépendance des républiques boers en Afrique du Sud, a été envoyé au Moyen-Orient par le Comité des 300 agissant par l'intermédiaire du ministère britannique des Affaires étrangères.

Le gouvernement britannique complotait contre l'Empire turc ottoman depuis 1899 et, en 1914, il était prêt à faire sa dernière action pour faire tomber cette dynastie vieille de 400 ans. Le plan du Comité des 300 consistait à impliquer les Arabes par le biais de fausses promesses, et à utiliser les forces arabes pour faire le sale boulot de la Grande-Bretagne, comme nous l'avons vu dans le chapitre qui a montré comment le colonel Thomas Lawrence a été utilisé à cette fin.

Le premier pas dans cette direction est une rencontre entre Hussein, le grand chérif de La Mecque, bastion des Hachémites, et Lord Kitchener. Hussein se voit offrir une garantie d'indépendance en échange de son aide contre les Turcs. Les négociations complètes ont commencé en juillet 1915. Lors de ces réunions, le gouvernement britannique a assuré à plusieurs reprises au Sherif Hussein que l'immigration juive en Palestine ne serait jamais autorisée, ce qui, comme je l'ai détaillé dans les chapitres précédents, était la seule chose qui garantirait la participation d'Hussein.

Avant même que les négociations en vue de l'indépendance totale de La Mecque ne débutent, des émissaires du gouvernement britannique rencontrent secrètement des membres des familles Abdul Aziz et Wahabi pour discuter de la coopération britannique en vue d'aider ces deux familles à soumettre les cités-États d'Arabie.

La stratégie consistait à amener Hussein et ses forces militaires à aider à chasser les Turcs d'Égypte, de Palestine, de Jordanie et d'Arabie en promettant à Hussein et aux dirigeants des cités-États d'Arabie que l'immigration juive en Palestine ne serait pas autorisée. La deuxième partie de la stratégie prévoyait que les forces d'Abdul Aziz et de Wahabi (armées, entraînées et financées par la Grande-Bretagne) soumettent toutes les cités-États indépendantes d'Arabie à leur contrôle pendant que les dirigeants des cités-États et Hussein sont occupés à combattre la guerre de la Grande-Bretagne contre les Turcs.

Le plan global, proposé par Lord Kitchener, a été discuté par le gouvernement britannique le 24 juillet 1914. Mais ce n'est que le 24 octobre 1914 que le gouvernement britannique donne sa réponse. Les territoires arabes, avec certaines exceptions en Syrie, "dans lesquels la Grande-Bretagne est libre d'agir sans nuire à son allié, la France", seront respectés. Le 30 janvier 1916, la Grande-Bretagne accepte les propositions d'Hussein qui, en substance, prévoient qu'en échange de son aide, Hussein sera déclaré roi du Hedjaz et gouvernera le peuple arabe.

Le 27 juin 1916, Hussein a proclamé la création de l'État arabe et a été proclamé roi du Hedjaz le 29 octobre. Le 6 novembre 1916, la Grande-Bretagne, la France et la Russie reconnaissent Hussein comme le chef des peuples arabes et le roi du Hedjaz. Les familles Abdul Aziz et Wahabi ont-elles été dérangées par la contradiction des termes de leur accord avec la Grande-Bretagne ? Apparemment non, pour la simple raison qu'elles étaient informées à l'avance de ces développements et savaient qu'ils n'étaient rien de plus qu'une tromperie nécessaire à l'égard de Hussein.

Au cours des années 1915 et 1917, le gouvernement britannique rencontre les dirigeants du Congrès sioniste mondial afin de déterminer la meilleure façon de mettre en œuvre l'immigration juive en Palestine prévue de longue date. Un accord est conclu pour envoyer des agents du MI6 en Arabie afin d'aider à former les armées d'Abdul Aziz et de Wahabi.

La Grande-Bretagne, la France et la Russie ont tenu une réunion secrète le 26 avril 1916, convenant que la Palestine serait placée sous administration internationale. Aucun Arabe n'a été informé, bien que les documents du ministère britannique des Affaires étrangères laissent entendre que les dirigeants du Congrès sioniste mondial ont été informés de la réunion et de son objectif.

Auparavant, en mars 1915, la France et la Grande-Bretagne avaient également promis Constantinople aux Russes. En retour, la Russie accepte de reconnaître l'indépendance des États arabes. La Grande-Bretagne contrôlerait Haïfa. La France obtiendrait la Syrie. La Russie obtiendrait l'Arménie et le Kurdistan (le pétrole n'était pas encore un facteur). Ce qui est étonnant, c'est que pas une seule fois les habitants de ces terres n'ont été informés. La façon dont les gouvernements ont pu négocier des terres qui ne leur appartenaient pas témoigne de l'énorme pouvoir exercé par les sociétés secrètes sous le contrôle du Comité des 300.

Cet accord perpétuel, connu sous le nom d'accord Sykes-Picot, a été conclu entre la Grande-Bretagne et la France le 9 mai 1916.

Toutes les zones d'influence au Moyen-Orient ont été spécifiquement définies, même lorsque les États arabes étaient ostensiblement reconnus comme "indépendants". Le moyen de contrôle était ici les sociétés secrètes, en particulier une loge franc-maçonne présente à Salonique.

Ignorant ce qui avait été arrangé, le colonel Lawrence ("Lawrence d'Arabie"), agent du MI6, a mené les forces arabes du shérif Hussein à une succession de victoires spectaculaires, pour finalement s'emparer de la ligne ferroviaire clé du Hijaz et forcer les Turcs à battre en retraite. L'élément clé pour persuader les Arabes d'attaquer les Turcs (tous deux étaient des nations islamiques) était la déclaration britannique selon laquelle l'Empire ottoman s'était lié d'amitié avec les Juifs expulsés d'Espagne par Ferdinand et Isabelle en 1492 et avait fait de Constantinople un refuge pour les Juifs. Les négociateurs britanniques (agents du MI6) ont dit à Hussein que cela garantissait que les dirigeants de Constantinople verraient d'un bon œil l'immigration juive en Palestine, qui était sous contrôle turc.

Affectueusement surnommé "Orrenz" par ses soldats arabes, admiré et idolâtré, il était impossible pour le colonel Lawrence d'accepter la grossière trahison d'Hussein et de son armée. Lorsqu'il est devenu évident que les Juifs étaient autorisés à entrer en Palestine en grand nombre, Lawrence a été assassiné pour l'empêcher de révéler les machinations du gouvernement britannique. Les archives du ministère de la Guerre britannique montrent que Lawrence a reçu des garanties personnelles du général Edmund Allenby, commandant des forces britanniques au Moyen-Orient, que l'immigration juive en Palestine ne serait autorisée en aucune circonstance.

Revenons maintenant à la déclaration Balfour, un document remarquable en ce sens qu'il n'a été ni rédigé ni signé par le Premier ministre britannique Arthur Balfour, mais par Lord Rothschild, en tant que chef de la branche britannique de la Fédération sioniste mondiale. La Grande-Bretagne a promis aux Juifs des terres en Palestine qui appartenaient en réalité aux

Arabes, en violation de la promesse faite au Sherif Hussein et des promesses solennelles faites au colonel Lawrence par le général Allenby.

Ce qui est plus frappant, c'est que bien que Lord Rothschild ne soit pas membre du gouvernement britannique, ses propositions pour la Palestine ont été acceptées par la Société des Nations le 25 avril 1920 en tant que document officiel du gouvernement britannique. La Société des Nations a accepté la Déclaration Balfour et a donné un mandat à la Grande-Bretagne pour administrer la Palestine et la Transjordanie. La seule modification apportée était qu'un foyer national juif ne serait pas établi en Transjordanie, ce que, de toute façon, les sionistes ne voulaient pas.

Une fois les Turcs vaincus par les forces arabes sous le commandement de Lawrence, et plus tard les Arabes sous Hussein, vaincus par les armées d'Abdul Aziz formées et équipées par les Britanniques, la voie était libre pour que l'immigration juive en Palestine commence sérieusement. Les dispositions sont confirmées lors d'une conférence des Premiers ministres alliés qui se tient à San Remo, en Italie, le 18 avril 1920. Aucun délégué arabe n'a été invité. En mai 1921, de graves émeutes anti-juives éclatent en Palestine en raison de l'afflux soudain d'immigrants juifs et du grand nombre d'enfants juifs au sein des établissements qui se développent dans la ville.

Sir Herbert Samuel, haut-commissaire britannique pour la Palestine, est tenté de nommer un conseil législatif, mais les Arabes n'en veulent pas. Les troubles se poursuivent à partir de 1921, et une dispute au mur des Lamentations en 1929 éclate et dégénère rapidement en attaques à grande échelle contre les Juifs, dont 50 sont tués.

Un rapport du gouvernement britannique publié en mars 1931 attribue la cause des émeutes à "la haine arabe des Juifs et à la déception des espoirs arabes d'indépendance". Le gouvernement britannique a alors publié un décret restreignant l'immigration juive, ce qui a conduit à une grève juive qui a provoqué de larges perturbations en Palestine.

Les documents du ministère britannique des Affaires étrangères indiquent qu'en juin 1931, "des plaintes ont été déposées auprès de la Commission des hommes de la Société des Nations, qui a imputé les problèmes à une force de sécurité inadéquate". Bien que les documents n'indiquent pas qui est à l'origine de ces plaintes, les notations dans les marges de ces documents pointent vers Lord Rothschild.

Suite à la pression de la Société des Nations, le gouvernement britannique a nommé Sir John Hope-Simpson pour suivre et rendre compte de l'agitation en Palestine. Son rapport, connu sous le nom de Livre blanc Passfield, a été présenté au Parlement en 1930. Le livre blanc souligne la situation critique des Arabes sans terre et leur désir croissant de posséder des terres. Il préconise fortement d'interdire aux Juifs d'acquérir davantage de terres si des Arabes sont sans terre et d'arrêter l'immigration juive tant que des Arabes sont au chômage.

La confiance des Juifs étant fortement ébranlée, le Congrès sioniste mondial passe à l'offensive et impose un débat au Parlement sur le papier Passfield. Selon le *London Times* de novembre 1930, les débats au Parlement sont "houleux et acrimonieux". Après deux ans de pression intense sur le gouvernement britannique, la Fédération sioniste mondiale réussit à obtenir un assouplissement des restrictions sur le nombre de Juifs autorisés à entrer en Palestine.

En 1933, Sir Arthur Wauchope, haut-commissaire britannique, a rejeté la demande arabe exigeant que la vente de terres arabes aux Juifs soit déclarée illégale et que l'immigration juive soit arrêtée. À ce moment-là, on parle de la guerre en Europe et on rapporte quotidiennement que les Juifs sont persécutés en Allemagne. Cette situation joue contre les Arabes. Les sionistes organisent des protestations et des émeutes à grande échelle contre la restriction de l'immigration, et les journaux de Londres rendent compte de leurs activités de manière défavorable. Cependant, cela ne fait guère avancer la cause du peuple palestinien.

En 1935, la raison pour laquelle la Grande-Bretagne avait exigé le contrôle de Haïfa est devenue évidente avec l'ouverture de l'oléoduc Mossoul-Haïfa. En avril 1936, le Haut Comité arabe unit l'opposition arabe aux Juifs en Palestine, et une quasi-guerre civile éclate. Le gouvernement britannique réagit en envoyant des troupes supplémentaires et nomme une commission chargée d'enquêter sur les causes de l'agitation. Les Arabes boycottent la commission,

> "parce que les Britanniques savent déjà quel est le problème, mais se cachent derrière des commissions et ne font rien pour enrayer les causes."

La Commission Peel a recueilli des témoignages en Palestine en 1936 et, juste avant son départ pour Londres en janvier 1937, a entendu une délégation arabe qui avait auparavant boycotté les réunions de la commission. Le 8 juillet 1937, le rapport de la Commission Peel est rendu public. Il porte un coup dévastateur aux aspirations juives, affirmant sans ambages que Juifs et Arabes ne peuvent pas vivre ensemble, et recommande que la Palestine soit divisée en trois États :

(a)   Un État juif qui occuperait environ un tiers du territoire. Dans celui-ci résideraient 200 000 Arabes, la terre étant détenue par les Arabes.

(b)   Un territoire sous mandat britannique comprenant une bande de terre allant de Jaffa à Jérusalem, le long de la voie ferrée. Il comprendrait Bethléem et Jérusalem.

(c)   Le reste du territoire sera un État arabe uni au Transjordanie.

Le rapport de la Commission Peel est adopté par la Fédération sioniste mondiale, mais il est dénoncé par le monde arabe et plusieurs pays européens, notamment la France. Les recommandations de la Commission Peel ont été adoptées par la Société des Nations le 23 août 1937.

L'assassinat du haut-commissaire Yelland Andrew, le 2 août 1937, est attribué aux sionistes. Selon les Palestiniens et les Arabes, il a été organisé pour susciter la haine du peuple britannique envers les Arabes. En 1937, les batailles rangées entre Juifs et Arabes prennent l'allure d'une guerre totale.

Cela a conduit à l'ajournement des recommandations de la Commission Peel et à la nomination d'une nouvelle commission sous la direction de Sir John Woodhead. Il est important de savoir que les tactiques du gouvernement britannique menaient à un seul objectif, l'abandon total de la cause arabe en Palestine. Les documents secrets du MI6 de l'époque n'ont pas été divulgués, même au parlement britannique. Ils suggéraient que le "problème palestinien" était impossible à résoudre, et donnaient des suggestions de dissimulation pour prévenir d'autres troubles arabes. Lorsque les dirigeants arabes parlaient du problème comme étant un "problème sioniste", Lord Rothschild donnait des ordres à la presse britannique pour que le problème soit toujours exprimé comme un "problème palestinien".

Un horrible massacre de 20 Juifs a lieu à Tibériade et les forces arabes s'emparent de Bethléem et de la vieille ville de Jérusalem ; les deux villes ne sont reprises par les troupes britanniques qu'avec beaucoup de difficultés. Les documents du ministère britannique des Affaires étrangères, sans exprimer clairement une opinion, semblent néanmoins indiquer que les attaques contre les villes et les villages et les meurtres de Juifs sont l'œuvre d'agents provocateurs qui ne souhaitent pas que l'on parvienne à un accord permettant une plus grande immigration juive.

Le rapport de la Commission Woodhead, exprimant l'opinion que le partage de la Palestine n'est pas une solution pratique, est publié en novembre 1938. Il appelle à une conférence immédiate des Arabes et des Juifs. Les pourparlers ont commencé à Londres en février 1939, mais l'impasse n'a pas été résolue et la réunion a été dissoute un mois plus tard sans qu'aucun résultat n'ait été obtenu.

Puis, le 17 mai 1939, le gouvernement britannique a annoncé un nouveau plan qui prévoyait un État palestinien indépendant pour 1949. Elle aurait une relation conventionnelle avec la Grande-Bretagne ; les Arabes et les Juifs devaient se partager le gouvernement "de manière à garantir que les intérêts essentiels de chaque communauté soient sauvegardés", selon le rapport.

Le plan prévoyait l'arrêt de l'immigration juive pendant cinq ans, à moins que les Arabes n'acceptent de la laisser se poursuivre, mais, dans tous les cas, en 1949, 75 000 Juifs devaient être autorisés à entrer dans le pays. L'objectif du gouvernement britannique était de faire en sorte que les Juifs représentent environ un tiers de la population. Le transfert de terres arabes aux Juifs doit être interdit.

Le plan est approuvé par le Parlement britannique, mais violemment dénoncé par le Congrès sioniste mondial et les dirigeants juifs américains. Les Palestiniens rejettent également le plan, et des combats entre Juifs et Arabes éclatent dans tout le pays. Mais la Palestine passe au second plan quelques mois plus tard, lorsque la Grande-Bretagne déclare la guerre à l'Allemagne et reçoit rapidement le soutien du Congrès sioniste mondial.

Une fois que la Grande-Bretagne a déclaré la guerre à l'Allemagne, un flot de réfugiés juifs d'Europe s'est dirigé vers la Palestine et, en mai 1942, une conférence de sionistes américains a adopté le programme Biltmore, qui rejetait le plan Woodhead modifié, lequel réclamait une Palestine indépendante, et exigeait à sa place un État juif, avec une armée juive et une identité juive distincte.

Trois ans plus tard, le Congrès sioniste mondial a demandé qu'un million de Juifs soient admis en Palestine en tant que réfugiés de l'Europe déchirée par la guerre. L'Égypte et la Syrie ont averti le président Truman en octobre 1945 que la guerre suivrait les tentatives de création d'un État juif en Palestine. En juillet 1946, la pression sioniste est à son comble et culmine avec le bombardement de l'hôtel King David à Jérusalem, qui fait 91 victimes. Le rapport des Nations Unies indique que l'attentat est l'œuvre de terroristes de l'Irgoun. Les Arabes accusent les États-Unis et la Grande-Bretagne d'avoir armé et entraîné l'Irgoun et la Haganah en vue de la création d'une armée israélienne.

Les Britanniques ont abandonné la Palestine en février 1947 et l'ont remise aux Nations Unies, ce qui était leur façon d'admettre qu'ils avaient trahi Lawrence et les Arabes, et de renoncer finalement à leurs responsabilités envers la Palestine. Ce faisant, ils ont abandonné leur propre accord pour tenir la ligne jusqu'en 1949. L'Assemblée générale de l'ONU a voté la partition de la Palestine le 29 novembre 1946. Il devait y avoir un État juif et un État arabe, avec Jérusalem sous la tutelle de l'ONU. Le vote est approuvé par le Congrès sioniste mondial, mais rejeté par les États arabes et la Palestine.

Le Conseil de la Ligue arabe annonce en décembre 1947 qu'il s'opposera à la partition du pays par la force, et commence à attaquer les communautés juives dans toute la Palestine. 1948 voit la montée en puissance des contre-forces Irgoun et Haganah, formées par le MI6 et armées par les Américains. La terreur règne et des centaines de milliers d'Arabes quittent leurs terres. Dans un ultime acte de trahison et d'abdication de ses responsabilités envers les Arabes, le dernier des 30 000 soldats britanniques est retiré.

Le 14 mai 1948, au mépris des résolutions de l'ONU, le leader sioniste David Ben Gourion annonce la création d'un gouvernement juif provisoire pour l'État d'Israël. Les Nations Unies, ne voulant ou ne pouvant pas arrêter Ben Gourion, laissent la déclaration en vigueur. Le 16 mai, les États-Unis et la Russie reconnaissent tous deux le gouvernement Ben Gourion nouvellement formé, balayant les cris de trahison émanant des Palestiniens, de toutes les nations arabes et d'au moins huit gouvernements européens.

Plus tard au cours du même mois, la Ligue arabe déclare la guerre à l'État d'Israël nouvellement créé. Les forces israéliennes, équipées et armées illégalement non pas par les Britanniques, mais par des fournitures militaires américaines provenant de stocks destinés aux forces américaines en Europe, prennent le dessus. Le comte Folke Bernadotte, médiateur de l'ONU, est assassiné par des terroristes de l'Irgoun le 17 septembre alors qu'il tentait d'instaurer une trêve. Cela a finalement conduit à ce que l'ONU négocie un armistice et un arrêt temporaire des hostilités. Bernadotte est accusé de favoriser la cause arabe, bien que le dossier montre qu'il a essayé d'être neutre.

Israël a rejoint les Nations Unies en mai 1949 et a été reconnu par les États-Unis, la Grande-Bretagne, l'URSS et la France. Les pays arabes ont protesté auprès des Nations Unies et reprochent à la Grande-Bretagne, à la France et aux États-Unis d'avoir aidé Israël à ouvrir un pipeline reliant la mer de Galilée au désert du Néguev, ce qui a permis d'irriguer largement les colonies et l'agriculture juives au prix d'un prélèvement unilatéral des eaux du Jourdain aux dépens de la population arabe. Les Arabes n'ont pas été consultés au sujet de ce vaste projet visant à "faire fleurir le désert" et l'ont considéré comme une violation de l'accord de mai 1939 qui prévoyait d'administrer le pays "de manière à garantir la sauvegarde des intérêts de chaque communauté".

Le 9 mai 1956, le secrétaire d'État John Foster Dulles, membre de l'une des 13 familles les plus importantes des Illuminati américains, s'est présenté devant le Congrès pour faire valoir son point de vue, expliquant que les États-Unis ne fourniraient pas d'armes à Israël parce qu'ils voulaient éviter une guerre par procuration entre les États-Unis et l'URSS. Le fait qu'Israël était déjà entièrement armé et équipé par les États-Unis n'a pas été mis en avant. Ce que la déclaration de Dulles a accompli, c'est de donner une raison à l'URSS d'arrêter les livraisons d'armes aux nations arabes sur la base de la position américaine de "neutralité". À ce moment-là, il y avait un déséquilibre flagrant des armes en faveur d'Israël.

Un autre point à noter dans ce jeu de dupes est qu'en dépit de sa prétendue amitié avec les pays arabes, en réponse à une initiative américaine en 1956, l'Union soviétique a signé un accord secret qui prévoyait d'accroître les fournitures de pétrole à Israël, craignant qu'un embargo pétrolier arabe ne nuise aux capacités de défense d'Israël.

Dulles, dans un autre changement d'attitude, dit aux membres du Congrès de contourner les restrictions en offrant une aide à toute nation du Moyen-Orient qui le souhaite. Le 9 mars 1957, une résolution conjointe du Congrès habilite le président à utiliser jusqu'à 200 millions de dollars pour fournir une aide économique et militaire à tout pays du Moyen-Orient qui le souhaite. Selon la doctrine Eisenhower, cette mesure était censée "garantir l'intérêt vital des États-Unis pour l'intégrité et l'indépendance de tous les pays du Moyen-Orient".

Le président Eisenhower s'est embarqué dans ce qu'on a appelé "une tournée de bonne volonté" en décembre 1959, qui s'est déroulée dans plusieurs pays arabes, dont la Tunisie et le Maroc. Ces deux pays arabes ont par la suite tenté d'atténuer la résistance arabe à Israël, efforts qui, cependant, n'ont été que partiellement couronnés de succès, tout comme la tournée d'Eisenhower. La Syrie, en particulier, a condamné la tournée comme "une tentative de dissimuler le soutien inconditionnel des États-Unis à Israël".

Au cours des dix années suivantes, l'armement des Arabes et des Israéliens ne cesse de croître jusqu'à ce que la guerre éclate à nouveau. Les forces israéliennes s'emparent de Jérusalem et refusent de remettre la ville sous le contrôle de l'ONU, malgré plusieurs résolutions du Conseil de sécurité demandant au gouvernement d'Israël de s'y conformer. Dans un geste transparent, le 10 juin 1967, l'Union soviétique annonce qu'elle rompt ses relations diplomatiques avec Israël, sans pour autant annuler un accord conclu en 1956 qui avait permis d'augmenter les livraisons de pétrole à Israël. Comme le soulignent les deux principaux journaux français, si l'URSS avait été sincère dans son opposition à Israël, elle aurait pu opposer son veto à l'adhésion d'Israël aux Nations Unies, mais elle ne l'a pas fait.

En rompant les relations diplomatiques avec Israël, les Soviétiques ont ouvert la voie aux États-Unis pour fournir à Israël 50 chasseurs à réaction F-4 Phantom. La colère du président Charles de Gaulle est telle qu'il signe un décret interdisant toute nouvelle aide financière ou militaire de la France à Israël. Ce décret est appliqué de manière stricte pendant environ deux ans.

Le Conseil de sécurité de l'ONU s'est réuni le 3 juillet 1969 et a censuré dans les termes les plus forts l'occupation continue de Jérusalem par Israël et a déploré le non-respect par Israël des résolutions précédentes qui exigeaient son retrait de la ville. Selon un ancien membre de l'assemblée générale du Pakistan, "la délégation israélienne n'était pas du tout perturbée, ayant rencontré plus tôt dans la journée l'ambassadeur américain aux Nations Unies, qui a donné aux délégués israéliens l'assurance absolue que la résolution "n'a pas de dents" et que "toute tentative active de punir Israël sera bloquée par les États-Unis et le Conseil de sécurité". Mais lorsque le Conseil de sécurité s'est réuni, les États-Unis se sont joints à la condamnation d'Israël. C'est de cela qu'il s'agit.

Pour clore ce chapitre, il semble approprié de donner un résumé de la trahison diplomatique de la Grande-Bretagne envers son allié arabe, le Chérif Hussein de la Mecque :

> ➢ En **août 192**0, Ibn Saud ben Abdul Aziz a conquis et annexé Asir.

> ➢ Le **2 novembre 1921**, Ibn Saud s'empare de Hali, mettant fin à l'ancienne dynastie des Rashid.

> ➢ En **juillet 1922**, Ibn Saoud envahit Jauf et met fin à l'ancienne dynastie Shalan.

> ➢ Le **24 août 1924**, les Wahabis et Ibn Saud attaquent Taif, dans le Hedjaz, et l'envahissent le 5 septembre.

> ➢ Le **13 octobre 1924**, Ibn Saud prend la Mecque. Le Chérif Hussein et son fils, Ali, sont contraints de fuir. C'est ainsi que l'Arabie saoudite usurpe la ville sainte, un acte qui reste, à ce jour, profondément ressenti par des millions de musulmans en Iran, en Irak et ailleurs. Sans l'aide des Britanniques, Ibn Saoud n'aurait pas été en mesure de soumettre La Mecque. La structure oligarchique britannique avait depuis longtemps exprimé sa haine du prophète Mahomet et a sans doute tiré une grande satisfaction de la victoire des Saoud.

> ➢ Entre **janvier et juin 1925**, les wahhabites ont assiégé la ville-état de Djeddah.

> ➢ Le **5 décembre 1925**, Médine se rend à Ibn Saoud et le 19 décembre, le Chérif Ali, fils d'Hussein, est contraint d'abdiquer.

> Le **8 janvier 1926**, Ibn Saud est proclamé roi du Hedjaz et sultan du Nejd.

> Le **20 mai 1927**, les familles Abdul Aziz et Wahabi, représentées par Ibn Saud, signent un traité avec la Grande-Bretagne, qui reconnaît l'indépendance totale de tous les territoires détenus par les deux familles et leur permet de s'appeler Arabie Saoudite.

Sans l'aide des États-nations arabes sous Hussein, et sans la conquête des villes-états arabes par les familles Wahabi et Abdul Aziz, les Turcs n'auraient pas été chassés d'Égypte et de Palestine, et l'immigration juive dans ce pays aurait été strictement réduite, voire stoppée complètement. Comme l'a déclaré le président syrien Hafez el Assad en 1973,

> "les Britanniques ont planté un poignard sioniste dans le cœur des nations arabes."

Les amis de feu Lawrence disent que son fantôme se promène dans les couloirs de Whitehall, incapable de trouver la paix à cause de la manière dont il a réussi à saper la promesse ferme qu'il avait faite aux armées arabes de Sherif Hussein, et à cause de sa culpabilité dans l'acceptation des fausses promesses d'Allenby et de Whitehall selon lesquelles l'immigration juive en Palestine ne serait pas autorisée.

VI. Tavistock et la "recherche opérationnelle" : une guerre non déclarée

L e fondateur de l'Institut Tavistock pour les relations humaines, John Rawlings Reese, devait mettre au point un système permettant de subvertir puis de contrôler la pensée des êtres humains afin qu'ils puissent être canalisés dans la direction souhaitée par le Comité des 300, également connu sous le nom d'Olympiens. Il faut dire que pour ce faire, il faut introduire une mentalité automatisée dans la majeure partie de la population visée. Il s'agit d'un objectif qui a des implications très importantes au niveau national et international.

Le résultat final des objectifs de Reese était et reste le contrôle de toute vie humaine ; sa destruction lorsqu'elle est jugée souhaitable, que ce soit par un génocide de masse ou un esclavage de masse. Nous sommes témoins des deux aujourd'hui. L'un est le plan génocidaire Global 2000, qui prévoit la mort de plus de 500 millions de personnes d'ici 2010 ; l'autre est l'esclavage par des moyens économiques. Les deux systèmes sont pleinement opérationnels et fonctionnent côte à côte dans l'Amérique d'aujourd'hui.

Reese a commencé ses expériences sur Tavistock en 1921 ; il lui est vite apparu que son système pouvait être appliqué tant au niveau national que militaire. Reese affirmait que la solution aux problèmes qu'il prévoyait nécessitait une approche impitoyable, sans se soucier des valeurs religieuses ou morales. Il a par la suite ajouté un autre domaine à sa liste, celui du nationalisme.

Reese est connu pour avoir étudié les travaux des Neuf Hommes Inconnus, évoqués en 1860 par l'écrivain français Jacolliot. Parmi les remarques de Jacolliot, on peut citer le fait que les Neuf

Hommes Inconnus connaissaient la libération de l'énergie, la stérilisation par radiation, la propagande et la guerre psychologique, toutes choses absolument inédites en ce siècle. Jacolliot a déclaré que la technique de la guerre psychologique était "la" technique la plus efficace et la plus dangereuse de toutes les sciences, pour façonner l'opinion des masses, car elle permettrait à quiconque de gouverner le monde entier." Cette déclaration a été faite en 1860.

Lorsqu'il est devenu évident que les politiciens britanniques étaient déterminés à résoudre les problèmes économiques du pays par une nouvelle guerre, Reese a reçu 80 000 recrues de l'armée britannique à utiliser comme cobayes. Operation Research est le nom donné à son projet, qui vise essentiellement à développer une méthodologie (logistique) de gestion militaire permettant d'utiliser au mieux les ressources militaires limitées — systèmes de défense maritime, aérienne et terrestre — contre les ennemis étrangers de la Grande-Bretagne.

Ainsi, le programme initial était un programme de gestion militaire, mais en 1946, Reese avait développé la recherche opérationnelle au point qu'elle pouvait être appliquée comme un programme de gestion civile. Reese était "arrivé", dans la mesure où l'ingénierie sociale était concernée, mais son travail est dissimulé dans des dossiers top secret au Tavistock Institute. Techniquement, le manuel de Reese du Tavistock, dont j'ai un exemplaire, est une véritable déclaration de guerre contre la population civile de tout pays ciblé. Reese a déclaré qu'il fallait comprendre que "chaque fois qu'un gouvernement, des groupes, des personnes en position de pouvoir" utilisent ses méthodes sans le consentement du peuple, il est entendu par ces gouvernements ou groupes de personnes que la conquête est le motif, et qu'une guerre civile de plus ou moins faible intensité existe entre eux et le public.

Reese a découvert que l'ingénierie sociale s'accompagne d'un besoin accru d'informations pouvant être rapidement collectées et corrélées. L'une des premières déclarations attribuées à Reese était la nécessité de devancer la société et de prédire ses mouvements par l'ingénierie des situations. La découverte de la programmation linéaire par George B. Danzig en 1947 a constitué une grande avancée pour Reese et ses bricoleurs sociaux. Cela s'est produit à un moment où Reese était engagé dans une guerre avec la nation américaine, une guerre qui se poursuit encore, et qui a été grandement facilitée par l'invention du transistor par Bardeen, Brittain et Shockley en 1948.

C'est alors qu'interviennent les Rockefeller, qui accordent une énorme subvention à Tavistock pour permettre à Reese de poursuivre une étude de l'économie américaine, en utilisant les méthodes de la recherche opérationnelle. Simultanément, la Fondation Rockefeller a accordé à l'université de Harvard une subvention de quatre ans pour créer son propre modèle économique américain. Nous sommes en 1949, et Harvard va de l'avant avec son propre modèle économique, basé sur celui de Tavistock.

La seule condition posée par Reese pour sa coopération avec Harvard était que les méthodes de Tavistock soient suivies tout au long du projet. Elles étaient basées sur l'étude Prudential Assurance Bombing Survey, qui a conduit au bombardement par saturation des logements des travailleurs allemands comme moyen de faire capituler la machine de guerre allemande. Ces méthodes étaient désormais prêtes à être appliquées dans un contexte civil.

Reese a étudié en détail l'entrée de l'Amérique dans la Première Guerre mondiale, qu'il considère comme le début du XXème siècle. Reese s'est rendu compte que pour que l'Amérique se sépare du soi-disant "isolationnisme", la pensée américaine devait être radicalement modifiée. En 1916, Woodrow Wilson avait entraîné l'Amérique dans les affaires européennes avec des politiques corrompues et corruptrices. Wilson a envoyé des forces américaines se battre sur les champs de bataille européens, en dépit des avertissements émis par les Pères fondateurs, qui demandaient de ne pas s'immiscer dans les affaires étrangères. Le Comité des 300 est déterminé à maintenir les États-Unis dans les affaires européennes et mondiales pour toujours.

Wilson n'a pas changé l'Europe, mais l'Europe a changé l'Amérique. Le bannissement de la politique du pouvoir, ce que Wilson pensait pouvoir faire, n'était pas possible, car le pouvoir est politique et la politique est un pouvoir économique. Il en est ainsi depuis les premiers enregistrements de l'histoire de la politique : ceux des cités-États de Sumer et d'Akkad il y a 5000 ans, jusqu'à Hitler et l'URSS. L'économie n'est qu'une extension d'un système énergétique naturel, mais les élites ont toujours dit que ce système appartient à leur contrôle.

Pour qu'une économie soit sous le contrôle d'une élite, il faut qu'elle soit prévisible et totalement manipulable. C'est ce que le modèle de Harvard a entrepris d'accomplir, en s'appuyant sur la dynamique sociale de la recherche opérationnelle de Reese. Reese avait découvert que pour obtenir une prévisibilité totale des groupes de population, les éléments de la société devaient être contrôlés sous le joug de l'esclavage, et dépossédés des moyens de découvrir leur situation difficile, de sorte que ne sachant pas comment s'unir ou se défendre ensemble, ils ne sauraient pas vers qui se tourner pour obtenir de l'aide.

On peut constater que la méthodologie de Tavistock est à l'œuvre partout aux États-Unis. Les gens, ne sachant pas vers qui se tourner pour comprendre la situation difficile dans laquelle ils se trouvent, se tournent vers le pire endroit de tous pour obtenir une aide supposée : le gouvernement. Le projet de recherche économique de Harvard, qui a débuté en 1948, a incarné tous les principes de Reese, qui, à leur tour, sont issus de l'enquête sur les bombardements de Prudential et de la recherche opérationnelle. En unissant leurs forces, les élites ont estimé qu'un moyen de contrôler l'économie et la population d'une nation était désormais disponible avec l'arrivée de l'ère informatique — à la fois une bénédiction et une terrible malédiction pour l'humanité.

Toute science n'est qu'un moyen pour atteindre une fin, et l'homme est la connaissance (l'information), qui se termine par le contrôle. Les bénéficiaires de ce contrôle ont été décidés par le Comité des 300 et ses prédécesseurs il y a 300 ans. La guerre menée contre le peuple américain par Tavistock a maintenant

47 ans et ne montre aucun signe de relâchement. L'énergie étant la clé de toute vie sur cette planète, le Comité a pris le contrôle de la plupart des ressources énergétiques grâce à des méthodes de diplomatie par le mensonge et par la force.

Le Comité, par la tromperie et la dissimulation, a également pris le contrôle de l'énergie sociale, qui s'exprime en termes économiques. Si le citoyen ordinaire pouvait être maintenu dans l'ignorance des méthodes économiques réelles de la comptabilité, alors les citoyens seraient condamnés à mener une vie d'esclavage économique. C'est ce qui s'est passé. Nous, le peuple, avons donné notre consentement aux contrôleurs économiques de nos vies et sommes devenus les esclaves de l'élite. Comme l'a dit un jour Reese, les gens qui n'utilisent pas leur intelligence n'ont pas de meilleurs droits que les animaux muets qui n'ont pas d'intelligence du tout. L'esclavage économique est essentiel si l'on veut maintenir le bon ordre et que la classe dirigeante puisse profiter des fruits produits par le travail des esclaves.

Reese et son équipe de spécialistes des sciences sociales et d'ingénieurs sociaux ont travaillé sur le public américain en apprenant d'abord, puis en comprenant, et enfin en attaquant, l'énergie sociale (l'économie), l'environnement mental et les faiblesses physiques de la nation. Plus tôt, j'ai dit que l'ordinateur est à la fois une bénédiction et une malédiction pour l'humanité. Du côté positif, il y a de nombreux économistes émergents qui, grâce à l'utilisation des ordinateurs, commencent à se rendre compte que le modèle de Harvard est un plan d'esclavage économique.

Si cette nouvelle race de programmateurs économiques peut faire passer son message au peuple américain assez rapidement, le Nouvel Ordre Mondial (d'esclavage) peut encore être arrêté. C'est là que joue un si grand rôle en subvertissant par les médias, l'éducation et en influençant notre façon de penser en nous distrayant avec des questions sans importance, alors que les questions vraiment cruciales sont passées sous silence. Lors d'une importante réunion d'étude politique ordonnée par le

Comité des 300 en 1954, il a été clairement indiqué aux experts économiques, aux hauts fonctionnaires, aux banquiers et aux dirigeants du commerce et de l'industrie que la guerre contre le peuple américain devait être intensifiée.

Robert McNamara a été l'un de ceux qui ont déclaré que, parce que la paix et le bon ordre étaient menacés par une population hors de contrôle, la richesse de la nation devait être retirée aux masses indisciplinées et confiée au contrôle d'une minorité autodisciplinée. McNamara a attaqué sauvagement la surpopulation qui, selon lui, menaçait de changer le monde dans lequel nous vivons et de le rendre ingouvernable :

"Nous pouvons commencer par les problèmes les plus critiques de la croissance démographique. Comme je l'ai souligné ailleurs, à part la guerre nucléaire elle-même, c'est le problème le plus grave auquel le monde sera confronté dans les décennies à venir. Si les tendances actuelles se poursuivent, le monde dans son ensemble n'atteindra pas le niveau de fécondité de remplacement — en fait une moyenne de deux enfants par famille — avant l'année 2020 environ. Cela signifie que la population mondiale se stabiliserait finalement à environ 10 milliards d'habitants, contre 4,3 milliards aujourd'hui.

"Nous la qualifions de stabilisée, mais quel type de stabilité serait possible ? Pouvons-nous supposer que les niveaux de pauvreté, de faim, de stress, d'entassement et de frustration qu'une telle situation pourrait engendrer dans les pays en développement — qui compteraient alors 9 êtres humains sur 10 sur terre — seraient susceptibles d'assurer la stabilité sociale ? Ou, d'ailleurs, la stabilité militaire ?

"Ce n'est pas un monde dans lequel aucun d'entre nous ne voudrait vivre. Un tel monde est-il inévitable ? Non, mais il n'y a que deux façons d'éviter un monde de 10 milliards d'habitants. Soit le taux de natalité actuel doit baisser plus rapidement, soit le taux de mortalité actuel doit augmenter. Il n'y a pas d'autre solution.

"Il y a, bien sûr, de nombreuses façons d'augmenter les taux de mortalité. Dans une ère thermonucléaire, la guerre peut l'accomplir de manière très rapide et décisive. La famine et la maladie sont les anciens freins de la nature à la croissance de la population, et ni l'une ni l'autre n'a disparu de la scène."

En 1979, McNamara a répété son message aux principaux banquiers du monde entier, et Thomas Enders, un haut fonctionnaire du département d'État, a fait la déclaration suivante

"Un seul thème sous-tend l'ensemble de notre travail. Nous devons réduire la croissance démographique. Soit ils le font à notre manière, par des méthodes gentilles et propres, soit ils auront le genre de désordre que nous avons au Salvador, en Iran ou à Beyrouth. Une fois que la croissance démographique est hors de contrôle, il faut un gouvernement autoritaire, voire fasciste, pour la réduire. La guerre civile peut aider, mais il faudrait qu'elle soit très étendue. Pour réduire rapidement la population, il faut entraîner tous les mâles dans les combats et tuer un nombre important de femmes fertiles en âge de procréer."

La solution au problème d'un monde dans lequel l'élite ne voudrait pas vivre est le génocide de masse. Le Club de Rome a reçu l'ordre de produire un plan qui éliminerait 500 millions de personnes en excès de population. Le plan a été appelé Global 2000, et il a été activé en répandant le virus du SIDA en Afrique et au Brésil. Global 2000 a été officiellement accepté comme politique américaine par le président James Carter.

Les membres de la conférence ont convenu que

"l'élément de basse classe de la société doit être mis sous un contrôle total, formé et assigné à des fonctions à un âge précoce, ce qui peut être accompli par la qualité de l'éducation, qui doit être la plus pauvre des pauvres. Les classes inférieures doivent être formées pour accepter leur position, bien avant qu'elles aient l'occasion de la contester."

"Techniquement, les enfants doivent être 'orphelins' dans des crèches sous contrôle gouvernemental. Avec un tel handicap initial, les classes inférieures n'auront que peu d'espoir de s'éloigner des positions qui leur sont assignées dans la vie. La forme d'esclavage à laquelle nous pensons est essentielle au bon ordre social, à la paix et à la tranquillité.

"Nous avons les moyens de nous attaquer à la vitalité, aux options et à la mobilité des individus de la société en connaissant, grâce à notre scientifique social, leurs sources d'énergie sociale (revenus), en les comprenant, en les manipulant et en s'attaquant à elles, et donc à leurs forces et faiblesses physiques, mentales et émotionnelles. Le grand public refuse d'améliorer sa propre mentalité. Il est devenu un troupeau de barbares proliférants, et une plaie sur la surface de la Terre.

"En mesurant les habitudes économiques par lesquelles les moutons tentent de fuir leurs problèmes et d'échapper à la réalité par le biais du divertissement, il est absolument possible, en appliquant les méthodes de la recherche opérationnelle, de prédire les combinaisons probables de chocs (événements créés) qui sont nécessaires pour assurer le contrôle et l'assujettissement complets de la population en subvertissant l'économie. La stratégie comprend l'utilisation d'amplificateurs (publicité), et lorsque nous parlons à la télévision d'une manière qu'un enfant de dix ans peut comprendre, alors, en raison des suggestions faites, cette personne achètera ce produit par impulsion, la prochaine fois qu'elle le verra dans un magasin.

"L'équilibre des forces assurera la stabilité que le monde du XXIᵉ siècle est susceptible d'atteindre, rongé qu'il sera par un tribalisme passionné et par des problèmes apparemment insolubles comme celui que posent les migrations massives du Sud vers le Nord, et des fermes vers les villes. Il se peut qu'il y ait des transferts massifs de population, comme ceux qui ont eu lieu entre la Grèce et la Turquie au lendemain de la Première Guerre mondiale, et des meurtres de masse. Ce sera une époque de troubles, qui aura besoin d'un unificateur ; un Alexandre ou un Mahomet.

"Un grand changement qui résultera de l'émergence de conflits entre des peuples qui vivent côte à côte — et qui, par leur intensité, prendront le pas sur leurs autres conflits — est que la rivalité politique se fera à l'intérieur des régions, plutôt qu'entre elles. Cette évolution entraînera un revirement de la politique mondiale. Après une décennie au cours de laquelle les États-Unis et l'Union soviétique se sont affrontés par-delà les océans, les puissances vont s'attacher à se protéger contre les forces qui se trouvent à leurs frontières — ou à l'intérieur de celles-ci.

"Le peuple américain ne connaît pas la science économique et s'en soucie peu, c'est pourquoi il est toujours mûr pour la guerre. Ils ne peuvent pas éviter la guerre, malgré leur moralité religieuse, et ils ne peuvent pas non plus trouver dans la religion la solution à leurs problèmes terrestres. Ils sont assommés par les experts économiques qui provoquent des ondes de choc qui détruisent les budgets et les habitudes d'achat. Le public américain n'a pas encore compris que nous contrôlons ses habitudes d'achat."

Nous y sommes. Diviser les nations en factions tribales, faire en sorte que la population se batte pour gagner sa vie et se préoccupe des conflits régionaux, de sorte qu'elle n'aura jamais l'occasion d'avoir une vision claire de ce qui se passe, sans parler de le contester, et en même temps, provoquer une réduction drastique de la population mondiale. C'est ce qui se passe en ex-Yougoslavie, où le pays est divisé en petites entités tribales, et c'est ce qui se passe en Amérique, où la famille moyenne, dont les deux parents travaillent, n'arrive pas à joindre les deux bouts. Ces parents n'ont pas le temps de prêter attention à la façon dont ils sont trompés et conduits à l'esclavage économique. Tout cela est un coup monté.

Aujourd'hui, nous constatons — si nous en avons le temps — que les États-Unis sont au seuil d'une dissolution progressive, résultat de la guerre silencieuse de "contrôle" menée par Tavistock contre la nation américaine. La présidence de Bush a été un désastre total, et la présidence de Clinton sera un choc encore plus grand. C'est ainsi que le plan est dessiné, et nous, le peuple, perdons rapidement confiance dans nos institutions et dans notre capacité à refaire de l'Amérique ce qu'elle était censée être — une situation très éloignée de ce qu'elle est maintenant — envahie par des étrangers qui menacent d'engloutir la nation — une invasion Sud-Nord ici même dans notre propre pays.

Nous avons abandonné notre richesse réelle pour une promesse de richesse plus grande, au lieu d'une compensation en termes réels. Nous sommes tombés dans les pièges du système babylonien du "capitalisme", qui n'est pas du tout du capitalisme, mais une apparence de capital, comme le montre la monnaie qui est en fait exprimée en termes de capital négatif. C'est trompeur et destructeur. Le dollar américain a l'apparence d'une monnaie, mais il est en fait une reconnaissance de dette et d'esclavage.

La monnaie telle que nous la connaissons sera équilibrée par la guerre et le génocide — ce qui se passe sous nos yeux. Le total des biens et services est le capital réel, et la monnaie peut être imprimée jusqu'à ce niveau, mais pas au-delà. Une fois que la monnaie est imprimée au-delà du niveau des biens et services, elle devient une force destructrice et soustractive. La guerre est le seul moyen d'"équilibrer" le système en tuant ces créanciers, que le peuple a docilement abandonné à leur valeur réelle en échange d'une monnaie gonflée artificiellement.

L'énergie (l'économie) est la clé de toutes les activités terrestres. D'où l'affirmation souvent répétée que toutes les guerres sont d'origine économique. L'objectif du gouvernement mondial unique — le nouvel ordre mondial — doit nécessairement être d'obtenir le monopole de tous les biens et services, des matières premières, et de contrôler la manière dont l'économie est enseignée. Aux États-Unis, nous aidons constamment le gouvernement mondial unique à obtenir le contrôle des ressources naturelles de la planète en étant amenés à donner une partie de nos revenus à cette fin. Cela s'appelle "l'aide étrangère".

Le projet Operation Research de Tavistock stipule ce qui suit :

> "Nos recherches ont établi que le moyen le plus simple de contrôler les gens est de les maintenir indisciplinés et dans l'ignorance des systèmes et des principes de base, tout en les maintenant désorganisés, confus et distraits par des questions de relativement peu d'importance...

> "En plus de nos méthodes moins directes de pénétration à longue portée, cela peut être accompli en désengageant les

activités mentales et en fournissant des programmes d'éducation publique de faible qualité en mathématiques, en logique, en conception de systèmes et en économie, et en décourageant la créativité technique.

"Notre mode demande un stimulus émotionnel, une utilisation accrue des amplificateurs qui incitent à l'auto-indulgence, qu'elles soient directes (programmes télévisés) ou publicitaires. Chez Tavistock, nous avons constaté que la meilleure façon d'atteindre cet objectif est de procéder à une attaque et à un affront émotionnels incessants et sans répit (viol mental) par le biais d'un barrage constant de sexe, de violence, de guerres, de conflits raciaux, tant dans les médias électroniques que dans la presse écrite. Ce régime permanent pourrait être appelé "malbouffe mentale".

"La révision de l'histoire et de la loi et la soumission de la population à la création déviante sont d'une importance primordiale, ce qui permet de déplacer la réflexion des besoins personnels vers des priorités extérieures construites et fabriquées. La règle générale est qu'il y a un profit dans la confusion, plus la confusion est grande, plus le profit est grand. L'une des façons d'y parvenir est de créer des problèmes, puis de proposer des solutions.

"Il est essentiel de diviser le peuple, de détourner l'attention des adultes des vrais problèmes et de dominer leur réflexion avec des sujets de relativement faible importance. Les jeunes doivent être maintenus dans l'ignorance des mathématiques ; l'enseignement approprié de l'économie et de l'histoire ne doit jamais être disponible. Il faut occuper tous les groupes avec une ronde sans fin de questions et de problèmes, de sorte qu'ils n'aient pas le temps de penser clairement, et ici, nous comptons sur des divertissements qui ne devraient pas dépasser la capacité mentale d'un enfant de sixième année.

"Les sources d'énergie qui soutiennent une économie primitive sont un approvisionnement en matières premières, le consentement des gens à travailler et à assumer une certaine place, une certaine position, un certain niveau dans la structure sociale, c'est-à-dire à fournir du travail à divers niveaux de la structure.

"Chaque classe garantit donc son niveau de revenu et contrôle donc la classe immédiatement inférieure, préservant ainsi la structure de classe. L'un des meilleurs exemples de cette méthode se trouve dans le système des castes en Inde, dans lequel un contrôle rigide est exercé, garantissant que la mobilité ascendante, qui pourrait menacer l'élite au sommet, est limitée. Cette méthode permet d'atteindre la sécurité et la stabilité, ainsi qu'un gouvernement au sommet.

"La souveraineté de l'élite est menacée lorsque les classes inférieures, grâce aux communications et à l'éducation, s'informent et envient le pouvoir et les possessions de la classe supérieure. Comme certains d'entre eux deviennent plus instruits, ils cherchent à s'élever plus haut par une réelle connaissance de l'économie-énergie. Cela représente une réelle menace pour la souveraineté de la classe d'élite.

"Il s'ensuit que la montée des classes inférieures doit être retardée suffisamment longtemps pour que la classe d'élite puisse atteindre la domination (économique) énergétique, le travail par consentement devenant une source économique moindre. Jusqu'à ce que cette domination économique soit atteinte dans toute la mesure du possible, il faut tenir compte du consentement des gens à travailler et à laisser les autres s'occuper de leurs affaires. Si cet objectif n'est pas atteint, il en résultera une interférence dans le transfert final des sources d'énergie (richesse économique) vers le contrôle de l'élite.

"En attendant, il est essentiel de reconnaître que le consentement du public reste la clé essentielle de la libération de l'énergie dans le processus d'amplification économique. Un système de consentement de libération de l'énergie est donc vital. Une sécurité artificielle doit être fournie en l'absence du ventre de la mère, qui peut prendre la forme de repli, de dispositifs de protection et d'abris. De telles coquilles fourniront un environnement stable pour les activités stables et instables, et offriront un abri pour les processus évolutifs de croissance, c'est-à-dire la survie dans un abri qui offre une protection défensive contre les activités offensives.

"Il s'applique aussi bien à l'élite qu'aux classes inférieures, mais il y a une nette différence dans la manière dont ces deux classes abordent la solution du problème. Nos scientifiques des sciences sociales ont démontré de manière très convaincante que la raison pour laquelle les individus créent une structure politique est qu'ils ont un désir subconscient de perpétuer leur relation de dépendance de l'enfance.

"En termes simples, ce que le désir subconscient exige, c'est un dieu terrestre qui élimine les risques de leur vie, met de la nourriture sur la table et leur donne une tape réconfortante dans le dos lorsque les choses ne vont pas bien. La demande d'un dieu terrestre résolvant les problèmes et éliminant les risques est insatiable, ce qui a donné naissance à un dieu terrestre de substitution : le politicien. La demande insatiable de "protection" de la part du public est satisfaite par des promesses, mais le politicien ne tient pas ou peu ses promesses.

"Le désir de contrôler ou de soumettre les personnes qui perturbent leur existence quotidienne est omniprésent chez les humains. Cependant, ils sont incapables de faire face aux problèmes moraux et religieux que de telles actions soulèveraient, et confient donc cette tâche à des "tueurs à gages" professionnels, que nous appelons collectivement des politiciens.

"Les services des hommes politiques sont engagés pour un certain nombre de raisons, qui, pour l'essentiel, sont énumérées dans l'ordre suivant :

> ➢ Obtenir la sécurité tant désirée sans la gérer.

> ➢ Obtenir une action sans avoir besoin d'agir, et sans avoir à réfléchir à l'action souhaitée.

> ➢ Pour éviter la responsabilité de leurs intentions.

> ➢ Pour obtenir les avantages de la réalité sans exercer la discipline nécessaire à l'apprentissage.

"Nous pouvons aisément diviser une nation en deux sous-catégories, la sous-nation politique et la sous-nation docile. Les politiciens occupent des emplois quasi militaires, dont le plus bas est la police, viennent ensuite les procureurs. Le niveau présidentiel est dirigé par les banquiers internationaux. La sous-nation docile finance la machine politique par consentement, c'est-à-dire par l'impôt. La sous-nation reste attachée à la sous-nation politique, cette dernière s'en nourrit et se renforce, jusqu'au jour où elle est assez forte pour dévorer son créateur, le peuple."

Lorsqu'on les lit en conjonction avec les systèmes décrits dans mon livre, le *Comité des 300*, il est relativement facile de voir à quel point le projet Operation Research de Tavistock a réussi, et nulle part ailleurs autant qu'aux États-Unis. Des statistiques récentes montrent que 75% des élèves de sixième année étaient incapables de passer ce que l'on appelait "le test de mathématiques". Le test de mathématiques consistait en une simple arithmétique élémentaire, ce qui devrait nous éclairer. Les mathématiques n'entraient pas du tout en ligne de compte dans ce test. Faut-il s'alarmer ? À vous de juger.

VII. Les opérations secrètes

Les opérations secrètes — l'étoffe dont sont fait les récits de "James Bond". Comme je l'ai souvent dit, James Bond était un personnage fictif, mais l'organisation dépeinte dans la série de films est bien réelle, sauf qu'elle est connue sous le nom de "C" et non de "M". Les services secrets de renseignement et de sécurité de Grande-Bretagne sont ceux que dépeint "James Bond". Ils sont connus sous les noms de MI5 (sécurité intérieure) et MI6 (sécurité extérieure). Ensemble, ils constituent la plus ancienne des agences de renseignements secrets du monde. Ils sont également à la pointe du développement des techniques et des nouvelles technologies d'espionnage. Aucun des deux services n'est responsable devant le peuple britannique par le biais du Parlement et tous deux opèrent dans le plus grand secret derrière une grande variété de façades.

Les débuts de ces agences remontent à l'époque de la reine Élisabeth I, le fondateur étant reconnu comme Sir Francis Walsingham, secrétaire d'État d'Élisabeth, et ont existé depuis lors sous différents noms. L'intention n'est pas d'écrire une histoire sur ces agences d'espionnage super secrètes, mais simplement de donner un contexte à l'idée maîtresse de ce chapitre, à savoir les actions secrètes et les assassinats pour des raisons économiques et/ou politiques.

La chose cardinale à retenir est que, dans presque tous les cas, les actions secrètes sont interdites par le droit international. Cela dit, je dois également souligner que c'est une chose d'avoir des lois contre les actions secrètes, mais que c'en est une autre, très difficile, de les faire appliquer, en raison des efforts extrêmes que les parties sont prêtes à faire pour garder l'opération secrète. Le décret du président Gerald Ford interdisant de "se livrer ou de conspirer en vue de se livrer à un assassinat politique" est largement ignoré par la CIA.

L'excuse selon laquelle Bush ne savait pas ce qui se passait dans l'opération secrète Iran/Contras ne peut être soutenue en raison de l'amendement Hughes-Ryan, qui a été conçu sur mesure pour faire tomber les supports d'une telle défense. L'amendement était destiné à rendre la CIA et les autres agences de renseignement américaines responsables et de leur faire rendre des comptes :

> "...À moins que et jusqu'à ce que le président estime que chacune de ces opérations est importante pour la sécurité nationale des États-Unis et qu'il en rende compte en temps utile à la commission appropriée du Congrès, y compris la commission des relations étrangères du Sénat et la commission des affaires étrangères de la Chambre des représentants,"

l'opération secrète deviendrait alors illégale. Ainsi, si le président Reagan ou le président Bush étaient au courant de l'opération Iran/Contra, ou s'ils ne l'étaient pas, alors ceux qui s'y sont engagés ont agi de manière illégale.

Dans l'opération secrète Iran/Contra, l'amiral John Poindexter était le "bouc émissaire" des présidents Reagan et Bush, qui ont tous deux affirmé ne pas en avoir eu connaissance. C'est choquant, car cela implique que deux présidents n'avaient aucun contrôle sur leurs départements militaires et de renseignement. Si Poindexter n'avait pas déclaré à la barre qu'il n'avait jamais informé Bush des détails de l'opération Iran/Contra, une procédure de destitution aurait suivi, que Bush, avec toute sa puissante protection, n'aurait pas pu éviter. En cela, Bush a été habilement aidé par le membre du Congrès Lee Hamilton, dont l'enquête sur l'action secrète a été si mal menée qu'elle a abouti à un blanchiment total des coupables, y compris Reagan et Bush.

Outre "James Bond", les agents du MI6 les plus connus sont peut-être Sydney Reilly, Bruce Lockhart et le capitaine George Hill, qui ont été détachés en Russie pour aider les bolcheviks à vaincre leurs ennemis et, dans le même temps, à obtenir de vastes concessions économiques et de matières premières pour la noblesse noire britannique, une part du gâteau allant aux financiers de Wall Street. L'agent le moins connu du MI6 (mais l'un de ses plus efficaces) était peut-être Somerset Maugham, l'éminent auteur britannique, bien connu dans le monde littéraire sous ce nom "moutonnier".

Comme la plupart des officiers du MI6, le vrai nom de Maugham n'a pas été révélé pendant ses années de service, et l'est resté jusqu'à sa mort. Sydney Reilly avait trois noms secrets, et huit autres (il avait onze passeports), son vrai nom étant Sigmund Georgievich Rosenblum.

Si l'on met de côté toutes les appellations telles que bolchevisme, socialisme, marxisme, communisme, fabianisme et trotskisme, le fait est que la révolution bolchevique était une idéologie étrangère imposée au peuple russe par le Comité des 300 à des fins de gain économique et de contrôle de la Russie.

C'est aussi simple que cela et, une fois débarrassé de toute la rhétorique et de la terminologie, le concept de "communisme" est plus facile à comprendre. Nous ne devrions jamais, au grand jamais, perdre de vue le fait que, comme l'a dit Churchill, avant d'être irrémédiablement tourné et perdu, "la Russie a été saisie par les cheveux" et entraînée à reculons dans une dictature tout droit sortie de l'enfer, mise en place principalement pour exploiter et contrôler ses vastes ressources, qui, même aujourd'hui, dépassent de loin celles des États-Unis, sans parler de la Grande-Bretagne, qui, à part le charbon et un peu de pétrole de la mer du Nord, n'en a aucune digne d'être mentionnée.

Tout comme à l'époque de la reine Elizabeth I, lorsque les Cecil, ses contrôleurs, ont mis en place un système d'espionnage avec Sir Francis Walsingham pour protéger ses biens en Angleterre et surveiller le commerce aux quatre coins du monde, les rois et reines d'Angleterre modernes ont perpétué la tradition. On pourrait dire que ces organisations d'espionnage étaient d'abord motivées par l'économie, puis par la souveraineté nationale. Rien n'a beaucoup changé au cours des siècles écoulés.

C'était l'objet de la mission désormais légendaire de Sydney Reilly en Russie ; il s'agissait de mettre la main sur le pétrole russe et ses autres immenses trésors de minéraux pour la noblesse noire britannique, dirigée par Lord Alfred Milner, les banquiers d'affaires de la City de Londres et les brahmanes américains de Boston, les financiers et les magnats de Wall Street, dont les plus connus sont les Rockefeller, J. P. Morgan et Kuhn Loeb. Le partage du pillage de la Grande-Bretagne, obtenu grâce à la puissance militaire et soutenu par elle, est devenu une tradition pendant l'âge d'or du vaste et incroyablement lucratif commerce de l'opium avec la Chine.

Les plus anciens équivalents américains des familles "nobles" étaient jusqu'aux sourcils dans ce commerce innommable. Aujourd'hui, on ne le saurait jamais, car ils sont jugés sur leur apparence extérieure, à savoir qu'ils fréquentent les meilleures écoles.

Cette couvée est couverte d'une couche d'huile et baignée dans la puanteur et la saleté du commerce de l'opium en Chine, qui a apporté la mort et la misère à des millions de personnes tout en remplissant les banques qu'ils possédaient de richesses obscènes.

La galerie des voleurs du commerce de l'opium en Chine se lit comme une page du registre social américain : John Perkins, Thomas Nelson Perkins, Delano, Cabot, Lodge, Russell, Morgan, Mellon. Il n'y a pas une seule de nos familles "d'élite" qui ne soit pas entachée par les richesses de l'opium.

Lord Alfred Milner a envoyé Sydney Reilly du MI6 pour sécuriser les champs pétrolifères de la région de Bakou pour les investissements britanniques et pour les Rockefeller. Bruce Lockhart était le représentant personnel de Lord Milner qui contrôlait Lénine et Trotsky. Le "Hansard" de l'époque, qui est l'équivalent de nos archives du Congrès, est rempli d'expressions d'indignation et de frustration lorsque le Parlement a commencé à glaner quelques informations sur les exploits de Reilly. Des échanges furieux ont lieu en privé entre le Premier ministre Lloyd George (comte de Dwyfor) et les membres de son cabinet, ainsi que dans le cadre d'un débat public avec les membres du

Parlement sur le parquet de la Chambre. Tous exigent que Reilly soit ramené et forcé de rendre compte de ses activités en Russie.

Mais en vain, Reilly est resté intouchable et n'a pas eu à rendre de comptes. Pour la toute première fois peut-être, le public britannique prend vaguement conscience qu'une force invisible est au-dessus du Parlement. Le public britannique ne sait pas, et ne peut pas savoir que Reilly représente le MI6, qui a un pouvoir bien plus grand que celui de leurs représentants élus au Parlement. Ceux qui tentent de briser le mur du secret n'arrivent à rien, ils attendent donc le retour de Reilly en Angleterre, qui n'arrive qu'après que tout soit terminé.

Reilly et son ami intime, le comte Felix Dzerzinsky (tous deux originaires de la même région de Pologne), chef du redoutable appareil de terreur de la police secrète bolchevique, ont mis en scène la mort de Reilly par balle alors qu'il tentait prétendument de s'échapper par la frontière. L'histoire de couverture était que le nom de Reilly avait été découvert dans les papiers d'un groupe de citoyens lettons qui prévoyaient d'assassiner Lénine. Reilly vit dans l'opulence et la splendeur secrètes en Russie soviétique jusqu'à ce que, pour compléter le plan, il s'échappe à bord d'un cargo néerlandais. Reilly est recruté par Sir William Wiseman, chef du MI6 britannique à Washington, en 1917. Reilly est décrit par son supérieur, Sir Mansfield Smith Cumming, comme "un homme sinistre auquel je ne pouvais jamais vraiment faire confiance".

La mission de Somerset Maugham à Petrograd pour le compte du MI6 en 1917 est un exemple classique de ce type de mission. Lockhart a été envoyé à Petrograd pour soutenir le gouvernement provisoire d'Alexandre Kerensky, qui était censé diriger le gouvernement "intérimaire" opposé aux bolcheviks. (De Klerk, le leader sud-africain renégat, a été décrit à juste titre comme le "Kerensky des Blancs en Afrique du Sud", car sa tâche consiste à former un gouvernement "provisoire" qui permettra à Mandela et à sa bande d'assassins de prendre le pays).

Ce que ni le Parlement britannique ni le public ne savaient, c'est que le gouvernement de Kerensky était programmé pour échouer ; son travail consistait à faire croire que la véritable opposition à un gouvernement bolchevique venait de Grande-Bretagne et des États-Unis, alors qu'en fait, c'était le contraire. Dans une mise en scène élaborée, Maugham, qui avait également été choisi par Sir William Wiseman, est allé rencontrer Kerensky, voyageant via le Japon avec 150 000 dollars (oui, c'était principalement de l'argent américain) à dépenser pour Kerensky. Maugham est parti le 17 juin 1917 et a rencontré Kerensky le 31 octobre 1917.

Kerensky a demandé à Maugham de remettre une note au Premier ministre Lloyd George, qui contenait un appel désespéré pour des armes et des munitions. Il est intéressant de noter que Kerensky a complètement ignoré le consul britannique à Petrograd, qui avait flairé que quelque chose se passait derrière son dos, a envoyé des plaintes furieuses à Lloyd George, mais n'a obtenu ni excuses ni explications. Comme le capitaine Hill lui-même l'a dit un jour, "ceux qui croient que la révolution bolchevique a été inspirée et dirigée par les sionistes ont peut-être eu un peu de vérité de leur côté". Wiseman, Maugham, Hill et Reilly étaient juifs ; mais Lockhart était un pur anglo-saxon.

La réponse du Premier ministre britannique à la note de Kerensky a été très brusque "Je ne peux pas faire ça". Maugham ne retournera jamais en Russie et Kerensky sera renversé par les bolcheviks le 7 novembre 1917. Le capitaine Hill est affecté au MI5, puis au MI6. Il est envoyé à Petrograd pour conseiller Trotsky sur la façon de mettre en place une force aérienne, bien que la Russie soit encore techniquement un allié des Britanniques.

L'objectif de cette manœuvre était de faire en sorte que la Russie reste en guerre contre l'Allemagne, que la Grande-Bretagne voulait vaincre en raison de ses grands succès commerciaux et financiers. Dans le même temps, la Russie devait être affaiblie à un point tel qu'elle ne soit pas en mesure de résister longtemps aux hordes bolcheviques. Comme nous le savons, la supercherie a parfaitement fonctionné. Le capitaine Hill a joué un rôle important dans la mise en place de la CHEKA, le redoutable appareil de police secrète et de renseignement militaire bolchevique, ancêtre du GRU.

L'un des exploits de Hill est le "transfert" des joyaux de la couronne de Roumanie. Hill, spécialiste de l'armement et de la formation, a joué un rôle très actif dans le grand dessein de faire croire au monde que la Grande-Bretagne et les États-Unis luttaient réellement contre la prise de pouvoir par les bolcheviks. (Seule la France, de toutes les nations, n'a pas été déçue.) Dans des documents que j'ai lus des années plus tard, Allen Dulles, chef de l'OSS, a été dénoncé par De Gaulle, qui lui a rappelé sans ménagement le grand coup réussi contre le tsar Nicolas II et le peuple russe.

Une partie intégrante de la tromperie consistait à débarquer une force combinée britannique, française et américaine à Mourmansk le 23 juin 1918, sous le commandement du major général américain Frederick Poole, apparemment pour aider les Russes dans leur lutte contre les bolcheviks. Les Français croyaient vraiment qu'ils étaient là pour attaquer les bolcheviks, lorsque la force alliée est entrée dans Arkhangelsk le 2 août, où il y a eu quelques combats. En réalité, le corps expéditionnaire avait trois objectifs :

> (a) faire croire que la Grande-Bretagne et l'Amérique luttaient contre les bolcheviks (b) protéger l'importante cache d'armes et de munitions de l'armée russe dans la région, et (c) aider à convertir une population douteuse au soutien de Lénine en faisant croire qu'il était le sauveur de la patrie, luttant pour repousser une force militaire étrangère.

En réalité, la force américano-britannique était là pour aider Lénine, et non pour combattre l'Armée rouge. Les troupes alliées devaient veiller à ce que le dépôt de munitions soit remis aux bolcheviks et empêcher qu'il ne soit repris par les Allemands en marche. Des années plus tard, le secrétaire d'État George Marshall a répété ce tour de passe-passe contre le maréchal chinois Chiang Kai Shek, laissant à Mao Tse Tung un énorme arsenal à utiliser dans sa lutte pour transformer la Chine en nation communiste. Le troisième objectif était de convertir les Russes hésitants dans leur soutien à Lénine en partisans à part entière. Lénine a utilisé le débarquement de Mourmansk pour dire au peuple russe :

> "Regardez, les impérialistes britanniques et américains essaient de vous voler la Russie. Rejoignez-nous dans notre lutte pour défendre la Mère Russie !"

Lorsque les généraux russes blancs Denekin et Wrangel remportaient de grands succès contre l'Armée rouge, la poussant hors de la région de Bakou et menaçant le travail effectué par Sydney Reilly pour les intérêts pétroliers britanniques et américains (en particulier ceux de Rockefeller), le même Lloyd George qui, en 1917, avait comploté avec Kerensky était rejoint par un "citoyen américain privé", William Bullit, en fait un émissaire de Rockefeller et des banquiers de Wall Street. Ensemble, ils ont commis un acte de trahison contre leurs pays respectifs.

En janvier 1919, le général Peter Denekin a vaincu les bolcheviks en Géorgie, en Arménie, en Azerbaïdjan et au Turkestan (les régions pétrolières) et, plus tard dans le mois, il a chassé les bolcheviks du Caucase, avançant presque jusqu'aux portes de Moscou. Bullit et Lloyd George ont alors coupé l'herbe sous le pied des Russes blancs en interrompant les livraisons d'armes, de munitions et d'argent. Sur un signal de Lloyd George, envoyé par le MI6 en septembre, la force américano-britannique a abandonné Arkhangelsk et a quitté Mourmansk le 12 octobre 1919.

Veuillez noter le timing parfait de l'opération. La seule chose que le corps expéditionnaire avait faite, à part de légers combats à Arkhangelsk et quelques autres escarmouches contre les forces bolcheviques, était de défiler dans les rues de Vladivostok pour soutenir la thèse de Lénine selon laquelle il y avait là des soldats impérialistes britanniques et américains déterminés à prendre le contrôle de la mère Russie. Le 14 novembre 1920, c'était fini, les derniers soldats des forces russes blanches embarquaient pour Constantinople.

L'une des plus grandes pièces du puzzle a été réalisée avec succès sans que les Américains et les Britanniques aient la moindre idée de ce qui se passait. Une procédure plus ou moins similaire est mise en œuvre en Russie aujourd'hui, avec l'"ex-communiste" Boris Eltsine, présenté par l'Occident comme une sorte de héros populaire russe, qui tente de "sauver" la Russie d'un renouveau du communisme. Comme en 1917, il en est de même aujourd'hui : le public américain n'a aucune idée de ce qui se passe réellement en Russie.

L'intrigue ne s'arrête pas là : la tentative d'assassinat de Lénine, lorsqu'il a commencé à devenir une entrave aux manœuvres de Bruce Lockhart ; l'arrestation et l'échange ultérieur de Lockharf contre le bolchevik Maxim Litvinov, avec une condamnation à mort par contumace prononcée par un tribunal bolchevique à Moscou. De cette manière, le MI6 joue son jeu de la manière la plus magistrale qui soit, comme il le fait encore aujourd'hui. Par ailleurs, Lénine est mort de la syphilis, et non des blessures reçues des mains de Dora Kaplan.

Il serait peut-être bon de s'étendre sur les agissements du capitaine Hill. Les documents que j'ai pu examiner dans les archives de Whitehall, à Londres, en disent long sur les activités de Hill, un officier du MI5 de deuxième génération. Le père de Hill était apparemment très actif dans les cercles de marchands juifs ayant des liens avec Salonique à l'époque du tsar Nicolas II.

Le fils de Hill, George, qui vivait à Londres, était un messager du MI5 pour Wall Street et les financiers de la City de Londres qui soutenaient les bolcheviks ; l'argent était acheminé par l'intermédiaire de Maxime Gorki, la coqueluche des théâtres de Londres. En 1916, il est promu au MI6 et envoyé à Salonique par le chef du MI6, Sir Mansfield Cumming. De Salonique, Hill transmet à Cumming des informations sur les progrès des bolcheviks qui préparent la révolution à venir — qui a déjà 10 ans d'avance. Le 17 novembre 1917, Cumming envoie Hill à Moscou, où il devient immédiatement l'assistant personnel de Léon Trotsky, sur recommandation de Parvus (Alexander Helpland). Hill élabore un plan de renseignement militaire qui est accepté et devient la base du GRU, dont Hill et Trotsky sont les fondateurs.

La CHEKA reste sous le contrôle de Dzerzinsky. Plus tard, selon des documents du Whitehall, à la suite d'une demande de Jérusalem, Hill est envoyé au Moyen-Orient où il entreprend d'organiser et d'entraîner les gangs juifs de l'Irgoun et du Stern, dont la grande majorité des officiers et du personnel de rang proviennent de la Russie bolchevique. Le service d'intelligence que Hill a mis en place pour l'Irgoun a été adopté plus tard par les services secrets israéliens, qui sont devenus le Mossad.

Les services secrets britanniques sont les plus experts en matière d'opérations secrètes. Sir Stewart Menzies, chef du MI6 pendant la guerre, a un jour déclaré qu'Allen Dulles n'avait pas la perspicacité nécessaire pour comprendre réellement les opérations secrètes. Quoi qu'il en soit, le MI6 a formé et entraîné l'OSS, précurseur de la Central Intelligence Agency (CIA). Les opérations secrètes peuvent être décrites comme étant peut-être la partie la plus sensationnelle du travail de renseignement, qui comprend généralement des activités assez routinières telles que la surveillance des activités économiques dans le monde entier, la préparation de rapports destinés aux décideurs politiques nationaux, qui sont prétendument la partie du gouvernement qui décide de la ligne de conduite à suivre, le cas échéant.

Le MI6 et la CIA ne sont pas autorisés par la loi à se mêler des affaires intérieures ou à espionner les citoyens, leurs fonctions se limitant aux affaires étrangères. Mais au cours des trois dernières années, ces lignes sont devenues très floues, ce qui devrait susciter de sérieuses inquiétudes, mais, malheureusement, aucune mesure positive n'est prise pour enrayer ce phénomène. L'action secrète se situe sur une corde raide entre la diplomatie et la tromperie, et parfois, lorsque le marcheur dérape, les résultats peuvent être très embarrassants si l'action secrète n'est pas niable, comme ce fut le cas dans l'affaire Iran/Contra.

Les actions secrètes demandent à une agence de renseignement d'élaborer un programme pour atteindre un objectif étranger particulier. Cela empiète souvent sur la politique étrangère, qui ne relève pas du domaine du renseignement. Un bon exemple en est la paranoïa exprimée par le président George Bush dans sa volonté de détruire littéralement le président irakien Hussein, l'action secrète empruntant des voies tant économiques que militaires.

Au total, 40 millions de dollars ont été gaspillés par Bush dans sa tentative ratée de tuer Hussein, dans laquelle toutes les astuces ont été essayées, y compris l'envoi des virus dans des flacons à cacher au siège du commandement de la révolution. Finalement, Bush, vaincu par sa haine d'Hussein, a lâché 40 missiles de croisière contre Bagdad et Bassora, sous le plus léger prétexte d'attaquer des "usines d'armement nucléaire" et des sites antiaériens, toutes raisons manifestement absurdes.

Un missile de croisière a été délibérément programmé pour frapper l'hôtel Al-Rasheed dans le centre de Bagdad, où se tenait une conférence des chefs d'États musulmans. L'idée derrière l'attaque de l'Al-Rasheed (le missile a été suivi par les satellites russes depuis le moment de son lancement jusqu'à ce qu'il atteigne la zone cible) était de tuer plusieurs dirigeants musulmans, ce qui aurait retourné leurs pays contre l'Irak et aidé à renverser le dirigeant irakien par une réaction hostile envers le président Hussein.

Malheureusement pour Bush, le missile est tombé 20 à 30 pieds avant le bâtiment, brisant les portes et les fenêtres jusqu'à trois étages, tuant une réceptionniste. Aucun des délégués musulmans n'a été blessé. L'excuse faible et puérile avancée par le Pentagone et la Maison-Blanche, selon laquelle le missile aurait été "dévié de sa trajectoire par des canons antiaériens irakiens", était si absurde que la DGSE (services secrets français) s'est demandée si le rapport était authentique ou s'il était l'œuvre d'une agence privée clandestine.

Les militaires russes, sûrs des données fournies par leurs satellites, ont dit au gouvernement américain que son explication était fausse — et qu'ils avaient les preuves pour le prouver. À 1 million de dollars par missile, le comportement paranoïaque de Bush a coûté aux contribuables américains 40 millions de dollars — en plus du prix caché de 40 millions de dollars. Il est évident qu'un mécanisme est nécessaire de toute urgence pour freiner les futurs présidents qui, dans les derniers jours de leur mandat, pourraient chercher à suivre l'exemple choquant donné par Bush.

Une action secrète peut souvent être menée par un gouvernement contre son propre peuple. Prenez le cas d'Alger Hiss et des Rockefeller. Comme l'ont dit les compagnies pétrolières, elles "ne devaient aucune obligation particulière à l'Amérique". Cela est vrai dans le contexte des arrangements conclus avec les bolcheviks par David Rockefeller et les compagnies pétrolières britanniques. Les États-Unis ont fini par promouvoir le socialisme et le communisme pour récompenser les bolcheviks d'avoir accordé les concessions pétrolières à Rockefeller et Armand Hammer. Cela prouvait certainement leur affirmation selon laquelle l'industrie pétrolière n'était pas nécessairement loyale envers les États-Unis.

En 1936, Alger Hiss a été invité par Francis B. Sayre, le gendre de Woodrow Wilson, à entrer au Département d'État. Le RIIA et le CFR ont décidé que Hiss était un homme fiable qui ferait ce qu'on lui disait, que ce soit bon pour l'Amérique ou non. En fait, Hiss était le premier choix de Rockefeller, pas celui de Sayre, mais Rockefeller est resté dans l'ombre. À ce moment-là en 1936, lorsque Sayre a fait son approche, Hiss était déjà profondément impliqué dans l'espionnage pour l'URSS, et ce fait était bien connu de son professeur de droit à Harvard.

Lorsque Hiss a été promu au poste de superviseur adjoint des relations politiques au département d'État, Chambers et un homme nommé Levine ont fait sauter la couverture de Hiss en déclarant qu'il travaillait activement pour l'Union soviétique. L'homme auquel Chambers s'est adressé pour faire part de ses allégations est Marvin McIntyre, qui n'a pas transmis l'information à Roosevelt, qui était son patron. Au lieu de cela, il a détourné Chambers vers Adolph A. Berle, qui était à l'époque secrétaire d'État adjoint chargé de la sécurité du département d'État. Berle est allé voir Roosevelt avec l'histoire, seulement pour être brusquement congédié par le Président.

Sans se décourager, Berle a transmis ses informations à Dean

Acheson, mais il n'est absolument rien arrivé à Hiss. Il n'a pas été appelé à s'expliquer ; au lieu de cela, il a été promu par Roosevelt, une marionnette des Rockefeller-CFR, comme l'ensemble du personnel de Roosevelt. En 1944, Hiss reçoit un autre coup de pouce avec une promotion au poste d'assistant spécial du directeur des affaires d'Extrême-Orient, où il est bien placé pour servir les plans expansionnistes soviétiques en Asie.

Pour démontrer l'arrogance de Rockefeller, pendant tout le temps où Hiss était une étoile montante au State, le FBI avait un dossier sur lui. Il a été dénoncé par le transfuge soviétique Igor Gouzensky, qui travaillait au bureau du GRU (renseignement militaire soviétique) à Ottawa, au Canada. Les responsables du département d'État savent tout de Hiss et de ses relations soviétiques, tout comme le président Roosevelt, mais ne font rien pour l'évincer.

Alors que Rockefeller planifiait les Nations Unies, lui et Staline ont convenu d'un accord selon lequel les Nations Unies ne s'ingéreraient pas dans les affaires russes en échange de pétrole soviétique pour les compagnies pétrolières Rockefeller. Les bolcheviks ne se mêleraient pas non plus de l'Arabie saoudite et ne tenteraient plus d'entrer en Iran. L'homme nommé pour représenter Rockefeller aux Nations Unies était Alger Hiss. Son supérieur immédiat était Nelson Rockefeller, qui donnait des ordres à John Foster Dulles. Roosevelt, Dulles, le FBI et Rockefeller savent tous que Hiss travaille avec l'Union soviétique.

Suite à l'intervention de la Standard Oil, le mécanisme de contrôle des Nations Unies a été retiré des mains des Américains. Le secrétaire général a reçu le pouvoir de nommer qui il voulait. Pour sa trahison, Hiss a reçu un poste spécial au sein du Carnegie Endowment Fund for International Peace avec un salaire de 20 000 dollars par an, un très bon revenu pour l'époque. L'idée était de placer Hiss au-dessus des lois.

En fait, Hiss était au-dessus de la loi, car il s'en sortait avec la trahison et la traîtrise. Hiss n'a pas été accusé de trahison, mais de parjure. Cependant, des personnes puissantes se sont immédiatement précipitées pour le défendre. Le juge de la Cour Suprême Felix Frankfurter a donné à Hiss un certificat d'honorabilité et Rockefeller a payé ses frais de justice à hauteur de 100 000 dollars.

Au moment où il a été confronté à Chambers, Hiss travaillait en tant que membre du comité exécutif de l'Association des Nations Unies, directeur général de l'Institut des Relations du Pacifique, et était un membre important du CFR ainsi que président de la Fondation Carnegie. La Maison de Hiss a été construite sur l'industrie pétrolière, et jamais un cas d'abus de pouvoir par l'industrie pétrolière n'a été enregistré comme celui de Hiss. L'industrie pétrolière n'a manifesté aucune crainte à l'égard du gouvernement lorsque Hiss a été traduit en justice ; en fait, l'industrie pétrolière a presque tiré son homme d'affaires et l'aurait fait si Hiss n'avait pas trébuché. L'affaire Hiss est un bon exemple de gouvernement contre son propre peuple.

En Iran, les États-Unis s'engagent actuellement dans une action secrète contre le gouvernement légitime en utilisant des groupes locaux à l'intérieur du pays et en travaillant avec d'autres en exil. Les États-Unis se sont alarmés de l'accumulation croissante d'armes par le gouvernement iranien et ont placé sous surveillance spéciale les expéditions d'armes destinées au pays.

En outre, il subsiste un important réservoir de mauvaise volonté entre les deux pays en raison des activités du Hezbollah et de la volonté de l'Iran de donner asile à des groupes considérés comme hostiles à Israël. Par conséquent, un danger pour la stabilité du Moyen-Orient est apparu. L'Iran devient de plus en plus hostile envers les États-Unis et ses alliés du Moyen-Orient, l'Arabie saoudite, l'Égypte et Israël. Il est évident que des problèmes se préparent pour ces pays, ce qui pourrait expliquer pourquoi les services secrets israéliens affirment que l'Iran sera une puissance nucléaire bien plus tôt que ne l'avait prévu la CIA. Les Iraniens, pour leur part, affirment qu'il ne s'agit que d'un autre stratagème d'Israël pour amener ce qu'il appelle "son grand frère à nous attaquer comme ils l'ont fait avec Hussein".

Le gouvernement iranien dispose désormais d'un réseau d'agents dans toute l'Europe occidentale, et est particulièrement fort en Allemagne. Ces agents sont également actifs en Arabie saoudite, où la famille royale est considérée avec le plus grand mépris par Téhéran. Le gouvernement iranien est le principal bailleur de fonds et soutien logistique de dix camps fondamentalistes islamiques au Soudan, au sujet desquels le président égyptien Hosni Moubarak s'est plaint au Département d'État américain en décembre 1992. La plainte n'a pas été rendue publique.

Les dix camps d'entraînement au Soudan sont les suivants :

> **Iklim-al-Aswat**. C'est le plus important des dix camps, dirigé par le colonel Suleiman Mahomet Suleiman, membre du Conseil de commandement de la révolution. Des fondamentalistes du Kenya, du Maroc, du Mali et d'Afghanistan s'y entraînent.

> **Bilal**. Situé à Port-Soudan, sur la mer Rouge, le camp est une importante base d'entraînement pour les fondamentalistes égyptiens opposés au régime de Moubarak. Au dernier décompte, il y avait 108 hommes en formation, dont seize médecins égyptiens, sous le commandement de l'émir Jihad de Tendah.

> **Sowaya**. Situé près de Khartoum, il a été réorganisé en 1990 et forme désormais des fondamentalistes algériens et tunisiens sous le nom de Milice de défense populaire.

> **Wad Medani**. Ce camp abrite des fondamentalistes africains originaires du Kenya, du Mali, du Soudan et de Somalie, sous le commandement du colonel Abdul Munuim Chakka.

> **Donkola**. Situé dans le nord du Soudan, c'est le principal camp des fondamentalistes égyptiens d'Al Najunmin, un groupe fondé par feu Majdt As Safti, qui a dû fuir l'Égypte en 1988. Le camp abrite également des membres du groupe égyptien Shawkiun et 40 Algériens du groupe Al Afghani.

> **Jehid al Hak**. Ici, l'OLP, le Hamas et le Jihad s'entraînent sous le commandement du lieutenant-

colonel Sadiq al-Fadl.

> **Omdurman.** Dans ce camp, 100 à 200 fondamentalistes égyptiens appartenant au groupe Islambuly s'entraînent et sont considérés comme plus militants que les autres groupes déterminés à mettre fin au régime de Moubarak.

> **Aburakam.** Ce camp est une base d'entraînement pour jusqu'à 100 Afghans, Pakistanais et Iraniens.

> **Khartoum Bahri.** Il s'agit probablement du plus grand des dix camps, qui abrite 300 fondamentalistes tunisiens, algériens et égyptiens du groupe Expiation et Immigration, qui s'entraînent sous le commandement du capitaine Mahomet Abdul Hafiz, de la milice de défense populaire.

> **Urn Barbaita.** Située dans le sud du Soudan, c'est la base où l'élite militaire est formée à l'utilisation d'explosifs et d'armes par des experts iraniens et soudanais.

Les camps sont coordonnés dans les bureaux du Congrès islamique populaire arabe, tout près de l'ambassade d'Égypte à Khartoum. Il s'agit d'une installation très moderne dotée des derniers équipements de communication qui permettent au Congrès d'être en contact avec les dirigeants du mouvement islamique fondamentaliste dans d'autres pays. On sait que le GCHQ surveille les communications de cet important bureau depuis Chypre, parmi lesquelles des communications au mufti du Jihad égyptien, le cheik Omar Abdul Rahman.

Le cheikh Rahman a été reconnu non coupable de conspiration en vue d'assassiner le défunt président égyptien Anwar Sadat. Après sa libération, il s'est installé aux États-Unis où il coordonne les activités fondamentalistes depuis une mosquée située dans le New Jersey. Le cheikh Rahman aurait financé plusieurs centaines d'Arabes qui ont été contraints de quitter le Pakistan par les États-Unis, qui ont fait pression sur le gouvernement pakistanais, dans le cadre d'activités ouvertes et secrètes, pour qu'il réprime les fondamentalistes islamiques dans le pays. L'action secrète contre le Pakistan a pris de nombreuses formes, mais la corruption en a été l'élément clé.

L'une des actions secrètes les plus folles en cours est centrée sur la Cisjordanie, Gaza et Israël. La CIA, le Hamas, la Syrie et l'Iran y sont impliqués. Le Hamas est le groupe fondamentaliste qui rend la vie difficile à Israël. Téhéran a repris le flambeau là où Riyad l'avait laissé. Dans le cadre d'une action secrète bien établie faisant appel à la diplomatie, les États-Unis ont persuadé l'Arabie saoudite que des fanatiques fondamentalistes islamiques pouvaient et allaient très probablement la menacer à l'avenir.

Utilisant les techniques enseignées à feu l'ayatollah Khomeini par le MI6, le gouvernement iranien a adapté ces techniques au Hamas, qui s'avèrent très efficaces. Habitués à pouvoir pénétrer l'OLP sans trop de difficultés, les services de renseignements israéliens ont découvert qu'ils avaient affaire à quelque chose de différent avec le Hamas. Le cas du garde-frontière israélien Nissim Toledano illustre bien cette situation. Toledano a été assassiné le 14 décembre 1992 et le Shin Beth, l'agence de sécurité intérieure d'Israël, n'a toujours pas d'indices sur le responsable.

Il y a aussi un autre meurtre non résolu, celui de Haïm Naham, un agent du Shin Beth qui a été tué dans son appartement à Jérusalem le 3 janvier 1993. Selon des sources de Beyrouth, les services de renseignements israéliens sont déconcertés et admettent en privé que l'expulsion de 415 Palestiniens soupçonnés d'être des dirigeants du Hamas n'a pas empêché ce dernier de fonctionner au même niveau qu'avant les expulsions. Les Israéliens ont découvert que le Hamas est basé sur le modèle du MI6 iranien, avec de petits groupes très dispersés au sein des cellules sans aucun lien organisé entre elles, présentant un front difficile à briser.

La personne la plus probable au cœur du Hamas est Azzedine al Kassam. Selon les sources du renseignement, il existe environ 100 cellules, chacune comptant cinq membres. Ces cellules sont toutes autonomes, mais un groupe de sept hommes, dont l'un est Tarek Dalkamuni, peut aider à coordonner les activités. On pense que Dalkamuni a remplacé le cheikh Ahmed Yassine, qui est dans une prison israélienne depuis 1989.

La naissance du Hamas est le résultat d'une action secrète sanctionnée par le gouvernement iranien, opérant sous couverture diplomatique à Damas, en Syrie. En mars 1987, une réunion s'est tenue dans la bande de Gaza, en présence de personnel iranien et syrien, au cours de laquelle le soulèvement de l'Intifada est né. Le Maijlis as-Choura (conseil consultatif) islamique envoie Mohammed Nazzal et Ibrahim Gosche rencontrer l'ambassadeur iranien en Syrie, Ali Akharti.

Le chef des services de renseignement syriens, le général Ali Duba, était également présent. Il s'agit d'un assez bon exemple de la façon dont les opérations secrètes sont menées, en utilisant les canaux diplomatiques et les fêtes privées.

Après une réunion fructueuse le 21 octobre 1992, la délégation du Majlis s'est rendue à Téhéran accompagnée d'Abu Marzuk, un fondamentaliste de premier plan, où elle a rencontré d'autres dirigeants fondamentalistes du PLFP d'Ahmed Jabril, du Hezbollah libanais, d'Al Fatah et du Hamas. Des discussions ont eu lieu avec des représentants du gouvernement iranien, qui ont abouti à un accord selon lequel l'Iran fournirait du personnel financier, logistique et militaire pour former les fondamentalistes dans les camps au Soudan.

Un conseil de direction de 12 personnes a été créé, dont Mahomet Siam (Khartoum), Musa Abu Marzuk (Damas), Abdul Nimr Darwich, Imad-al-Alami, Abdul Raziz al-Runtissi (Gaza) (l'un des 415 Palestiniens expulsés par Israël), Ibrahim Gosche et Mohamed Nizzam (Amman), Abu Mohamed Mustafa (Beyrouth). Ce groupe a été formé aux méthodes du MI6 utilisées pour faire tomber le Shah d'Iran et, à ce jour, il s'avère difficile d'essayer de pénétrer le Hamas.

L'Iran a intensifié une phase active d'opposition à ce que le gouvernement de Téhéran perçoit comme la politique pro-israélienne des États-Unis lorsque l'accord conclu au moment de la crise des otages aurait été rompu par Washington. L'utilisation du Hezbollah dans des actions secrètes contre les États-Unis avait pour but de faire pression sur l'opinion publique américaine et de la faire se retourner contre Israël. L'Iran a utilisé ici la méthodologie des relations humaines de Tavistock transmise à ceux qui ont renversé le Shah d'Iran.

Le fondateur de Tavistock et brillant technicien, John Rawlings Reese, a ensuite adapté les techniques de gestion militaire de la "recherche opérationnelle" afin qu'elles puissent être appliquées au "contrôle d'une société, d'une unité individuelle jusqu'à des millions d'unités de ce type, c'est-à-dire les personnes et la société et la nation qu'elles constituent collectivement". Pour y parvenir, un traitement rapide des données était nécessaire, et il est apparu avec le développement de la programmation linéaire en 1946, après son invention par George B. Dantzig. De manière significative, 1946 est l'année où Tavistock déclare la guerre à la nation américaine. Cela a ouvert la voie au contrôle total de la population.

Le gouvernement de Téhéran de l'ayatollah Khomeini a permis la création d'une organisation d'action secrète connue sous le nom de Hezbollah. Plus tard, grâce au Hezbollah, un certain nombre d'Américains et d'autres ressortissants étrangers ont été enlevés à Beyrouth et dans d'autres régions du Moyen-Orient et détenus dans des lieux secrets. Le système de cellules de 5 hommes a fonctionné à la perfection. Ni le MI6 ni la CIA ne sont parvenus à briser les codes du Hezbollah et les otages ont langui pendant des années jusqu'à ce que les États-Unis soient contraints de reconnaître leur défaite et d'entamer des négociations avec le Hezbollah.

Un accord a été conclu selon lequel, peu après la libération du dernier otage détenu par le Hezbollah, les États-Unis débloqueraient les comptes bancaires et les instruments financiers iraniens dont le montant est estimé à 12 milliards de dollars. Les États-Unis débloqueraient également les équipements militaires commandés et payés par le Shah, qu'ils n'avaient pas livrés, d'une valeur estimée à 300 millions de dollars. En outre, l'Iran serait autorisé à rejoindre le Conseil de coopération du Golfe afin qu'il puisse participer aux délibérations sur Israël. En outre, les États-Unis s'engagent à ne pas mener d'activités secrètes contre l'Iran à l'intérieur de leurs frontières nationales et à ne pas chercher à punir les ravisseurs du Hezbollah qui ont trouvé refuge au Téhéran.

Cependant, Téhéran a déclaré que Washington avait agi de mauvaise foi en ne tenant pas une seule de ses promesses. Les comptes bancaires n'ont pas été débloqués, l'équipement militaire payé par le Shah n'a pas été rendu à l'Iran, la CIA a en fait intensifié ses activités secrètes à l'intérieur du pays, et l'Iran reste toujours exclu du Conseil de coopération du Golfe. Téhéran souligne avec colère l'augmentation des attaques terroristes à Téhéran, attaques qui ont commencé en 1992 après la remise du dernier otage.

Le commandant des Pasdarans a accusé la CIA d'avoir constitué un réseau de royalistes autour de Massoud Radjavi, chef des moudjahids, et de Babak Khoramdine, et d'avoir orchestré des attaques contre des casernes de Pasdarans, des bâtiments publics — dont une bibliothèque —, une attaque contre le cortège funéraire de feu Hachemi Rafsanjani et la profanation de la tombe de l'ayatollah Khoemini. Ces attaques n'ont pas été rapportées par les médias américains. Officiellement, les relations diplomatiques entre les États-Unis et l'Iran sont décrites comme bonnes.

Pour en revenir au Hamas. En utilisant les canaux diplomatiques, l'Iran et la Syrie ont essayé d'influencer la France pour qu'elle soutienne secrètement le Hamas. Le millionnaire libanais Roger Edde, qui servait d'intermédiaire entre la France et la Syrie, a approché le ministre des Affaires étrangères Roland Dumas. La Syrie a fait pression sur Dumas au sujet de l'achat d'une nouvelle installation radar qui, selon Damas, devait aller à Thomson, le conglomérat français géant. Il a été indiqué que le paiement des dettes de la Syrie envers la France pourrait être retardé au cas où les causes des fondamentalistes islamiques ne seraient pas vues d'un bon œil par l'Élysée. Cependant, le gouvernement français est resté officiellement inflexible sur son refus de soutenir le

Hamas. Le contact avec le radar a été confié à Raytheon, une société américaine. Le paiement de la dette a été retardé, avec de gros inconvénients pour la France. Sur le plan extérieur, les relations diplomatiques entre la Syrie et la France restent cordiales.

L'Iran a un vieux compte à régler avec les services de renseignement britanniques et américains qui remonte à 1941 et 1951, lorsque des actions secrètes grossières ont été menées contre l'Irak par le MI6 et la CIA pour provoquer la chute du Dr Mohamed Mossadegh. Bien qu'il ait sa place dans ce chapitre, le récit de la façon dont Acheson, Rockefeller, Roosevelt et Truman ont subverti l'Iran se trouve dans le chapitre consacré aux transactions pétrolières de Rockefeller au Moyen-Orient.

La CIA et le MI6 ont eu une seconde chance avec l'Iran lorsque le Shah a commencé à s'opposer au vol à main armée des compagnies pétrolières américaines et britanniques ayant des concessions en Iran. Les compagnies pétrolières ont alors conclu un accord avec le président Carter, et une copie conforme de l'opération Mossadegh a été lancée. Soixante agents de la CIA et dix du MI6 ont été envoyés à Téhéran pour saper le Shah et provoquer sa chute, puis son assassinat.

L'action secrète ne signifie pas toujours des opérations de renseignement et des groupes terroristes avec le soutien de leur gouvernement. Elle peut prendre, et prend effectivement, la forme d'une coopération technologique, notamment dans les domaines de la surveillance et du contrôle des communications. Parce qu'il est généralement peu spectaculaire, ce type d'"espionnage" ne suscite pas beaucoup d'intérêt, mais il constitue l'un des exemples les plus clairs de diplomatie par le mensonge.

Deux des postes d'écoute les plus importants et les plus complets du monde sont situés en Angleterre et à Cuba. Le Government Communications Headquarters (GCHQ) de Cheltenhanm, en Angleterre, est probablement l'un des pires contrevenants en matière d'espionnage. Bien que la Constitution des États-Unis interdit l'espionnage de ses citoyens, l'Agence nationale de sécurité (NSA), en étroite collaboration avec le GCHQ, trompe les populations des deux pays dans leurs opérations de surveillance globale en cours. Le Congrès américain est soit inconscient de ce qui se passe (impensable), soit, très probablement, trop intimidé pour mettre un terme à ces actes illégaux qui se produisent chaque jour à la NSA.

En plus de son installation de Cheltenham, le gouvernement britannique écoute les conversations téléphoniques de ses citoyens à partir de son installation d'écoute téléphonique d'Edbury Bridge Road à Londres. Certains accords ont été conclus à un niveau diplomatique, ce qui n'en fait pas moins une tromperie pour les citoyens des pays signataires. L'UKUSA est l'un de ces accords typiques de diplomatie par le mensonge. L'UKUSA ne travaillerait qu'au niveau du renseignement militaire, mais ma source affirme que ce n'est pas vrai. À l'origine, il s'agissait d'un accord diplomatique entre le Royaume-Uni et les États-Unis, mais le pacte a été élargi pour inclure les pays de l'OTAN, le Canada et l'Australie.

Cependant, au cours des dernières années, il a également inclus la Suisse et l'Autriche, et il existe maintenant des preuves que le trafic à destination et en provenance de sociétés commerciales est surveillé, même les partenaires britanniques de la CEE, le Japon, l'Afrique du Sud et l'Iran. Le MI6 dispose d'un département distinct pour la collecte de renseignements économiques, appelé Overseas Economic Intelligence Committee (OEIC). En fait, l'expansion de cette division est ce qui a rendu nécessaire le déménagement du MI6 du Broadway Building, qui donnait sur Queen Anne's Gate, au Century Building, près de la station de métro North Lambeth à Londres.

Les États-Unis disposent désormais d'une nouvelle agence de collecte de renseignements appelée Information Security Oversight Office (ISOO), qui coopère avec son homologue britannique en matière d'industrie, de commerce et également de sécurité industrielle. L'ISOO travaille avec l'International Computer Aided Acquisitions and Logistic Support Industry Steering Group des États-Unis. Son activité concerne la réglementation de la technologie commerciale.

Le Comité des 300 contrôle ces organisations et est la puissante force invisible derrière la décision d'obliger les téléphones mobiles cellulaires britanniques et suisses de la prochaine génération d'algorithme de 256 octets à se conformer aux "exigences d'espionnage" des services de sécurité britanniques et américains. Il est presque certain que seule la version ASX5 avec un algorithme de 56 octets plus facile à écouter sur le téléphone sera autorisée. C'est l'une des méthodes utilisées par les gouvernements pour contrôler secrètement leur population.

En janvier 1993, des représentants de la NSA et du GCHQ ont tenu une conférence au cours de laquelle ils ont fait savoir que seule la version AS5X, moins complexe, serait autorisée. Aucune discussion n'a eu lieu avec le Congrès américain, pas de forums ouverts, comme l'exige la Constitution américaine. Lorsque des téléphones A5 difficiles à pénétrer existent déjà, ils sont rappelés pour des "ajustements techniques". Les ajustements techniques consistent à remplacer la puce A5 de 256 octets par une puce A5Z de 509 octets. C'est ainsi que l'espionnage illégal devient de plus en plus facile à réaliser, le peuple américain étant trompé par la diplomatie mensongère à de nombreux niveaux différents, mais interconnectés.

Même les téléphones publics ont fait l'objet d'un examen minutieux par les services de sécurité. À New York, par exemple, sous le couvert d'une prétendue "lutte contre la criminalité", le système des téléphones publics a été truqué de manière à ce que les téléphones ne puissent pas recevoir d'appels entrants. Le service de police de New York pensait pouvoir empêcher que les téléphones publics soient utilisés pour des transactions de drogue, par exemple, ou empêcher les figures du crime organisé de converser entre elles, en privé. Cela n'a pas très bien fonctionné, mais il y a eu aussi des succès.

La dernière technologie consiste à donner à tous les téléphones publics un numéro spécial. Dans certains pays d'Europe, les téléphones publics se terminent par 98 ou 99. Cela permet de "localiser" rapidement les téléphones publics lorsqu'ils sont utilisés pour des conversations "sécurisées" ; seul le fait d'appeler depuis un téléphone public n'est plus "sécurisé". Dans les cas réels, comme lorsqu'un crime est en cours ou que des kidnappeurs appellent pour demander une rançon, il s'agit effectivement d'un outil très utile, mais qu'advient-il de la vie privée de l'individu dans les cas où aucun crime n'est impliqué ? Les conversations téléphoniques de citoyens innocents sont-elles espionnées ? La réponse est un "oui" très clair.

Le public n'est pas conscient de ce qui se passe en Amérique, et le Congrès semble avoir failli à sa tâche. Aucune des surveillances potentiellement dommageables qui se déroulent à grande échelle dans cette nation n'est légale, de sorte que la tromperie se poursuit sans contrôle. Le Congrès semble lent à agir lorsqu'il s'agit de superviser les activités d'espionnage à l'étranger, et n'est pas du tout enclin à agir contre la prolifération de l'espionnage des citoyens dans le pays.

Cette apathie du Congrès à l'égard du droit à la vie privée garanti par la Constitution des États-Unis contraste étrangement avec les préoccupations exprimées chaque fois que des problèmes externes sont abordés. Le directeur de la CIA, James Woolsey Jr., a remis au Congrès une "liste d'analyse des menaces", consistant en une évaluation par la CIA des nations qui possèdent des éléments tels que des missiles sol-air avancés. Woolsey a déclaré au Congrès que la Syrie, la Libye et l'Iran disposent de missiles de croisière opérationnels capables de détecter des avions "furtifs" et de menacer les forces navales américaines dans le Golfe.

Le Pakistan est également connu pour posséder de tels missiles de croisière, et est le plus susceptible de les utiliser contre l'Inde, si une guerre devait éclater. Le gouvernement américain a longtemps cherché un stratagème diplomatique par lequel l'Inde et le Pakistan sont montés les uns contre les autres. Les États-Unis craignent que le Pakistan n'utilise ses fusées pour aider la Syrie et l'Iran contre Israël, ce qui risque fort de se produire si un "Jihad" devait éclater. Les États-Unis utilisent toutes les ruses diplomatiques et les actions secrètes pour persuader le Pakistan de ne pas envisager de joindre ses forces à celles de l'Iran dans un "Jihad" au cours duquel le Pakistan utiliserait ses armes nucléaires.

L'action secrète fait passer le renseignement d'un rôle passif à un rôle actif, étroitement lié par nature au recours à la force, souvent sous couvert de diplomatie. Dans les deux cas, il s'agit d'une action de moyens contre un gouvernement étranger ou un groupe à l'intérieur de ses frontières. La définition des activités secrètes ou des activités spéciales énoncée dans l'Executive Order 12333 est dénuée de sens et de valeur pour deux raisons :

> "Par activités spéciales, on entend les activités menées à l'appui des objectifs de la politique étrangère nationale à l'étranger, qui sont planifiées et exécutées de manière à ce que le rôle des États-Unis ne soit pas apparent ou reconnu publiquement, ainsi que les fonctions d'appui à ces activités, mais qui ne sont pas destinées à influencer les processus politiques, l'opinion publique, les politiques ou les médias des États-Unis, et ne comprennent pas les activités diplomatiques ou la collecte et la production de renseignements ou les actions de soutien connexes."

En premier lieu, les ordres exécutifs sont clairement illégaux, car il s'agit de proclamations, et les proclamations ne peuvent être faites que par les rois. Il n'y a rien dans la Constitution américaine qui autorise les ordres exécutifs. En second lieu, il est impossible de respecter les directives énoncées ci-dessus, même si elles étaient légales. Seules les personnes très mal informées croiraient, par exemple, que les États-Unis ne sont pas à l'origine de la chute du Shah d'Iran, ou que la CIA n'a joué aucun rôle en Iran pour influencer les processus politiques des États-Unis. Dans le monde d'aujourd'hui, la CIA serait en faillite si elle respectait l'Executive Order 12333.

Mais il existe d'autres armes secrètes à la disposition de la CIA et du MI6, auxquelles nous avons fait référence précédemment, qui peuvent contourner toutes les restrictions écrites, quel que soit le niveau auquel elles sont proposées. Le système développé à Tavistock est le plus utilisé et, comme nous l'avons indiqué précédemment, c'est la meilleure arme pour le contrôle social de masse et le génocide de masse, l'objectif ultime du contrôle des personnes.

Les assassinats font partie des activités secrètes, même si aucun gouvernement n'admettra jamais qu'il approuve le meurtre comme moyen de résoudre des problèmes de politique étrangère et intérieure jugés impossibles à résoudre par d'autres moyens. Je n'ai pas l'intention de dresser la liste de tous les assassinats qui ont eu lieu en conséquence directe des activités secrètes, ce qui nécessiterait la rédaction d'un livre à part entière. Je limiterai donc mon récit aux assassinats récents et bien connus dans un contexte diplomatique ou politique.

Les coups de feu qui ont tué l'archiduc Ferdinand et son épouse à Sarajevo ont résonné dans le monde entier, et sont généralement acceptés comme la cause de la Première Guerre mondiale, bien que ce ne soit pas le cas, mais une perception préparée pour le grand public. Tavistock fait maintenant bien la "perception préparée". Les services de renseignement britanniques et russes ont été fortement impliqués dans les fusillades. Dans le cas de la Grande-Bretagne, c'est le désir de déclencher une guerre avec l'Allemagne qui était la motivation, et dans la mesure où cela impliquait la Russie, l'objectif était de faire entrer la Russie dans une telle guerre, et ainsi de l'affaiblir pour la révolution bolchevique à venir.

L'assassinat de Martin Luther King Jr, leader des droits civiques des Noirs, est une affaire qui mérite d'être examinée de plus près, car elle pue à plein nez l'activité secrète et la corruption. La nation américaine, et plus particulièrement la population, est convaincue que James Earl Ray a tiré le coup de feu qui a tué King. C'est la "perception préparée". Le problème, c'est que personne n'a encore été en mesure de situer Ray dans la chambre de motel, à la fenêtre, avec le fusil à la main, à 18 h 1 le 5 avril 1968.

Ray maintient son innocence, ayant été piégé, dit-il, par Raoul, un personnage mystérieux que Ray avait rencontré à Memphis pour vendre des armes. Le 5 avril, vers 17 h 50, Ray dit que

Raoul lui a donné 200 dollars et lui a dit d'aller voir un film, afin que lui, Raoul et le trafiquant d'armes, à son arrivée, puissent parler plus librement que s'il (Ray) était présent. En examinant l'affirmation de Ray selon laquelle il est le "bouc émissaire", notons ce qui suit, qui, pris ensemble, semblerait soutenir Ray et affaiblir le cas de "perception préparée" de King.

1) Les officiers de police de Memphis qui surveillaient King, se tenaient sous le balcon du Lorraine Motel où King est apparu. L'un d'eux, Solomon Jones, a déclaré avoir observé un homme au visage recouvert d'un drap blanc dans un bouquet de buissons situé en face du balcon et directement devant celui-ci. L'homme a également été vu par EarlCaldwell, un journaliste du *New York Times*. Caldwell a déclaré : "Il était en position baissée. Je n'ai pas vu d'arme dans les mains de l'homme..." Ni Jones ni Caldwell n'ont jamais été interrogés par un service de police sur ce dont ils ont été témoins.

2) Willy Green, un mécanicien à qui Ray a demandé de réparer un pneu crevé sur sa Mustang, se souvient clairement avoir parlé avec Ray quelques minutes avant que King ne soit abattu. La station-service où l'incident a eu lieu se trouve à quatre pâtés de maisons de l'immeuble d'habitation sur South Main à Memphis où Ray logeait. Il est impossible que Ray se soit trouvé à deux endroits différents au même moment.

3) L'angle d'entrée du coup de feu correspond à un coup de feu tiré depuis la touffe de buissons mentionnée par Jordan et Caldwell. Il est incompatible avec un coup de feu tiré depuis la fenêtre de Ray.

4) Le fusil prétendument utilisé pour tuer King aurait dû être coincé dans le mur de la salle de bain s'il avait été tiré depuis la fenêtre. La salle de bain n'était pas assez large autrement, et pourtant, lorsque le FBI a examiné la salle de bain, il n'y avait aucune marque sur le mur, sans parler des dommages qui auraient été causés par la crosse du fusil.

5) Lorsque les adjoints du shérif se sont précipités vers l'appartement d'où ils pensaient que le coup de feu était parti, il

n'y avait rien devant la porte d'entrée. L'adjoint Vernon Dollohite était à la porte moins de deux minutes après que le coup de feu ait retenti. Il a dit aux enquêteurs qu'il n'y avait rien près de la porte. Pourtant, pendant les quelques secondes où Dollohite est entré dans le Jim's Grill, juste à côté de l'appartement, quelqu'un a laissé un paquet contenant un caleçon — la mauvaise taille pour Ray — une paire de jumelles et le fusil de chasse nettoyé de ses empreintes sur le trottoir près de la porte.

Ray est censé avoir pu sauter de la baignoire dans laquelle il se serait tenu pour tirer le coup de feu, nettoyer les jumelles et le pistolet des empreintes digitales et palmaires, les déposer dans un sac avec quelques canettes de bière (également nettoyé) se précipiter à 85 pieds dans le couloir, descendre un escalier, monter dans sa Mustang qui était garée à une certaine distance — tout cela dans l'espace de moins de 20 secondes pendant lesquelles l'adjoint Dollohite a quitté la porte de l'appartement.

6) Ray a pu, d'une manière ou d'une autre, voyager au Canada et en Angleterre uniquement grâce aux 200 dollars qu'il dit avoir obtenus de Raoul, mais quand il a été appréhendé, Ray avait 10 000 dollars en liquide sur lui. L'un des noms empruntés par Ray était Eric Starvo Galt, un citoyen canadien qui présentait une étonnante ressemblance avec Ray dont le nom était apparu dans un dossier top secret. Ray a déclaré avoir trouvé Galt au Canada par ses propres moyens ; personne ne lui a donné d'instructions ou d'argent. Les autres noms utilisés par Ray étaient ceux de personnes vivant également au Canada : George Raymond Sneyd et Paul Bridgman.

7) Le registre de la maison de chambres à Memphis a disparu et n'a jamais été retrouvé. Le seul témoin pouvant relier Ray au meurtre de King est un ivrogne, Charles Q. Stephens, dont la femme a déclaré que son mari était en état d'ébriété au moment de la fusillade et n'avait rien vu. Dans un premier temps, Stephens a dit qu'il n'avait rien vu, puis plus tard dans la soirée, il est passé à une deuxième version :

"J'ai vu qui l'a fait, c'était un nègre, je l'ai vu sortir en courant des toilettes..." Le chauffeur de taxi James McGraw dit que

Stephens était ivre l'après-midi du 5 avril. Bessie Brewer a entendu Stephens changer d'avis et a déclaré : "Il était si ivre qu'il n'a rien vu." Un photographe de presse, Ernest Withers, a déclaré que Stephens lui avait dit qu'il n'avait rien vu.

Aucun des organismes d'enquête ne s'est intéressé à Stephens, jusqu'à ce que la police lui rafraîchisse soudainement la mémoire en lui montrant une photographie de Ray. À ce moment-là, Stephens a déclaré que Ray était l'homme qu'il avait vu s'enfuir de la maison de chambres. Le FBI a placé Stephens dans un hôtel au coût de 31 000 dollars afin de le "protéger", mais n'a pas dit de qui. Cependant, Grace Walden, la concubine de Stephens, a été mystérieusement emmenée de force dans un établissement psychiatrique de Memphis, par un employé non identifié du gouvernement de la ville de Memphis. Se pourrait-il que Walden ait pu faire échouer le témoignage du seul témoin du gouvernement contre Ray ?

Walden a été retenue dans l'établissement et son avocat a intenté un procès contre le FBI, la police de Memphis et le procureur du comté, les accusant d'avoir conspiré pour priver Walden de ses droits civils. Elle affirme que Stephens était sur le point de s'évanouir après avoir bu lorsque le coup de feu a retenti. Elle dit avoir vu un homme blanc, sans arme dans les mains, quitter la salle de bains de la maison de chambres peu après avoir entendu le coup de feu.

8) Que le procès de Ray ait été une parodie de procès ne peut être contesté. Son avocat, Percy Foreman, de l'avis de nombreux avocats experts, et de mon point de vue, s'est transformé en Judas et a obtenu que Ray plaide coupable. Foreman avait défendu 1500 personnes accusées de meurtre et avait gagné presque tous ces cas. Les experts disent que si Percy n'avait pas contraint Ray à plaider coupable, en raison du manque de preuves, Ray aurait été déclaré non coupable. En amenant Ray à plaider coupable, Forman a accompli l'impensable, Ray a renoncé à son droit d'appel pour une motion en vue d'un nouveau procès, à des appels devant la Cour d'appel du Tennessee, à des appels devant la Cour suprême du Tennessee et, enfin, à un réexamen de

l'affaire par la Cour suprême.

Toute la vérité sur l'identité du meurtrier de King ne sera probablement jamais révélée, et en cela, elle présente de puissantes similitudes avec le meurtre de John F. Kennedy. Il y a trop de doutes autour de la mort de King, et même feu Jim Garrison, ancien procureur de La Nouvelle-Orléans, a déclaré qu'il croyait qu'il y avait un lien entre les meurtres de King et de Kennedy, sur la base de ce qu'il a appris de Rocco Kimball, qui a passé de nombreux appels téléphoniques à David Ferrie. Kimball dit qu'il a fait voyager Ray des U.S. à Montréal. Ray le nie. L'autre similitude entre les meurtres de Kennedy et de King est qu'il s'agissait dans les deux cas d'opérations secrètes, très probablement validées par des responsables gouvernementaux de très haut niveau.

Ray dit avoir rencontré Raoul à Montréal, au Canada, après s'être échappé du pénitencier d'État du Missouri. (La façon dont l'évasion a été accomplie est également un mystère). Apparemment, Raoul a incité Ray à travailler pour lui dans un certain nombre de domaines, puis l'a incité à revenir en Alabama. Pendant son séjour à Montréal, Ray cherchait des faux papiers d'identité et a été présenté à Raoul qui prétendait être en mesure de répondre à ses besoins, à condition que Ray effectue certaines missions pour lui. Rays déclare qu'après un certain nombre de réunions, il a accepté de travailler pour Raoul.

Après plusieurs voyages transfrontaliers (dont un au Mexique), Ray dit que Raoul voulait qu'il aille en Alabama. Après une longue discussion, au cours de laquelle Ray dit avoir exprimé de sérieuses réserves sur le fait d'aller dans cet état, Ray est finalement allé à Birmingham. Ray a fait plusieurs boulots ; il a livré des colis au contenu inconnu et a téléphoné à Raoul depuis Birmingham assez fréquemment pour obtenir de nouvelles missions.

Selon Ray, Raoul lui a ensuite dit que son dernier travail était imminent, pour lequel il serait payé 12 000 dollars. Toujours selon Ray, il lui a été demandé d'acheter un fusil à chevreuil très puissant avec une visée télescopique.

9) Ray dit que Raoul l'a accompagné pour acheter un fusil de chasse chez Aeromarine Supply, et Ray dit que Raoul est ensuite retourné seul au magasin pour échanger le fusil contre un Remington 30.06.

10) La police de Memphis a mystérieusement retiré la protection de King. Environ 24 heures avant qu'il ne soit abattu, l'unité de sept hommes s'est retirée. Le directeur de la police de Memphis, Frank Holloman, nie en avoir donné l'ordre et affirme qu'il n'était même pas au courant qu'un tel ordre avait été émis. Le matin du 5 avril 1968, quatre des unités spéciales de la police de Memphis ont reçu l'ordre de se retirer. Personne au sein de la police de Memphis ne sait d'où vient cet ordre.

Dans l'un des épisodes les plus mystifiants de ce mystère non résolu, Edward Redditt, qui travaillait comme détective au sein de la police de Memphis, a été attiré loin de son poste par une série de messages radio qui se sont révélés faux par la suite. Selon Redditt, il surveillait le Lorraine Motel depuis un point d'observation situé en face du Motel, où King séjournait, lorsqu'il a été contacté à la radio par E. H. Arkin, un lieutenant de la police de Memphis Arkin a demandé à Redditt d'arrêter sa surveillance et de retourner au quartier général.

À l'arrivée, les agents des services secrets ont ordonné à Reditt de se présenter à l'hôtel Holiday Inn à Rivermont, car il y avait un contrat sur sa vie. Redditt a refusé, affirmant qu'il était le seul policier à connaître de vue tous les klansmen[8] locaux et les membres de l'entourage de King.

Cependant, le chef de la police de Memphis, Frank Holloman, a passé outre et, accompagné de deux officiers de police, Redditt a été conduit chez lui pour récupérer ses vêtements et ses articles de toilette. Dans une dérogation inhabituelle à la procédure policière, les deux officiers se sont assis dans la salle d'entrée de la maison de Redditt, plutôt que dans la voiture à l'extérieur. Redditt n'est pas rentré chez lui depuis plus de dix minutes lorsqu'une émission spéciale de radio d'urgence annonce le

---

[8] Homme du clan, NDT.

meurtre de King.

11)   L'avis de recherche de Galt disait qu'il (Galt) avait pris des cours de danse à La Nouvelle-Orléans en 1964 et 1965, alors qu'en fait Ray était à l'époque dans le pénitencier d'État du Missouri. Le procureur général Ramsey Clark, arrivé sur les lieux après que le FBI ait écarté tous les autres organismes d'application de la loi de l'affaire, a déclaré que "toutes les preuves que nous avons sont que c'est l'œuvre d'un seul homme". Pourquoi cette hâte inconvenante à annoncer une conclusion aussi lourde de conséquences, alors que l'enquête n'en était qu'à ses débuts ? Les lecteurs conviendront qu'il y a trop d'éléments qui militent contre l'idée que Ray a tué Martin Luther King.

Le président George Bush mérite également une mention spéciale. Bush est probablement le président le plus accompli de tous les temps, et de nombreux cas concrets prouvent cette affirmation. Le problème des Américains est que nous croyons que le gouvernement des États-Unis est plus honnête, plus moral et plus ouvert dans ses relations que les gouvernements étrangers. C'est ce qu'on nous apprend depuis l'enfance. George Bush a prouvé que cette perception était fausse à cent pour cent.

Le scénario de la guerre du Golfe a en fait été élaboré dans les années 70. Il a failli être dévoilé par plusieurs articles de journaux dans lesquels James McCartney rapporte "Un programme secret des États-Unis". Selon McCartney, le gouvernement secret des États-Unis a décidé, au début de 1970, de fonder sa politique pour le Moyen-Orient sur le fait que le contrôle du pétrole de la région serait arraché aux Arabes. Il fallait trouver un prétexte pour établir une présence militaire américaine substantielle dans cette région — mais pas en Israël.

Robert Tucker, écrivant dans le magazine juif *Commentary* de janvier 1975, a déclaré que les États-Unis devaient surmonter toute réticence à l'égard d'une intervention armée dans d'autres pays, et il a spécifiquement mentionné la région du golfe Persique dans ce contexte Tucker a déclaré que ce qu'il fallait, c'était une frappe préventive pour établir le contrôle du pétrole du Moyen-Orient, et ne pas attendre qu'une crise survienne pour agir.

Apparemment, l'un des architectes de cette notion effrontée était Bush, qui a suivi les croyances de James Akins, ambassadeur américain en Arabie Saoudite d'octobre 1973 à décembre 1975. Les opinions d'Akins ont constitué la base des politiques de l'administration Reagan-Bush, et il est intéressant de noter que le scénario ostensiblement écrit par Akins a été suivi exactement par George Bush lorsqu'il a engagé l'Amérique dans une guerre illégale contre l'Irak.

Des enquêtes ultérieures ont révélé qu'Akins n'avait fait que lire un script d'Henry Kissinger, que ce dernier avait rédigé sous le titre "Sécurité énergétique". Kissinger a d'abord préconisé un assaut direct sur l'Arabie Saoudite, mais le plan a été modifié, et une nation plus petite a été substituée à l'Arabie Saoudite.

Kissinger a raisonné que la saisie du pétrole du Moyen-Orient comme mesure préventive serait acceptable pour le peuple des États-Unis, et une idée qui pourrait facilement être vendue au Congrès. Selon ma source à Washington, l'idée a été acceptée avec alacrité par Bush, qui avait une grande expérience de la tromperie et son passage à la CIA a aiguisé son appétit pour ce que certains disent être son penchant naturel. Le plan Kissinger de "sécurité énergétique" a été repris par Bush et appliqué à l'Irak. On croit fermement que la querelle entre l'Irak et le Koweït au sujet du vol par Al Sabah du pétrole des champs pétrolifères de Rumaila, et le sabotage de l'économie irakienne en vendant le pétrole volé à un prix inférieur à celui de l'OPEP, ont été élaborés par la CIA en collaboration avec Kissinger Associates.

En poussant l'Irak dans un conflit ouvert par la conduite traître d'April Glaspie, Bush a vu ses plans se réaliser April Glaspie aurait dû être jugée pour avoir menti au Congrès, mais il est peu probable que cela se produise. Juste au moment où Bush pensait avoir la partie en main, le roi Hussein de Jordanie a presque jeté un pavé dans la mare. Selon ma source de renseignements, confirmée par la suite par Pierre Salinger de la chaîne ABC, le roi Hussein pensait que les États-Unis étaient de bonne foi et qu'ils accueilleraient favorablement un règlement de la crise entre l'Irak et le Koweït par des moyens pacifiques plutôt que par un conflit armé.

Se fondant sur sa croyance en l'intégrité de l'administration Bush, Saddam Hussein appelle Bagdad et demande au président Hussein de soumettre la querelle à l'arbitrage des nations arabes. Le roi Hussein assure à Saddam Hussein qu'il a la bénédiction de Washington pour une telle démarche. Le 3 août, l'avancée militaire irakienne vers la frontière du Koweït a été stoppée afin de donner une chance à l'arbitrage proposé. Mais Saddam Hussein avait une autre condition : le dictateur égyptien, Hosni Moubarak, devait accepter la proposition d'arbitrage.

Le roi Hussein appelle Moubarak, qui donne volontiers son assentiment au plan. Ensuite, le roi Hussein a appelé le président Bush, qui a pris l'appel dans l'Air Force I, alors qu'il était en route pour Aspen pour rencontrer Margaret Thatcher, qui avait été envoyée pour remettre l'ultimatum de l'Institut Royal des Affaires Internationales demandant aux forces militaires américaines d'attaquer l'Irak. Selon des sources des services de renseignement, partiellement confirmées par Salinger, Bush était enthousiasmé par l'initiative du roi Hussein et a promis au dirigeant jordanien que les États-Unis n'interviendraient pas.

Mais une fois que le roi Hussein a mis fin à la conversation, Bush a appelé Moubarak et lui a dit de ne pas prendre part à des discussions d'arbitrage interarabe. Bush aurait appelé Thatcher pour l'informer de sa conversation avec le roi Hussein. Comme Chamberlain à l'époque de Munich, le roi Hussein allait découvrir qu'un règlement pacifique du conflit Irak-Kuwait était la dernière chose que les gouvernements américain et britannique souhaitaient.

Après avoir obtenu l'approbation de Thatcher, Bush aurait à nouveau appelé Moubarak et lui aurait ordonné de faire tout son possible pour faire échouer l'effort de médiation arabe. La récompense, comme nous le savons maintenant, est arrivée plus tard, lorsque Bush a illégalement "effacé" la dette de 7 milliards de dollars de l'Égypte envers les États-Unis. Bush n'avait pas l'autorité constitutionnelle pour effacer la dette égyptienne. Moubarak dénonça violemment les propositions de médiation. Bush a commencé à proférer des menaces à l'encontre de l'Irak. Ce n'est que quelques heures après que le roi Hussein ait dit au président Hussein qu'ils avaient tous deux été déçus que l'armée irakienne a franchi la frontière avec le Koweït.

Le rôle des États-Unis et de la Grande-Bretagne dans le déclenchement de la guerre contre l'Irak est un cas classique de diplomatie par le mensonge. Tout en parlant de paix au Moyen-Orient, notre gouvernement, auquel nous faisons si imprudemment confiance, préparait la guerre contre l'Irak depuis les années 1970. La guerre du Golfe a été délibérément provoquée conformément à la politique de Kissinger. Ainsi, même si Kissinger n'était pas un fonctionnaire du gouvernement, il a exercé une grande influence sur la politique étrangère des États-Unis au Moyen-Orient.

L'attentat à la bombe contre le vol 103 de la Pan Am est un autre exemple terrible d'activité secrète. Tous les faits ne sont pas encore connus et ne le seront peut-être jamais, mais ce que l'on sait jusqu'à présent, c'est que la CIA était impliquée et qu'il y avait au moins cinq agents de haut niveau de la CIA à bord, transportant 500 000 dollars en chèques de voyage. Selon certaines informations, la CIA aurait filmé le chargement du sac contenant la bombe, mais ces informations n'ont pas encore été confirmées par d'autres sources.

VIII. La vérité sur le Panama

L'un des exemples les plus récents est peut-être aussi le cas le plus flagrant jamais enregistré : le traité Carter-Torrijos sur le canal de Panama. Ce traité mérite d'être examiné de plus près qu'il ne l'a été à l'époque où il a été rédigé et prétendument négocié. J'espère faire ressortir des implications importantes qui n'ont jamais été pleinement ni correctement examinées ou abordées et qui, aujourd'hui plus que jamais, doivent être amplifiées. L'une d'entre elles est le danger que nous, peuple souverain, courons d'être contraints de passer sous la juridiction des Nations Unies dans un avenir proche. Un accord glissant, comme celui de Carter sur le canal de Panama, pourrait nous être resservi si nous ne savons pas à quoi nous attendre.

Ce que l'on sait moins, c'est qu'Anglo-Persian, une compagnie pétrolière appartenant au gouvernement britannique, a essayé d'acheter une concession du gouvernement colombien pour les droits du canal flanquant le territoire américain, au moment où les États-Unis négociaient avec la Colombie pour ces droits. Irving Frederick Yates, un diplomate britannique, a presque réussi à conclure un accord avec la Colombie qui aurait contrecarré les plans des États-Unis d'acheter les terres pour la zone du canal. Yates a été arrêté à la dernière minute par un incident diplomatique qui a invoqué la doctrine Monroe.

Un bref rappel de l'histoire de la façon dont les États-Unis ont acquis les terres par lesquelles le canal de Panama a été construit pourrait nous aider à comprendre les événements ultérieurs :

Entre 1845 et 1849, le gouvernement colombien a conclu un traité avec les États-Unis, accordant à ces derniers un droit de transit à travers l'isthme de Panama. En 1855, le Panama a obtenu un statut fédéral par un amendement constitutionnel.

Avant la révolution de 1903, le Panama faisait partie de la Colombie. Le 19 avril 1850, la Grande-Bretagne et les États-Unis ont signé le traité Clayton-Bulwer, dans lequel les deux parties s'engageaient à ne pas obtenir ou maintenir un contrôle exclusif sur un canal proposé, et garantissaient sa neutralité. À l'époque, le pétrole colombien était le principal enjeu. Le 5 février 1900, le premier traité Hay-Pauncefote entre la Grande-Bretagne et les États-Unis était signé. Le traité renonçait aux droits de propriété britanniques sur une construction conjointe d'un canal et a été rejeté lorsqu'il a atteint le Parlement britannique.

Le deuxième traité Hay-Pauncefote a été signé en novembre 1901, donnant aux États-Unis le droit exclusif de construire, d'entretenir et de contrôler un canal. Le 23 janvier 1903, la Colombie et les États-Unis signent le traité Hay-Heran, qui prévoit l'acquisition par les États-Unis d'une zone de canal. Le Sénat colombien n'a pas ratifié le traité.

Le traité Hay-Bunua-Varilla entre les États-Unis et le nouveau gouvernement du Panama a été signé le 18 novembre 1903 : Le Panama cède à perpétuité une zone de cinq miles de large de part et d'autre du futur canal, avec pleine juridiction aux États-Unis. Les États-Unis obtiennent également le droit de fortifier la zone du canal, et paient 10 millions de dollars pour ces droits, puis acceptent de payer une redevance annuelle de 250 000 $. Libérés du traité Clayton-Bulwer en janvier 1903, les États-Unis et la Colombie négocient le traité Hay-Herran, qui accorde aux États-Unis la souveraineté sur un territoire de cinq miles de large de part et d'autre du canal proposé, et qui est signé le 26 février 1904. Il est de la plus haute importance de prendre connaissance du fait que les terres d'une largeur de cinq miles de part et d'autre du canal proposé étaient désormais un territoire souverain des États-Unis, qui ne pouvait être cédé ou aliéné d'une autre manière, sauf par un amendement constitutionnel ratifié par tous les États.

La ratification du traité a été retardée par la Colombie et ce n'est que onze ans plus tard, le 6 avril 1914, que le traité Thompson-Urrutia a été signé, les États-Unis exprimant leurs regrets pour les différends qui avaient surgi avec la Colombie et acceptant de payer à la Colombie la somme de 25 millions de dollars, ce qui a permis à la Colombie de ratifier le traité. Le 2 septembre 1914, les frontières de la zone du canal sont définies et d'autres droits souverains de protection sont concédés aux États-Unis. La zone du canal de Panama est alors devenue un territoire souverain des États-Unis.

Le traité Thompson-Urrutia a été signé le 20 avril 1921. Les termes du traité étaient que la Colombie reconnaissait l'indépendance du Panama. Les frontières précédemment contestées ont été fixées, et les relations diplomatiques ont été établies par la signature de divers accords entre le Panama et la Colombie. Le Sénat américain a retardé la ratification pendant encore sept ans, mais le 20 avril 1928, il a finalement ratifié le traité Thompson-Urrutia avec certaines modifications. Le Congrès colombien a également ratifié le traité le 22 décembre 1928.

Auparavant, en 1927, le gouvernement panaméen avait déclaré qu'il n'avait pas accordé la souveraineté aux États-Unis au moment de la signature des traités. Mais la Société des Nations a refusé d'entendre ce différend manifestement absurde, et l'indiscutable souveraineté américaine sur le territoire de la zone du canal de Panama a été reconfirmée lorsque le président Florencio Harmodio Arosemena a désavoué l'appel du gouvernement panaméen à la Société des Nations.

Il est de la plus haute importance pour chaque Américain, surtout en ces jours où la Constitution est foulée aux pieds par les politiciens, de prendre note de la manière dont la Constitution des États-Unis a été scrupuleusement respectée tout au long des négociations avec la Colombie et le Panama. Les traités ont été rédigés et par le Sénat et signés par le Président. Une période appropriée a été accordée pour l'étude de l'accord avant sa ratification.

Plus tard, nous comparerons la manière constitutionnelle dont le traité entre les États-Unis et la Colombie sur le Panama a été traité, avec la conduite bâclée, trompeuse, tordue, enveloppée de malhonnêteté, non constitutionnelle, à la limite de la fraude de l'administration Carter qui a donné la propriété du peuple souverain des États-Unis au dictateur panaméen Omar Torrijos, et l'a même payé pour l'accepter.

La seule erreur majeure commise par les États-Unis en 1921 a été de ne pas déclarer instantanément le canal et les terres comme possessions souveraines du peuple souverain des États-Unis et d'en faire un État des États-Unis, conformément à la Constitution qui prévoit qu'un territoire devient un État dès lors qu'il est un territoire des États-Unis. Ne pas faire de la zone du canal de Panama un État, c'était inviter les banquiers internationaux Rockefeller à s'emparer de la zone du canal de Panama des mains de ses propriétaires légitimes, le peuple américain souverain, une action soutenue par le président Carter à chaque étape sous le couvert de diplomatie par le mensonge.

On dit que si nous ne tirons pas profit de nos erreurs, nous sommes condamnés à les répéter. Cette maxime s'applique aux États-Unis aujourd'hui plus que jamais lorsque l'on examine le rôle des États-Unis dans la révolution bolchevique, la Première Guerre mondiale, la Palestine, la Seconde Guerre mondiale, la Corée et le Vietnam. Nous ne devons pas permettre que les précédents illégaux établis par l'administration Carter et la Commission sénatoriale des Relations Extérieures soient utilisés contre nous dans toute négociation future de traité, comme ceux qui sont susceptibles de voir le jour avec les Nations Unies dans un avenir proche. Ces tentatives de subversion de la Constitution pourraient prendre la forme d'une soumission de nos forces militaires au commandement des Nations Unies.

Le précédent créé par le vol réussi du canal de Panama à ses propriétaires souverains, nous, le peuple, a entraîné des guerres très coûteuses en vies humaines et en argent, une prise de pouvoirs non conférés au président par la Constitution, et un élargissement des actions conduisant au mépris de la Constitution par le gouvernement parallèle secret de haut niveau, comme cela se produit en Somalie, en Bosnie et en Afrique du Sud.

C'est pourquoi je pense qu'il est nécessaire de veiller à ce qu'aucun autre cadeau ne soit accordé pour le canal de Panama, et la seule façon d'empêcher la répétition de cette escroquerie massive réalisée sous couverture est d'examiner ce qui s'est passé entre 1965 et 1973.

Si nous savons ce qui s'est passé, nous avons plus de chances d'empêcher que cela ne se reproduise.

Pour comprendre comment l'administration Carter a pu escroquer le peuple souverain des États-Unis, il faut avoir au moins une connaissance pratique de la Constitution des États-Unis. Pour interpréter la Constitution, nous devons également connaître notre forme de gouvernement et comprendre que ses politiques étrangères sont fermement ancrées dans le "droit des gens" de Vattel, que les Pères fondateurs ont utilisé pour façonner notre Constitution. Nous devons comprendre également les traités et leur relation avec notre Constitution. Il n'y a qu'une poignée de sénateurs et de membres de la Chambre qui ont une compréhension claire de ces questions vitales.

Nous entendons constamment des personnes mal informées qualifier les États-Unis de "démocratie". La presse écrite et télévisée est particulièrement odieuse lorsqu'elle perpétue ce mensonge, dans le cadre d'une tromperie délibérée destinée à induire le peuple en erreur. Les États-Unis ne sont pas une démocratie ; nous sommes une République constitutionnelle, ou une République confédérée ou une République fédérale, ou un amalgame des trois. Ne pas comprendre cela est le premier pas vers la confusion.

Madison a souligné que nous ne sommes pas une démocratie. C'est la controverse sur la forme de notre gouvernement qui a conduit à la guerre civile. S'il n'y avait pas eu de sécession de l'Union, il n'y aurait peut-être, et très probablement, pas eu de guerre. Le président Abraham Lincoln croyait qu'il existait un complot d'origine anglaise visant à démembrer les États-Unis d'Amérique et à en faire deux nations, qui pourraient alors toujours être montées l'une contre l'autre par les banquiers internationaux. La guerre civile a été menée pour faire valoir qu'une fois souverain, on l'est toujours et que le Sud ne pouvait pas se séparer de l'Union. La question de la souveraineté et du territoire souverain a été tranchée une fois pour toutes par la guerre civile.

Dans une République constitutionnelle, les personnes qui résident dans les États sont les souverains. La Chambre et le Sénat en sont les représentants ou les agents — si c'est une meilleure description de la façon dont ils sont censés fonctionner. Ceci est expliqué dans le 10ème amendement de la Déclaration des droits qui stipule :

> "Les pouvoirs qui ne sont pas délégués aux États-Unis par la Constitution, ni interdits par elle aux États, sont réservés aux États respectivement, ou au peuple."

Le président n'est pas un roi et n'est pas non plus le commandant en chef de l'armée, sauf pendant les guerres déclarées (il ne peut y en avoir d'autres). Nombre de nos agents, y compris le président, ont violé la Constitution de manière flagrante. La plus flagrante d'entre elles s'est produite lorsque le président Carter et 57 sénateurs, sous couvert de diplomatie par le mensonge ont cédé la souveraineté du peuple sur le canal du Panama, car en effet, ils ont tenté de disposer d'un territoire souverain appartenant aux États-Unis.

Le territoire des États-Unis, en vertu de la Constitution des États-Unis, ne peut être aliéné. L'autorité de cette déclaration se trouve dans le Congressional Record Senate, S1524-S7992, du 16 avril 1926. Les Pères fondateurs ont adopté une résolution selon laquelle le territoire des États-Unis ne peut être aliéné en le donnant ou en le cédant à une autre partie, sauf par un amendement constitutionnel ratifié par tous les États.

Il n'y a rien dans la Constitution qui traite de la question des partis politiques. Comme je l'ai si souvent dit dans le passé, les politiciens sont apparus parce que nous, le peuple souverain, étions trop mous, trop paresseux pour faire le travail nous-mêmes et nous avons donc élu des agents et les avons payés pour faire le travail pour nous, les laissant pour la plupart sans supervision. C'est ce que la Chambre et le Sénat sont aujourd'hui ; des agents non supervisés par nous, le peuple, qui courent dans tous les sens et piétinent la Constitution des États-Unis.

Le traité du canal de Panama promulgué par le président Carter a été un scandale bien plus important que l'affaire Iran/Contra et le scandale du Tea Pot Dome, évoqués dans les chapitres consacrés à la politique pétrolière des Rockefeller et à l'industrie pétrolière. Qui fait les lois ? Le Sénat et la Chambre des représentants adoptent les lois qui deviennent des lois lorsqu'elles sont signées par le président. Les traités font-ils partie de la loi ? Tout d'abord, comprenons qu'un traité est défini dans la Constitution (en vertu de l'article 6, section 2, et de l'article III, section 2) comme une loi après que le Sénat a rédigé le traité, qu'il a été adopté par la Chambre et signé par le président.

La Chambre joue un rôle crucial dans l'élaboration des traités, car elle a le pouvoir d'annuler un traité parce qu'il relève du commerce international et interétatique réglementé par la Chambre (Article 1, Section 8, Clause 3 — "réglementer le commerce avec les nations étrangères et entre les différents États"). La Constitution dit dans les 13ème, 14ème et 15ème amendements que la législature fait les traités, PAS les individus privés que Linowitz et Bunker étaient, bien que prétendant représenter les États-Unis. Article 1, section 7 :

> "Tout projet de loi qui aura été adopté par la Chambre des représentants et le Sénat sera présenté au Président des États-Unis…"

Carter, Bush, et maintenant Clinton ont agi comme s'ils étaient des rois tout-puissants, alors qu'ils ne le sont pas. Nous avons eu Carter qui s'est occupé du droit international et a cédé la propriété du peuple souverain à Torrijos, et nous avons eu Bush qui est parti en guerre sans déclaration de guerre, et maintenant nous avons Clinton qui tente d'utiliser des proclamations (ordres exécutifs) pour légiférer. La Constitution est claire sur ces questions ; il n'y a qu'un seul endroit dans la Constitution où le pouvoir est donné de traiter du droit international, et c'est le Congrès. Ce n'est donc pas un pouvoir express du Président, quelles que soient les circonstances. (Partie 10, article 1, section 8.)

Ce que Carter et Bush ont fait, et ce que Clinton tente de faire maintenant, c'est de réduire et d'affaiblir la Constitution pour la faire correspondre aux désirs et aux objectifs du Comité des 300. Deux exemples qui viennent à l'esprit : l'avortement et le contrôle des armes à feu. Carter a réalisé cette réduction et cet affaiblissement lors de la cession du canal de Panama. Carter s'est rendu coupable de parjure en usurpant et en prétendant qu'il avait le droit de disposer d'une propriété américaine souveraine au Panama.

Le pouvoir de Carter d'agir en tant que substitut de David Rockefeller et des banques de la drogue, prétendument sous couvert de négociations sur le canal de Panama, n'est ni explicite, ni implicite, ni accessoire à un autre pouvoir dans la Constitution. Mais Carter s'en est tiré en violant et en foulant aux pieds la Constitution, tout comme ses successeurs Bush et Clinton.

Si nous lisons correctement la Loi des Nations de Vattel, sur laquelle notre politique étrangère a été fondée par les Pères fondateurs, nous voyons qu'elle n'a jamais donné un pouvoir fédéral ou un pouvoir du Congrès de donner, vendre ou disposer d'une autre manière d'un territoire souverain appartenant au peuple souverain des États-Unis. Le pouvoir des traités ne peut jamais excéder celui qui figure dans le droit des gens de Vattel.

L'article 9 de la Déclaration des droits et une lecture attentive de la Constitution indiquent clairement que ni le président, ni la Chambre, ni le Parlement, ni le Sénat ne sont autorisés à donner, vendre ou disposer de toute autre manière de tout territoire souverain des États-Unis, sauf au moyen d'un amendement à la Constitution ratifié par tous les États. Cela n'a pas été fait dans le cas du traité Carter-Torrijos sur le canal de Panama : par conséquent, chacun des 57 sénateurs qui ont signé l'accord a violé son serment, et cela inclut également le président Carter. En raison de leur comportement de trahison, les États-Unis ont perdu le contrôle d'un élément clé de leur défense, notre canal de Panama.

Quels sont les faits concernant le prétendu traité du canal de Panama, frauduleusement promulgué par le président Carter ?

Examinons ce que signifie négocier un traité. Négocier implique qu'il y ait un objectif de concessions de la part des négociateurs. Deuxièmement, ceux qui négocient doivent être propriétaires des biens, de l'argent ou de tout ce qui fait l'objet des négociations, ou être dûment autorisés par les propriétaires à négocier en leur nom. De plus, lorsqu'une personne donne quelque chose, il doit y avoir une "contrepartie" en droit pour ce qui est donné. S'il n'y a de contrepartie que d'un côté, alors il est clair en droit qu'il ne peut y avoir de traité et qu'il n'y a pas d'accord de traité.

Comme je l'ai dit, lors de la négociation d'un traité, il est primordial que les parties qui négocient soient légalement autorisées à le faire. Dans le traité du canal de Panama, les négociateurs n'étaient pas habilités par la Constitution à négocier. Ni Ellsworth Bunker ni Sol Linowitz (prétendument ambassadeur des États-Unis) n'étaient qualifiés pour négocier ; pour la première raison que le document du traité n'a pas été rédigé par le Sénat, et parce qu'il y avait une absence totale d'objectivité dans les négociations prétendument menées par Bunker et Linowitz.

Ni Linowitz ni Bunker n'auraient dû avoir un intérêt direct dans le traité du canal de Panama, mais tous deux avaient un très gros intérêt financier dans le projet ; il était dans leur intérêt financier personnel que le traité aboutisse. C'était une raison suffisante pour que le traité soit déclaré nul et non avenu. La Constitution a été foulée aux pieds par les nominations de Bunker/Linowitz. L'article 11, partie 2, section 2, stipule que Linowitz et Bunker doivent avoir "l'avis et le consentement du Sénat", ce qu'aucun d'entre eux n'a jamais reçu.

Linowitz était un directeur de la Marine and Midland Bank, qui avait de nombreuses relations bancaires au Panama et avait déjà travaillé pour le gouvernement du Panama. La Marine and Midland Bank a été rachetée par la Hong Kong and Shanghai Bank, la première banque au monde pour le blanchiment de l'argent de la drogue. Le rachat de la Midland Bank a été effectué avec l'autorisation expresse de Paul Volcker, l'ancien président de la Réserve fédérale, même si Volcker savait parfaitement que le but de ce rachat était de permettre aux banques appartenant aux Rockefeller au Panama de prendre pied dans le commerce lucratif de la cocaïne au Panama. L'acquisition de Midland par la Hong Kong and Shanghai Bank était très irrégulière, et frisait l'acte criminel selon les lois bancaires américaines.

La famille Bunker a fait des affaires avec Torrijos et avait auparavant fait des affaires avec Arnulfo Arias et l'ancien président du Panama, Marco O. Robles. Peu importe que les deux négociateurs américains aient prétendument rompu ces relations ; peu importe qu'une tromperie fragile et transparente ait été réalisée (la période d'attente de six mois), la Constitution dit dans l'article 11, section 2, partie 2 que le président nommera un ambassadeur ou des ministres "avec l'avis et le consentement du Sénat". Il n'est pas question d'une période d'attente — qui a été utilisée pour contourner le conflit d'intérêts entourant Linowitz et Bunker. Tout cela n'était qu'une grossière tromperie du peuple américain.

La nomination de Linowitz et de Bunker a été entachée de tromperie et de malhonnêteté et a brisé la confiance fiduciaire sacrée que le président est censé avoir avec nous, le peuple souverain. La nomination de Linowitz et de Bunker en tant que "négociateurs" d'un traité que le Sénat n'a jamais rédigé, au mépris de la Constitution, par la commission sénatoriale des relations étrangères, n'a jamais été aussi habile. Les membres de la commission auraient dû tous être mis en accusation et peut-être même accusés de trahison au moment où ils ont accepté le choix d'Ellsworth et de Linowitz comme "négociateurs" par le banquier de la drogue.

Nous en venons maintenant à ce que Bunker et Linowitz ont négocié. Le canal et le territoire de Panama ne pouvaient pas être négociés ; il s'agissait d'un territoire souverain des États-Unis dont on ne pouvait pas disposer sauf par le biais d'un amendement constitutionnel voté par le Congrès et ratifié par tous les États. En outre, les lettres de créance des deux ambassadeurs, s'ils en avaient, n'ont pas été établies par le Sénat. Carter et ses complices véreux de Wall Street ont trompé le peuple américain en lui faisant croire que Bunker et Linowitz agissaient légalement au nom des États-Unis, alors qu'en réalité ils violaient la loi américaine.

La stratégie élaborée par les banquiers de Wall Street consistait à maintenir le peuple américain dans le doute et dans l'obscurité, en rendant les choses si floues qu'ils se diraient : "Je suppose que nous pouvons faire confiance au président Carter sur ce point". Pour ce faire, les banquiers de Wall Street et David Rockefeller ont été habilement aidés par une armée de journalistes politiques payés, entretenus et dirigés, de rédacteurs de journaux, de grands réseaux de télévision et, en particulier, de deux sénateurs américains.

Le sénateur Dennis de Concini a ajouté des réserves au traité, qui n'étaient rien d'autre que de la poudre aux yeux servant à justifier le refus du sénateur de respecter la Constitution. Les "réserves" n'étaient pas signées par Omar Torrijos et n'avaient aucun effet, mais cette action a donné aux électeurs de l'Arizona la fausse impression que de Concini n'était pas entièrement en faveur du traité. Il s'agissait d'une chicanerie politique de bas étage. Les électeurs de l'Arizona avaient informé de Concini qu'ils étaient massivement contre le traité.

Alors, qu'est-ce qui a été "négocié" ? Quels ont été les échanges, les considérations qui, selon la loi, doivent faire partie intégrante de la négociation d'un traité ? La vérité surprenante est qu'il n'y en a pas eu. Nous, le peuple souverain, possédions déjà le territoire souverain de la zone du canal de Panama ; Torrijos et le gouvernement panaméen n'avaient aucune contrepartie à offrir et n'en ont donné aucune aux États-Unis. Ainsi, les négociations étaient manifestement unilatérales, ce qui rend le traité Torrijos-Carter nul et non avenu.

S'il n'y a pas de contrepartie de part et d'autre, il ne peut y avoir de traité. Les contrats contiennent souvent un paiement symbolique comme contrepartie pour rendre le contrat légal, ce qu'il ne serait pas autrement. Parfois, une somme aussi minime que 10 dollars est versée à titre de contrepartie, juste pour rendre le contrat légal. C'était aussi simple que ça. Torrijos n'a donné aucune contrepartie aux États-Unis.

Lorsque la Commission des Relations Étrangères du Sénat a déclaré que les mercenaires de Rockefeller pouvaient faire ce qu'ils ont fait, tous ses membres ont manqué à leur devoir envers nous, le peuple, et auraient donc dû être démis de leurs fonctions.

Avant que le Sénat ne ratifie le traité malencontreux du canal de Panama, celui-ci aurait dû être étudié pendant au moins deux à trois ans. Considérez le temps qu'il a fallu aux États-Unis et à la Colombie pour ratifier le traité de 1903. C'était approprié ; l'étude précipitée du traité Carter-Torrijos par la commission sénatoriale des relations étrangères était tout à fait inappropriée. En fait, le traité n'aurait jamais dû être soumis à examen, puisque le Sénat lui-même n'a pas rédigé le traité et ne l'a vu qu'après qu'il ait été négocié. Ceci est en contradiction directe avec la Constitution.

Ainsi, la signature d'un traité annulé par Carter était une parodie et une tromperie du président, visant à nuire à son propre peuple et au profit des banques de la drogue et de leurs homologues de Wall Street. Quelle que soit la durée de son existence, le traité Carter-Torrijos reste à ce jour nul et non avenu. Le document ne contient pas moins de 15 violations flagrantes de l'élaboration de traités au regard de la Constitution américaine, et peut-être cinq autres.

Seul un amendement constitutionnel, adopté par le Congrès et ratifié par tous les États, aurait validé le traité Carter-Torrijos. Mais le traité était tellement défectueux qu'il aurait pu être annulé par la Cour suprême, si celle-ci avait eu l'intention de faire son devoir envers nous, le peuple.

Toutes les définitions d'un traité indiquent qu'un traité doit donner quelque chose des deux côtés. Le canal de Panama appartenait déjà aux États-Unis. Cela ne fait aucun doute, mais revenons sur nos pas et confirmons à nouveau cette position. Le traité de 1903 a été signé par les deux parties, l'une a donné des terres, l'autre a reçu une contrepartie en espèces. Les États-Unis font savoir que, désormais, le territoire qu'ils ont payé est souverain. Pas un seul des débats tenus lors des audiences Carter-Torrijos sur le canal de Panama n'a contesté le fait que le canal était un territoire souverain des États-Unis, et ce depuis 1903.

Il est très important d'introduire la formulation du traité de 1903 à ce stade :

> "L'article 111 "à l'exclusion totale de l'exercice par la République de Panama de tout droit souverain, pouvoir ou autorité… sont situés à l'exclusion totale de l'exercice par la République de Panama de tout droit souverain, pouvoir ou autorité… et l'exercent comme s'il s'agissait d'un territoire américain ".

Cela ne laissait aucun doute sur le fait qu'il s'agissait d'un traité qui établissait la zone du canal de Panama en tant que territoire américain souverain à partir du 18 novembre 1903 et à perpétuité.

J'ai mentionné la souveraineté à plusieurs reprises dans ce document. Une bonne définition de la souveraineté se trouve dans le livre de George Randolph Tucker sur le droit international. Une autre bonne explication de la souveraineté se trouve dans le livre du Dr Mulford "Sovereignty of Nations" :

> "L'existence de la souveraineté de la nation, ou souveraineté politique est indiquée par certains signes ou notes qui sont universels. Ce sont l'indépendance, l'autorité, la suprématie, l'unité et la majesté […]. Une souveraineté divisée est une contradiction de la suprématie qui est impliquée dans toute sa conception nécessaire et incompatible avec sa substance dans la volonté organique. Elle est indéfectible. Elle ne peut pas, par des formes juridiques et des artifices légistes, être annulée et évitée, ni être abdiquée ou reprise volontairement, mais implique une continuité de pouvoir et d'action… Elle agit à travers tous les membres et dans tous les organes et bureaux de l'État…"

Ce que Carter a tenté de faire au nom de Rockefeller et des banques pharmaceutiques, c'est d'altérer le traité de Panama de 1903 "par des formes juridiques et des artifices légistes". Mais le traité de Panama de 1903 ne pouvait pas "être annulé et évité" par de tels artifices juridiques. Il restait donc à Carter un document frauduleux nul et non avenu qu'il a fait passer pour un véritable traité, un nouveau traité juridiquement contraignant, ce qui n'était pas le cas à l'époque et ne le sera jamais.

Lorsque les banques de la drogue Rockefeller ont commencé à réfléchir à la manière de protéger leurs investissements au Panama dans les années 1960, le commerce de la cocaïne en Colombie était en plein essor. Dans la mesure où des troubles se préparaient à Hong Kong — le gouvernement chinois ayant exigé le contrôle de l'île et une plus grande part du commerce de l'héroïne mené depuis des siècles par les Britanniques —, la cocaïne était en plein essor — les banquiers internationaux de Wall Street ont commencé à considérer le Panama comme un nouveau refuge pour les opérations de blanchiment d'argent de la drogue. En outre, les énormes sommes d'argent générées par le commerce de la cocaïne qui affluent dans les banques panaméennes devaient être protégées.

Mais pour ce faire, le Panama devait être contrôlé par un représentant des banques de Wall Street, et cela ne serait pas facile. L'histoire montre que le président Roosevelt a été le premier à essayer d'affaiblir les traités de 1903 sur le canal de Panama en cédant la région de Colon, qui est ensuite devenue une plaque tournante du commerce et un centre du trafic de drogue. Le président Dwight Eisenhower a été le deuxième représentant des États-Unis à tenter d'affaiblir la souveraineté du canal de Panama lorsque, le 17 septembre 1960, il a ordonné que le drapeau panaméen flotte à côté du drapeau américain dans la zone du canal. Eisenhower avait mené cette action de trahison au nom du CFR et de David Rockefeller. Cependant, même l'acte de trahison d'Eisenhower ne pouvait pas "annuler et éviter" le traité de 1903. Eisenhower n'avait aucun droit d'ordonner que le drapeau d'un gouvernement étranger flotte sur le territoire souverain des États-Unis ; c'était une violation flagrante de son serment de défendre la Constitution.

Encouragé par le comportement traître de Roosevelt et d'Eisenhower, le président du Panama, Roberto F. Chiari, demande officiellement aux États-Unis de réviser le traité du canal de Panama. C'était un mois après l'incident du drapeau d'Eisenhower. Si notre Constitution signifie quelque chose, c'est qu'aucune action de ce genre n'est possible aux États-Unis à moins qu'elle ne soit adoptée par la Chambre et le Sénat et ratifiée par tous les États. En janvier 1964, des agitateurs payés ont déclenché des émeutes et le Panama a rompu ses relations avec les États-Unis. C'était une mise en scène classique des banquiers de Wall Street.

Puis, en avril 1964, le président Lyndon Johnson (sans le consentement de la Chambre et du Sénat) a déclaré à l'Organisation des États américains (OEA) que les États-Unis "étaient disposés à revoir chaque question impliquée dans le différend avec le Panama au sujet du canal" et les relations diplomatiques ont repris. Le président Johnson n'avait pas le pouvoir de traiter du droit international ni de faire quoi que ce soit pour modifier le traité de 1903 "par un procédé légiste" ou par tout autre artifice.

Johnson chercha activement des mesures qui permettraient d'entamer de nouvelles négociations sur le traité de 1903. Johnson n'avait pas le pouvoir de négocier des traités et ses actions attaquaient davantage la souveraineté du territoire du canal, encourageant les banquiers de Wall Street, menés par Rockefeller, à devenir plus audacieux. Il est clair que les actes de Johnson étaient inconstitutionnels, car il tentait de négocier un traité couvrant le territoire souverain du canal de Panama, ce qu'aucun président n'a le pouvoir de faire.

Le traité Carter-Torrijos sur le canal de Panama a été conclu parce que le Panama avait une dette d'environ 8 milliards de dollars envers les banques de Wall Street. Toute cette misérable tromperie avait pour but de forcer le peuple américain souverain à rembourser ce que le Panama devait aux banquiers de Wall Street. Ce n'était pas la première fois que nous, le peuple, étions escroqués par les banquiers de Wall Street. On se souviendra que ce furent les contribuables américains qui ont été contraints de payer 100 millions de dollars pour des obligations de réparation commercialisées par l'Allemagne entre 1921 et 1924. Comme dans le cas du traité Carter-Torrijos, les banquiers de Wall Street étaient profondément impliqués dans les obligations allemandes, les plus notables étant J.P. Morgan et Kuhn and Loeb and Company.

Suivant un scénario soigneusement élaboré par Rockefeller, en octobre 1968, Arnulfo Arias est évincé par la Force de défense du Panama dirigée par le colonel Omar Torrijos. Torrijos abolit immédiatement tous les partis politiques du Panama. Le 1ᵉʳ septembre 1970, Torrijos rejette le projet de Johnson de 1967 (prétendument destiné à réviser le traité de 1903) au motif qu'il ne va pas jusqu'à la cession complète et le contrôle du canal au Panama.

Le décor était planté pour que les conspirateurs de Wall Street puissent avancer sous le couvert de et ils ont commencé à prendre des mesures pour mettre le canal de Panama entre les mains de Torrijos, dont Rockefeller savait qu'il était digne de confiance pour ne pas arracher le couvercle des banques de blanchiment d'argent de la drogue au Panama, comme Arnulfo avait menacé de le faire. En échange, Torrijos s'est vu promettre que la zone du canal de Panama serait rendue au Panama.

Le nouveau traité confie le contrôle du Panama au gouvernement Torrijos et a été signé par le président Carter, qui restera dans l'histoire comme ayant probablement le pire bilan de violation de la Constitution de tous les présidents de ce siècle, à l'exception de George Bush. Lorsque l'on examine le traité frauduleux Carter-Torrijos, on se souvient des paroles de feu le grand membre du Congrès Louis T. McFadden. Le 10 juin 1932, McFadden a dénoncé le Conseil de la Réserve fédérale comme "l'une des institutions les plus corrompues que le monde ait jamais connues..." Le traité Carter-Torrijos est l'un des traités les plus corrompus que le monde ait jamais connus.

Le commerce américain de la cocaïne ayant largement dépassé celui de l'héroïne en Extrême-Orient, le Panama est devenu l'un des paradis bancaires les plus abrités du monde du blanchiment de l'argent de la drogue. Les barons de l'alcool d'antan sont devenus les barons de la drogue d'aujourd'hui. Rien n'a beaucoup changé, si ce n'est que les mécanismes de dissimulation sont beaucoup plus sophistiqués aujourd'hui qu'ils ne l'étaient alors. Aujourd'hui, elle est à l'image des gentlemen de la salle du conseil et des clubs exclusifs de Londres, Nice, Monte-Carlo et Acapulco. Les oligarques maintiennent une distance discrète avec leurs serviteurs de la cour ; intouchables et sereins dans leurs palais et leur pouvoir.

Le commerce de la drogue est-il mené à la manière du commerce clandestin d'alcool ?[9] Est-ce que des hommes à l'air sinistre se déplacent en portant des valises remplies de billets de 100 dollars ? Ils le font, mais seulement en de très rares occasions. Les transactions financières liées au commerce de la drogue se font principalement avec la coopération active des banques internationales et de leurs institutions financières. Fermez les banques qui blanchissent l'argent de la drogue, et le commerce de la drogue commencera à se tarir. Fermez les trous à rats et il sera plus facile de se débarrasser des rongeurs.

C'est ce qui s'est passé au Panama. Les trous à rats ont été bouchés par le général Manuel Noriega. Les banquiers internationaux n'ont pas pu s'en empêcher. Lorsqu'on frappe les banques qui blanchissent l'argent de la drogue, les répercussions ne se font pas attendre. Pour donner une idée de ce qui était en jeu, la Drug Enforcement Agency (DEA) a estimé que 250 millions de dollars par jour changeaient de mains par le biais de transferts par télétype, dont 50% d'argent interbancaire provenant du commerce de la drogue. Les îles Caïmans, le Panama, les Bahamas, Andorre, Hong-kong et les États-Unis ont été les principaux acteurs de ce trafic.

Les banques suisses en traitent la majeure partie, mais un volume de plus en plus important passe par les banques panaméennes depuis les années 1970.

Il était de plus en plus clair pour les banquiers chargés du blanchiment de l'argent de la drogue aux États-Unis qu'ils

---

[9] "Bootlegging", dans l'original NDT.

avaient un gagnant au Panama. Avec cette compréhension, les blanchisseurs d'argent se sont inquiétés de la nécessité d'avoir un actif en place au Panama qu'ils pouvaient contrôler. Arnulfo Arias les a ébranlés lorsqu'il a commencé à fouiller dans leurs banques à Panama City. La DEA estime que 6 milliards de dollars par an passent des États-Unis au Panama. Les Frères Coudert, avocats du Comité des 300 de la "mafia" pour l'Establishment libéral de la côte Est, ont commencé à prendre des mesures pour s'assurer qu'un autre Arnulfo Arias ne menacerait pas le commerce de cocaïne de plus en plus lucratif qui remplit d'argent liquide leurs banques panaméennes.

L'homme que Coudert Brothers a choisi pour superviser les négociations de Panama avec Torrijos était l'un des leurs, Sol Linowitz, dont nous avons parlé précédemment. Associé de Coudert Brothers, directeur de Xerox, de Pan American Airlines et de la Marine Midland Bank, Linowitz avait toutes les références nécessaires pour réaliser ce que Rockefeller avait en tête, c'est-à-dire s'emparer de toute la zone du canal de Panama. Le messager des "Olympiens" (le Comité des 300) a trouvé en Omar Torrijos l'étoffe qui convenait aux objectifs des banquiers internationaux.

Comme nous l'avons décrit précédemment, le Panama était suffisamment déstabilisé pour que Torrijos prenne le pouvoir et abolisse tous les partis politiques. Les chacals des médias d'information américains ont dépeint un portrait élogieux de Torrijos comme un ardent nationaliste panaméen, qui avait le sentiment profond que le peuple panaméen avait été lésé par le traité de 1903 qui avait cédé la zone du canal de Panama aux États-Unis. La marque "fabriqué par David Rockefeller" que portait Torrijos était soigneusement dissimulée au peuple américain.

Grâce à la trahison de la Commission des Relations Étrangères du Sénat, et en particulier à celle des sénateurs Dennis de Concini et Richard Lugar, le Panama est passé aux mains du général Torrijos et du Comité des 300, ce qui a coûté des milliards de dollars aux contribuables américains. Mais Torrijos, comme tant d'autres mortels, semblait perdre de vue ses créateurs, les "Olympiens".

Choisi à l'origine pour ce poste par Kissinger et Linowitz, à la manière de tous ceux qui servent le gouvernement parallèle secret des États-Unis, qu'il s'agisse du Secrétaire d'État ou de la Défense, Torrijos s'est bien comporté pendant le transfert du Canal de Panama du peuple souverain des États-Unis aux banquiers de Wall Street, aux barons de la drogue et à leurs cadres. Puis, au grand dam de ses mentors, Torrijos a commencé à prendre au sérieux son rôle de nationaliste, au lieu de continuer à être la marionnette des ventriloques de Wall Street.

Le Panama doit être vu à travers les yeux du cheval de Troie Kissinger, c'est-à-dire que nous devons le considérer comme un pivot de l'Amérique centrale en tant que futur terrain d'exécution de Kissinger pour des milliers de soldats américains. Les ordres de Kissinger étaient de déclencher une autre "guerre du Vietnam" en Amérique centrale. Mais Torrijos commença à avoir d'autres idées. Il choisit de rejoindre le groupe Contadora. Bien qu'ils ne soient pas parfaits, les Contadoras étaient prêts à se battre contre les barons de la drogue. Torrijos est donc devenu une source de contrariété pour ses maîtres, ce qui lui a valu une "immobilisation permanente".

Torrijos a été assassiné en août 1981. L'avion qu'il pilotait était truqué de la même manière que l'avion qui a conduit le fils d'Aristote Onassis à la mort. Les commandes ont été trafiquées pour actionner les élévateurs de l'avion (contrôlant la montée et la descente) à l'opposé de ce que voulait le pilote. Au lieu de monter après le décollage, l'avion transportant Torrijos s'est littéralement écrasé au sol.

Les banques du Panama sont passées sous le contrôle d'un certain nombre de banques de Wall Street appartenant à David Rockefeller, qui y voyaient un dépôt pratique pour l'argent sale de la drogue, et ont rapidement été désignées comme le centre bancaire mondial de la cocaïne, tandis que Hong Kong restait le centre bancaire de l'héroïne. Rockefeller a chargé Nicolas Ardito Barletta, ancien directeur de la Banque mondiale et de la Marine and Midland Bank (la même banque au conseil de laquelle siégeait Linowitz) de prendre le contrôle de la situation bancaire.

Barletta devait restructurer le secteur bancaire au Panama et modifier les lois bancaires pour le rendre plus sûr pour les blanchisseurs d'argent de la drogue. Barletta était assez respectable pour être au-dessus de tout soupçon et avait l'expérience nécessaire dans le traitement de vastes quantités d'argent liquide provenant de la drogue, grâce à ses liens avec la Hong Kong and Shanghai Bank — la première banque de blanchiment d'argent de la drogue au monde — qui devait ensuite racheter la Midland Marine Bank aux États-Unis.

Selon des documents de la Drug Enforcement Agency (DEA) américaine, la Banco Nacional de Panama avait, en 1982, augmenté ses flux de dollars américains de 500% par rapport à 1980. De 1980 à 1984, près de 6 milliards de dollars en argent non transféré sont passés des États-Unis au Panama. En Colombie, la DEA estime que l'argent liquide généré par la cocaïne s'élève à 25 milliards de dollars pour la période de 1980 à 1983, la quasi-totalité de cette somme étant déposée dans les banques de Panama City. Six mois après la destitution de Torrijos, l'homme fort, le général Rueben Parades, de la Force de défense du Panama, a été promu par les banquiers de la drogue.

Mais comme son prédécesseur, Parades a montré tous les signes qu'il ne savait pas qui étaient ses patrons. Il a commencé à parler de l'adhésion du Panama au groupe Contadoras. Kissinger a dû transmettre un message à Parades en février 1983 et le général a été assez intelligent pour le remarquer et faire volte-face, virant les Contadoras du Panama et s'engageant à soutenir pleinement Kissinger et les banquiers internationaux de Wall Street.

Parades se donne beaucoup de mal pour cultiver l'amitié d'Arnulfo Arias, qui a été évincé par Torrijos, donnant ainsi un air de respectabilité à son leadership. À Washington, Parades est présenté par Kissinger comme un "ami anticommuniste convaincu des États-Unis". Même l'exécution impitoyable de son fils de 25 ans par des membres du clan de la cocaïne Ochoa-

Escobar n'a pas découragé Parades ; il a maintenu le Panama ouvert au commerce de la cocaïne et a protégé ses banques.

Manuel Noriega, qui était le successeur de Parades au sein des FDP, était de plus en plus préoccupé par la corruption de la Force de défense du Panama, qu'il s'était efforcé de tenir à l'écart du trafic de drogue. Noriega prépare un coup d'État contre Parades, qui est ensuite renversé par les forces de défense du Panama et Noriega prend la tête du Panama, devenant commandant des FDP. Au début, il y a eu peu de réactions ; Noriega travaillait pour la CIA et la DEA depuis plusieurs années et était considéré par Kissinger et Rockefeller comme "un homme d'entreprise".

Quand les doutes ont-ils commencé à surgir à Wall Street et à Washington au sujet de Noriega ? Je pense que c'est immédiatement après le succès stupéfiant d'une opération anti-drogue conjointe PDF-DEA dont le nom de code était "Opération Poisson", qui a été révélé publiquement par la DEA en mai 1987. La DEA a qualifié l'Opération Poisson d'"enquête sous couverture la plus importante et la plus réussie de l'histoire de la lutte antidrogue fédérale".

Les banquiers de la drogue ont estimé qu'ils avaient de bonnes raisons de craindre Noriega, comme en témoigne une lettre écrite à Noriega par John Lawn, chef de la DEA, datée du 27 mai 1987 :

> "Comme vous le savez, l'Opération Poisson, qui vient de s'achever, a été couronnée de succès. Plusieurs millions de dollars et des milliers de livres de drogue ont été arrachés aux trafiquants de drogue et aux blanchisseurs d'argent internationaux. Votre engagement personnel dans l'"Opération Poisson" et les efforts compétents, professionnels et inlassables des autres fonctionnaires de la République du Panama ont été essentiels au résultat positif final de cette enquête. Les trafiquants de drogue du monde entier savent que les produits et les bénéfices de leurs activités illégales ne sont pas les bienvenus au Panama".

Dans une deuxième lettre à Noriega, Lawn écrit :

> "Je voudrais saisir cette occasion pour réitérer ma profonde appréciation de la politique vigoureuse de lutte contre le trafic

de drogue que vous avez adoptée, qui se traduit par les nombreuses expulsions du Panama de trafiquants de drogue accusés, les importantes saisies de cocaïne et de précurseurs chimiques qui ont eu lieu au Panama, et l'éradication de la marijuana sur le territoire panaméen."

Le général Paul Gorman, commandant des forces américaines Southern Command, a déclaré au cours des audiences de la sous-commission des relations étrangères du Sénat qu'il n'avait jamais vu de preuves de méfaits de la part de Noriega, et qu'il n'existait aucune preuve tangible que Noriega était lié aux barons de la drogue. La commission elle-même a été incapable de produire la moindre preuve crédible du contraire. La commission a laissé tomber le peuple américain en omettant d'enquêter sur les accusations portées par Noriega, selon lesquelles parmi ses ennemis les plus puissants figuraient la First Bank of Boston, le Crédit Suisse, American Express et Bank of America.

Adam Murphy, qui dirigeait le groupe de travail de Floride dans le cadre du système national d'interception des stupéfiants aux frontières (NNBIS), a déclaré sans ambages ce qui suit :

"Pendant toute la durée de mon mandat au sein du NNBIS et de la South Florida Task Force, je n'ai jamais eu connaissance de renseignements indiquant que le général Noriega était impliqué dans le trafic de drogue. En fait, nous avons toujours présenté le Panama comme un modèle en termes de coopération avec les États-Unis dans la guerre contre la drogue. Rappelez-vous, un acte d'accusation du grand jury n'est pas une condamnation. Et si l'affaire Noriega est jugée un jour, j'examinerai les preuves des conclusions de ce jury, mais jusqu'à ce que cela se produise, je n'ai aucune preuve directe de l'implication du général. Mon expérience va dans le sens inverse."

Il n'a jamais été signalé que l'"Opération Poisson" n'a été rendue possible que grâce à l'adoption de la loi panaméenne 29, promue par Noriega. Cela a été rapporté par le plus grand journal du Panama, *La Prensa*, qui s'est plaint amèrement que la Force de défense du Panama menait une campagne publicitaire contre la drogue, "qui dévastera le centre bancaire panaméen".

Pas étonnant. L'"opération Poisson" a permis de fermer 54 comptes dans 18 banques panaméennes et de saisir 10 millions de dollars en espèces et de grandes quantités de cocaïne. Cette opération a été suivie du gel de 85 autres comptes dans des banques dont les dépôts étaient constitués d'espèces provenant du trafic de cocaïne. Cinquante-huit grands dealers américains, colombiens et quelques Cubano-Américains ont été arrêtés et inculpés pour trafic de stupéfiants.

Pourtant, lorsque Noriega a été kidnappé et ensuite traîné devant un tribunal fédéral à Miami, dans une violation stupéfiante des droits civils de Noriega, le juge William Hoevler a refusé que ces lettres et des centaines d'autres documents montrant le rôle anti-drogue joué par Noriega soient admis au dossier. Et nous osons parler de "justice" en Amérique, et notre président parle de "guerre contre la drogue". La guerre contre la drogue a cessé lorsque le général Noriega a été enlevé et emprisonné aux États-Unis.

Dans le sillage de l'"Opération Poisson", une campagne concertée visant à discréditer le général Noriega a été lancée au Panama et à Washington. Le Fonds monétaire international (FMI) menaça même d'annuler ses prêts au Panama si Noriega ne met pas fin à son "comportement dictatorial", c'est-à-dire à moins que Noriega ne cesse de lutter contre les banques de la drogue et les marchands de cocaïne. Le 22 mars 1986, dans une allocution télévisée, Noriega informe le peuple panaméen que le Panama est étranglé par le FMI. Le FMI a essayé de faire pression sur les syndicats pour qu'ils forcent Noriega à quitter le pouvoir en les avertissant qu'une austérité terrible attendait le Panama si Noriega n'était pas évincé.

La position du FMI à l'égard du Panama, de la Colombie et des Caraïbes a été clairement exprimée par John Holdson, un haut fonctionnaire de la Banque mondiale, qui a déclaré que l'"industrie" de la cocaïne était très avantageuse pour les pays producteurs : "De leur point de vue, ils ne pouvaient tout simplement pas trouver un meilleur produit." Le bureau colombien du FMI a déclaré ouvertement qu'en ce qui concerne le FMI, la marijuana et la cocaïne étaient des cultures comme les autres qui apportaient à l'économie de l'Amérique latine des devises étrangères dont elle avait grand besoin.

Les banquiers de Wall Street et leurs alliés de Washington ont alors attiré l'attention du public sur le Dr Norman Bailey pour soutenir le Groupe civique au Panama et aux États-Unis. Le Groupe civique a été formé pour soutenir les tentatives des banquiers de Wall Street de se débarrasser de Noriega, tout en faisant croire qu'il s'agissait d'une question d'intérêt public au Panama. Les personnes suivantes ont apporté leur soutien au Groupe civique :

Au Panama	Aux États-Unis
Alvin Weedon Gamboa	Sol Linowitz
Cesar et Ricardo Tribaldos	Elliott Richardson
Roberto Eisenmann	James Baker III
Carlos Rodrigues Milan	Président Ronald Reagan
Lt Colonel Julian Melo Borbura	Sénateur Alfonse D'Amato
Les frères Robles	Henry Kissinger
Jose Blandon	David Rockefeller
Lewis Galindo	James Reston
Steven Samos	John R. Petty
Le général Ruben Darios Parades	Le général Cisneros
Guillermo Endara	Billy Ford

Après l'échec de la campagne du FMI, les frères Coudert du département d'État, le *New York Times,* Kissinger Associates et le *Washington Post* lancèrent une campagne de diffamation tous azimuts dans la presse américaine et mondiale pour retourner l'opinion publique contre Noriega. Ce faisant, les conspirateurs ont cherché et obtenu le soutien de trafiquants de drogue, de banquiers de la drogue, de dealers et de criminels divers. Quiconque pouvait accuser Noriega de méfaits ou d'être un trafiquant de drogue, même sans preuve, était le bienvenu. Le flux d'argent liquide vers les banques de la drogue panaméennes, soit 6 milliards de dollars par an, devait être protégé.

La Croisade civique, principal véhicule de coordination de la campagne visant à le discréditer, a été organisée à Washington D.C. en juin 1987. Ses principaux bailleurs de fonds et soutiens financiers étaient les frères Coudert, Linowitz, la Commission trilatérale, William Colby (principalement de la CIA), Kissinger Associates et William G. Walker, assistant adjoint aux affaires internationales du département d'État des États-Unis. Jose Blandon, qui s'est autoproclamé "représentant international de l'opposition du Panama à Noriega", a été employé pour gérer l'organisation.

La publicité était entre les mains du Dr Norman Bailey, un ancien fonctionnaire panaméen de haut rang. Le Dr Bailey était employé par le Conseil de sécurité nationale, dont les fonctions consistaient à étudier les mouvements de l'argent de la drogue, ce qui lui a bien sûr donné une expérience de première main sur la façon dont l'argent de la drogue entrait et sortait des banques du Panama. Bailey était un ami proche de Nicholas Ardito Barletta. Le Dr Bailey s'est heurté de plein fouet à Noriega lorsque celui-ci a tenté de faire appliquer les "conditionnalités" du FMI qui auraient imposé des mesures d'austérité plus importantes au peuple panaméen. L'associé de Bailey était William Colby du cabinet d'avocats Colby, Bailey, Werner et Associés. C'est vers ce cabinet que se sont tournés les banquiers et les barons de la drogue en proie à la panique lorsqu'il est devenu évident que Noriega était sérieux.

Lors de sa prise de fonction au sein de la Croisade civique, Bailey a déclaré : " J'ai commencé ma guerre contre le Panama lorsque mon ami Nicky Barletta a démissionné de son poste de président du Panama." Bailey avait été dans une position unique pour découvrir les lois sur le secret bancaire du Panama auprès de Barletta, l'homme qui les avait mises en place. Pourquoi Bailey était-il furieux que Barletta perde son poste ? Parce que cela privait les barons de la drogue et leurs alliés banquiers d'avoir leur propre "homme au Panama", ce qui portait un coup sérieux à la fluidité du flux d'argent et de cocaïne entrant et sortant du Panama. Barletta était également le porte-flingue du FMI, et un grand favori de l'Establishment libéral oriental, notamment parmi les membres du Bohemian's Club. Il n'est pas étonnant que Noriega se soit heurté de plein fouet à Barletta et à l'establishment de Washington D.C.

sous la direction de Bailey, la Croisade civique a bouclé la boucle depuis les barons de la cocaïne de Colombie jusqu'aux élitistes du commerce de la drogue à Washington et à Londres. C'est grâce à Bailey que la mafia de la cocaïne meurtrière de bas étage ainsi que les noms respectables et intouchables des registres sociaux et politiques de Washington, Londres, Boston et New York ont été créés.

Bailey a affirmé qu'il voulait évincer les PDF "parce que c'est le pays le plus fortement militarisé de l'hémisphère occidental". Bailey a déclaré qu'une junte civile remplacerait Noriega une fois celui-ci évincé. Nous en viendrons à ceux que Bailey propose pour diriger le Panama post-Noriega. Pour soutenir la Croisade civique, six membres du personnel du Sénat se sont rendus au Panama en novembre 1987 et y sont restés quatre jours. À leur retour, les membres du personnel ont déclaré qu'il était essentiel que Noriega démissionne, mais ils n'ont fait aucune mention des quantités stupéfiantes d'argent liquide et de cocaïne qui transitaient par le Panama ni des efforts de Noriega pour interdire le commerce de la drogue. Bien qu'il ne l'ait pas explicité, le Sénat, dans une déclaration sur le Panama, a laissé entendre que si "les désordres se poursuivent", l'armée américaine pourrait être appelée à intervenir.

Quelle était la nature des troubles ? S'agissait-il d'expressions spontanées du mécontentement de la population panaméenne à l'égard de Noriega, ou de situations inventées, créées artificiellement pour répondre aux plans des banquiers de Wall Street ? Pour répondre à cette question, nous devons examiner le rôle joué par John Maisto dans les "troubles" du Panama. Maisto était le numéro 2 de l'ambassade des États-Unis au Panama. Il avait servi en Corée du Sud, aux Philippines et Haïti. Maisto avait des antécédents de fauteur de troubles. Après son arrivée dans ces pays, l'agitation et le "désordre" ont rapidement suivi. Selon une source de renseignements indépendante, l'influence de Maisto est à l'origine de 90% des manifestations de rue au Panama.

Bailey n'a pas essayé de cacher son soutien à Maisto. S'adressant à un forum de l'université George Washington, Bailey a déclaré que Noriega ne céderait que si le peuple panaméen descendait dans la rue, se faisait tabasser et fusiller. Bailey a ajouté qu'à moins que des caméras de télévision ne soient disponibles pour de tels événements, "ce serait un effort inutile".

La goutte d'eau qui a fait déborder le vase de Noriega deux ans plus tard, en février 1988, fut une inculpation prononcée par un grand jury de Miami. Cette vendetta du ministère de la Justice scellera le sort de Noriega et souligne la nécessité de se débarrasser du système archaïque des grands jurys, vestige de l'époque des chambres étoilées. Les procédures de chambre étoilée (grand jury) ne sont jamais équitables pour l'accusé. Les barons de la drogue et leurs banquiers, combinés à l'establishment politique de Washington D.C. se sont débarrassés de Noriega, qui était à juste titre perçu comme une menace pour leurs revenus annuels de plusieurs milliards de dollars.

La sonnette d'alarme a commencé à retentir sérieusement et les appels à l'action pour destituer Noriega sont devenus stridents en 1986 après la fermeture forcée de la First Interamerica Bank et le raid du PDF sur la Banco de Iberiamerica, qui appartenait au Cartel de Cali. Couplé à la destruction d'un laboratoire de traitement de la cocaïne et d'un énorme stock d'éther éthylique dans une jungle reculée du Panama, le Comité des 300 a donné l'ordre de procéder avec toute la rapidité possible pour que

Noriega soit tué, ou enlevé et amené aux États-Unis.

La sous-commission des affaires étrangères du Sénat sur le terrorisme, les stupéfiants et les opérations internationales, présidée par le sénateur John Kerry, n'a pas réussi à calomnier suffisamment Noriega, bien qu'un torrent d'allégations mensongères ait été lancé contre lui au cours de ce qui équivalait à un procès de Noriega par contumace. Les gardiens du trafic de drogue offshore, qui représente 300 milliards de dollars, ont demandé que des méthodes plus rapides et plus dures soient utilisées pour renverser Noriega. Le sénateur Alfonse D'Amato préconise une action directe : il veut que des escadrons de tueurs aillent assassiner Noriega. D'Amato suggère également l'enlèvement et c'est peut-être de lui que Bush en a tiré l'idée.

Puis, en réponse à la pression de Wall Street, le président Bush a changé les règles d'engagement des forces américaines au Panama ; désormais, elles devaient chercher la confrontation avec les PDF. Le 8 juillet 1989, le général Cisneros, commandant de l'armée américaine du sud au Panama, a fait une déclaration extraordinaire, pour laquelle il aurait dû être appelé à rendre des comptes :

> "L'OEA n'a pas agi assez fermement pour déloger Noriega. En ce qui me concerne, je crois que c'est le moment d'une intervention militaire au Panama."

Depuis quand est-il permis à l'armée d'établir un programme politique ? Tout au long des mois d'octobre et de novembre 1989, les forces militaires américaines au Panama ont harcelé les forces armées panaméennes, ce qui a finalement abouti à la mort tragique d'un soldat américain à un barrage routier. Les soldats ont reçu l'ordre de s'arrêter à un barrage routier mis en place par les PDF. Une dispute a éclaté et les soldats ont pris la fuite. Des coups de feu ont été tirés et l'un des militaires américains a été tué.

C'était le signal pour le président Bush de lancer son attaque contre le Panama, planifiée de longue date. Alors que le Panama se préparait pour Noël, le soir du 20 décembre 1989, un violent acte d'agression a été lancé contre le Panama, sans avoir obtenu au préalable la déclaration de guerre prévue par la Constitution. Entre 28 000 et 29 000 soldats américains ont participé à l'attaque, qui a entraîné la mort de 7000 citoyens panaméens et la destruction de toute la région de Chorrillo. Au moins 50 soldats américains sont morts inutilement dans cette guerre non déclarée. Noriega a été enlevé et envoyé aux États-Unis par avion dans un acte de brigandage international éhonté, précurseur de nombreux autres actes à venir.

Pourquoi l'administration Bush a-t-elle accordé tant d'attention au Panama ? Pourquoi y a-t-il eu tant de pression pour renverser Noriega ? Le fait que les États-Unis aient déployé des efforts aussi extraordinaires pour se débarrasser d'un prétendu dictateur d'un petit pays devrait nous dire quelque chose. Cela devrait nous rendre très curieux de savoir ce qui se cachait derrière cette saga. Cela devrait nous inciter à être sur le qui-vive, à faire encore moins confiance au gouvernement et à ne pas nous laisser convaincre, à une si grande échelle, que ce que le gouvernement américain fait est nécessairement juste.

Noriega a frappé les oligarques de la drogue là où ça fait mal : dans leurs poches. Il a fait perdre aux banques de blanchiment d'argent de la drogue une grande partie de leurs profits. Il a jeté le discrédit sur les banquiers. Il a bouleversé le statu quo en donnant du mordant aux lois bancaires du Panama. Noriega a fait obstacle au plan Andes de Kissinger et a perturbé les ventes d'armes en Amérique centrale. Il a piétiné les pieds de gens très puissants. Pour cela, le général Manuel Noriega a été condamné à passer le reste de sa vie dans une prison américaine.

Dans l'esprit de la plupart des Américains, le Panama est relégué au second plan, si tant est qu'il soit présent dans leurs pensées. Noriega est fermement emmuré dans une prison, il n'est plus un danger pour l'administration Bush sans foi ni loi et les banquiers de Wall Street, ou leurs clients des cartels de la drogue. Cela semble avoir fonctionné pour Carter, Reagan et Bush. Le fait que l'invasion manifestement illégale du Panama a coûté la vie à 50 Américains et à 7000 Panaméens est rapidement oublié. Oublié est l'homme que le chef de la DEA, l'agent John Lawn, a un jour décrit comme le meilleur joueur de l'équipe anti-drogue qu'il ait jamais eu au Panama. Le coût pour les contribuables américains du maintien du Panama ouvert au commerce de la drogue n'a jamais été révélé.

Le crime de Noriega était qu'il en savait trop sur le commerce de la drogue et les banques qui le servent et, en 1989, il représentait une menace sérieuse pour les banques de Rockefeller qui blanchissaient l'argent de ce commerce prétendument illicite. Il fallait donc s'occuper de lui. Le quartier détruit par les troupes américaines est toujours en ruines. Au Panama, la censure de la presse est toujours en vigueur, même trois ans après le départ des forces d'invasion américaines. En août 1992, le maire de Panama City, Mayin Correa, a attaqué le rédacteur en chef du magazine *Momento* pour avoir publié un article révélant les agissements du maire et des "comptes spéciaux" dans une banque panaméenne.

L'opposition au gouvernement fantoche de Washington n'est pas tolérée. Toute personne qui participe à des manifestations de protestation au Panama risque d'être arrêtée et emprisonnée. Même "l'organisation" d'une manifestation est un crime, et les organisateurs peuvent être jetés en prison sans procès. Tel est l'héritage laissé par Bush et par ceux qui, à la Chambre et au Sénat, lui ont permis de s'en tirer en bafouant la Constitution des États-Unis.

Les pots-de-vin et la corruption sont monnaie courante au Panama, avec des accusations liées à la drogue qui circulent à toute vitesse, jusqu'aux plus hauts niveaux du gouvernement de "Porky" Endara, le substitut de Washington, y compris Carlos Lopez, juge en chef de la Cour suprême panaméenne. Le désordre laissé par l'administration Bush exige une enquête, mais malheureusement, personne à Washington n'est intéressé à faire quoi que ce soit à ce sujet. La croisade civique a disparu. Il semble que la seule croisade civique concernait la menace que représentait Noriega pour les banquiers de Wall Street et leurs partenaires dans le commerce de la cocaïne.

Bush sera-t-il un jour jugé pour les crimes de guerre commis au Panama ? C'est peu probable, étant donné que la Cour suprême des États-Unis a rejeté une demande très modeste de 500 familles panaméennes pour la restitution des pertes subies pendant l'invasion de décembre 1989. Qu'en est-il du trafic de drogue que la destitution de Noriega était censée garantir pour mettre fin à la situation ? La vérité est que cela n'a mené nulle part. Selon ma source de renseignements, Colon, la zone de libre-échange du Panama, traite environ deux fois plus de cocaïne aujourd'hui que pendant les années Noriega. Les rapports des services de renseignement font état de cinq à six navires chargés de drogue qui y transitent chaque jour. Alors qu'auparavant, seuls les hauts fonctionnaires étaient payés par les barons de la drogue, aujourd'hui, c'est tout le monde ; le trafic de drogue au Panama a atteint des sommets incroyables.

L'augmentation considérable du commerce de la drogue au Panama s'est accompagnée d'une hausse correspondante du taux de criminalité : 500% de plus depuis que Noriega a été emmené par ses ravisseurs en 1989. Des bandes de jeunes chômeurs errent dans la ville autrefois animée de Colon à la recherche d'un emploi, pour se voir refuser à plusieurs reprises et être abandonnées à leur propre sort, généralement le crime. Le PDF ayant été démantelé, les rues et les autoroutes appartiennent aux gangsters, dont quelques anciens membres du PDF, qui ne peuvent pas trouver de travail parce qu'ils sont "sur liste noire". Plusieurs entreprises américaines basées dans la zone de libre-échange de Colon ont été contraintes de retourner aux États-Unis parce que leurs dirigeants étaient kidnappés et retenus contre rançon, souvent pour un million de dollars, ce qui n'aurait jamais pu se produire lorsque Noriega était aux commandes.

Dans la crainte d'un taux de criminalité plus élevé que sous le règne de Noriega, une importante armée de gardes privés a vu le jour. Le président Bush a déclaré au monde entier que la Force de défense du Panama était "un outil de répression" du gouvernement Noriega, et a fait savoir que, avec son ami le Dr Bailey, il avait l'intention de démanteler cette force. Le Panama s'est alors retrouvé sans sa PDF autrefois bien disciplinée, remplacée par 15 000 gardes privés et chaque membre du gouvernement par sa propre armée privée. L'anarchie règne dans les rues de Panama.

La corruption est omniprésente. Les subventions américaines (l'argent des contribuables américains), censées servir à reconstruire les quartiers détruits, ont fini dans les mains avides des politiciens placés au pouvoir par Washington. Résultat : des appartements en béton inhabitables, en forme de blockhaus, sans fenêtres, salles de bains ou cuisines, non peints et impropres à l'occupation humaine. Voilà ce que la "démocratie" de George Bush a accompli au Panama.

IX. Focus sur la Yougoslavie

L a Serbie a toujours été un fauteur de troubles dans les Balkans, comme en témoigne l'événement qui a conduit à la Première Guerre mondiale. Cet événement a été l'assassinat de l'archiduc Ferdinand le 28 juin 1914, alors qu'il était en visite à Sarajevo. L'assassin, Gavrilo Princip, qui, avec ses complices, agissait pour le compte de la société secrète serbe connue sous le nom de "L'Union ou la mort" (la Main noire), fondée en 1911 par la Serbie et utilisée pour fomenter une agitation contre l'Autriche au nom des revendications territoriales serbes.

Le gouvernement serbe était au courant du complot et n'a rien fait pour l'empêcher. L'Europe est indignée par ce crime, surtout à la lumière des années d'activité intolérable de la Serbie. Le 5 juillet 1914, le comte Alexander Hoyos est envoyé à Berlin et déclare :

> "... Je suis ici pour régler une fois pour toutes les problèmes de la constante agitation serbe et pour demander justice pour l'Autriche."

Ce qu'a révélé la visite de Hoyos, c'est que la Serbie était un véritable problème, un fauteur de troubles de premières eaux, décidé à acquérir des territoires et à mettre en place une dynastie serbe.

Le 23 juillet 1914, l'Autriche a adressé un ultimatum écrit à la Serbie :

1) Dissolution des publications et des organisations engagées dans une propagande hostile à l'Autriche.

2) Renvoi de fonctionnaires accusés par l'Autriche d'activités anti-autrichiennes.

3) Cessation de la propagande anti-autrichienne dans les écoles.

4) Collaboration avec le gouvernement autrichien pour établir la responsabilité de l'assassinat de l'archiduc Ferdinand.

5) Procédures judiciaires contre les responsables du complot

6) L'arrestation de deux fonctionnaires serbes connus pour être impliqués.

7) Des excuses du gouvernement serbe

Il apparaît clairement à l'examen de l'histoire de cette période que les Serbes étaient retors à un degré inconnu auparavant dans les Balkans. Avant même de donner leur réponse, les Serbes se sont mobilisés pour la guerre contre l'Autriche. Leur réponse officielle semblait en apparence conciliante, mais après un examen attentif, il s'agissait en fait d'un rejet des exigences autrichiennes. La Serbie avait également obtenu secrètement l'assurance de la Russie qu'elle ne permettrait pas que la Serbie soit attaquée, et en privé, la Serbie a reçu la même promesse du gouvernement britannique...

Le 28 juillet 1914, l'Autriche déclare la guerre à la Serbie, suivie d'un bombardement de Belgrade, l'Allemagne demandant l'occupation de la Serbie. De nombreuses autres nations ont ensuite déclaré la guerre :

1er août : l'Allemagne contre la Russie.

3 août : l'Allemagne contre la France.

4 août : la Grande-Bretagne contre l'Allemagne.

5 août : le Monténégro contre l'Autriche.

6 août : la Serbie contre l'Allemagne.

6 août : Autriche contre Russie.

8 août : Monténégro contre Allemagne.

Ensuite, il y eut une explosion de déclarations de guerre, le Japon contre l'Allemagne, la Serbie contre la Turquie, la Bulgarie contre la Serbie, pour culminer en 1918 avec le Guatemala contre l'Allemagne, le Nicaragua contre l'Allemagne et l'Autriche, le Costa Rica contre l'Allemagne, Haïti et le Honduras contre l'Allemagne. Malheureusement, la Russie n'a pas été capable de voir la situation dans son ensemble : elle a été piégée par la Grande-Bretagne pour la révolution bolchévique à venir, et le tsar Nicolas a marché droit dans le piège que les Serbes sournois et les Britanniques encore plus douteux lui ont tendu.

Le 7 mai 1915, à l'instigation de la Grande-Bretagne, les alliés ont donné à la Serbie la garantie de l'acquisition éventuelle de la Bosnie-Herzégovine, qui comprenait la garantie d'un "large accès à l'Adriatique". C'est là que se trouve la cause profonde de l'agression serbe contre ces États qui, en 1993, menace d'engloutir à nouveau l'Europe dans une guerre dévastatrice. Tout au long des quatre décennies de troubles et de terreur, on peut y voir la main de la noblesse noire britannique, incarnée par Sir Edward Grey, l'homme responsable d'avoir entraîné les États-Unis dans la Première Guerre mondiale. Aujourd'hui, les acteurs sont Lord David Owen, Lord Carrington, Cyrus Vance et Warren Christopher.

Le 18 décembre 1916, les propositions dites de Wilson ont été rendues publiques, parmi lesquelles figurait la demande du gouvernement britannique de rétablir la Serbie et le Monténégro. À la lumière de l'intervention des États-Unis aux côtés de la Grande-Bretagne en 1916, nous ne devrions pas être surpris de l'agitation actuelle visant à impliquer les États-Unis, par le biais de l'envoi du secrétaire d'État Warren Christopher du Council on Foreign Relations, pour créer une guerre plus large dans les Balkans. Tout cela a déjà été fait auparavant.

Une brève histoire de la Yougoslavie révèle la présence des machinations oligarchiques britanniques. Le 20 juillet 1917, sous l'énorme pression de la Société des Nations, précurseur des Nations Unies, de la Grande-Bretagne et de l'Italie, le pacte de Corfou a été signé par les Croates, les Serbes et les Monténégrins. Pour les Serbes, la signature du pacte signifie le premier pas vers une dynastie serbe dans les Balkans, dans laquelle les Habsbourg joueront un rôle crucial. Les Croates, soutenus par l'Église catholique, s'opposent au pacte, mais sont impuissants à empêcher sa mise en œuvre. Ainsi, une nation unique sous une dynastie serbe se rapproche un peu plus de la réalité.

Le 3 novembre 1918, l'Allemagne est contrainte d'accepter la défaite dans la Première Guerre mondiale, grâce à l'intervention militaire américaine, planifiée par Grey, le colonel House (Mandel Huis) et le président Wilson. À l'instigation du gouvernement britannique, une "Conférence yougoslave" se tient à Genève et le royaume de Croatie, de Slovénie et de Serbie est proclamé le 4 décembre 1918.

Les Serbes ont immédiatement commencé des actes d'agression contre la Croatie pour tenter d'affirmer leurs droits sur le territoire croate, en dépit de ce qu'ils avaient signé à Genève. Le 26 novembre 1917, les Monténégrins ont proclamé leur union avec la Serbie et le prince Alexandre a accepté le nouvel État. L'histoire de cette région, à partir de ce moment, montre assez clairement toutes les tromperies, les dissimulations et les mensonges purs et simples qui ont conduit à l'effondrement de la Serbie, jusqu'au conflit actuel, dans lequel le gouvernement britannique a joué un rôle de premier plan.

Comme je l'ai si souvent souligné, l'ennemi des peuples libres partout dans le monde n'est pas tant le communisme, mais le gouvernement parallèle supérieur secret et tout-puissant de Washington, qui, en fait, a toujours considéré les communistes partout comme des alliés, tout en n'admettant jamais que le communisme et le socialisme ont été créés en Grande-Bretagne et aux États-Unis.

Cela n'est nulle part plus évident qu'en Yougoslavie et en Afrique du Sud. Le système monétaire babylonien, faussement appelé "capitalisme", est une menace bien plus grande pour la civilisation occidentale que les doctrines de Karl Marx, car il crée les conditions mondiales et les manipule ensuite pour leurs maîtres du Nouvel Ordre Mondial, le gouvernement unique, au profit des banquiers internationaux.

Ce bloc oligarchique tyrannique a été créé il y a plusieurs

décennies pour dépouiller les nations de leur souveraineté, de leur patrimoine culturel et de leurs ressources naturelles. Dans le cas de l'Afrique du Sud, la guerre anglo-boer (1899-1902) a pris la forme d'un génocide de masse et a constitué une tentative d'écraser la langue néerlandaise et la religion chrétienne du peuple. Elle s'est accompagnée du vol massif de grandes quantités d'or, de diamants, de platine, de titane, de minerai de fer et d'autres métaux et minéraux.

La roue du malheur a fait un tour complet en Afrique du Sud, avec "Judas Iscariote" Pieter Botha qui a vendu son âme au gouvernement mondial unique et "Kerensky" Willem De Klerk qui a trahi son peuple d'une manière qui aurait fait rougir Benedict Arnold. Dans le cas de l'Afrique du Sud, l'excuse était "l'apartheid", la doctrine biblique qui prône la séparation des races, alors qu'en Inde, le système de séparation des castes, bien pire, instauré par l'occupation britannique, a pu prospérer sans être perturbé, comme il le fait encore aujourd'hui. L'"apartheid" en Inde est bien plus rigoureux que tout ce que l'on peut voir en Afrique du Sud.

Sur la base d'une préoccupation risible pour le bien-être de la population noire, un criminel condamné, Nelson Mandela, dont les crimes comprenaient le cambriolage, le terrorisme, la fabrication de bombes et la trahison, a soudainement été transformé en héros national par les chacals des médias, tout comme l'ont fait ses collègues criminels, dirigés par des avocats indiens et le communiste juif Joe Slovo. Ce sera le nouveau gouvernement de l'Afrique du Sud, une fois que De Klerk aura remis le pouvoir à Mandela. Le peuple sud-africain ne se rend compte qu'aujourd'hui, avec stupeur et horreur, que Moscou n'a joué qu'un rôle très mineur dans sa trahison. Les principaux acteurs sont Washington et Londres.

Le gouvernement supranational, sous la direction du Comité des 300, utilise son agenda sur la destruction de la souveraineté des nations directement en Croatie et en Bosnie-Herzégovine, et aux États-Unis, où il est occupé à asservir la Constitution des États-Unis à la Charte des Nations Unies, introduite de manière perfide et traître par le CFR et adoptée par le Sénat américain en 1945, avec seulement cinq sénateurs enregistrés comme ayant réellement lu le document du traité.

La Croatie, une nation vieille de 10 000 ans, a été victime des mêmes conspirateurs qui ont tant nui au monde. Sous prétexte qu'elle s'était rangée du côté de l'Allemagne pendant la Seconde Guerre mondiale, la Croatie a commencé à ressentir l'emprise des journalistes à la plume empoisonnée des médias des États-Unis. Malgré un gouvernement démocratiquement élu, malgré sa souveraineté acceptée et reconnue par les Nations Unies, la Communauté économique européenne, le gouvernement secret des États-Unis a entrepris de détruire la Croatie, qui n'avait accepté qu'à contrecœur l'unité qui lui avait été imposée par les "Alliés" le 1er décembre.

Pleinement soutenu par la Grande-Bretagne et les États-Unis, le plan serbe consistait à s'emparer d'autant de territoires que possible, de sorte qu'une fois que les Serbes auraient obtenu ce qu'ils voulaient, les Nations Unies seraient appelées à "trancher". Cette décision serait prise sur la base du territoire détenu et occupé par les ressortissants serbes, d'où la nécessité de chasser les Croates et les musulmans dans toute la mesure où les Serbes pouvaient s'en tirer. C'est là l'origine de la "purification ethnique".

Le président George Bush a clairement exprimé sa position le 9 novembre 1991 :

> "Nous voyons en Yougoslavie comment la fierté nationale peut faire éclater un pays en une guerre civile sanglante."

Telle était la "ligne" du gouvernement britannique aussi ; la souveraineté nationale doit être reléguée au second plan de l'histoire au profit de l'instauration d'un Nouvel Ordre Mondial.

De tous les dirigeants chrétiens, seul le pape Jean-Paul II a eu le courage de s'exprimer contre les Serbes, moins de quatre jours après que Bush ait donné le feu vert au président Milosevic. De nombreux chefs d'église protestants sont restés ostensiblement silencieux :

"Il faut mettre un terme à cette tragédie qui déshonore l'Europe et le monde. Ces derniers jours, des attaques d'une violence inouïe ont eu lieu dans toute la Croatie, mais surtout à Dubrovnik et à Vukovar. À Dubrovnik, un hôtel et un hôpital rempli de réfugiés et de blessés ont été touchés, entre autres. C'est une agression, et elle doit cesser. Je supplie l'armée yougoslave d'épargner la vie des civils sans défense."

La réponse du gouvernement de Belgrade a été d'intensifier le bombardement des habitations civiles, des églises, des écoles et des hôpitaux, sachant pertinemment que l'administration Bush ne prendrait aucune mesure pour mettre fin à la violence.

Dans l'une de ses actions les plus insidieuses, Slobodan Milosevic a demandé aux Nations Unies d'envoyer des "forces de maintien de la paix" pour diviser les deux parties. Cette demande a été acceptée par les Nations Unies qui, par le stationnement de leurs troupes, ont tacitement accepté que les terres saisies par l'armée yougoslave appartiennent désormais à la Serbie. La même trahison s'est répétée en Bosnie-Herzégovine. Lord Carrington, le traître de l'OTAN et de la Rhodésie, a obligeamment demandé aux Nations Unies de déployer ses soldats dans ce qu'il a appelé des zones de crise, réalisant ainsi parfaitement l'objectif yougoslave.

Avec l'aide de Lawrence Eagleburger, Cyrus Vance et l'administration Bush, l'Allemagne a été menacée de représailles économiques si elle reconnaissait l'indépendance de la Croatie et de la Bosnie-Herzégovine. Eagleburger, qui a été fustigé par le membre du Congrès Henry Gonzalez en raison de ses liens financiers importants avec le gouvernement de Belgrade, a déclaré que les États-Unis ne devraient jamais permettre à aucune nation européenne de reconnaître l'indépendance de la Croatie et de la Bosnie-Herzégovine. Vance, qui jouait un rôle dans le plan élaboré par le Colloque interreligieux pour la paix qui s'est tenu à Bellagio, en Italie, en 1972, a annoncé qu'il était "trop dangereux" de reconnaître l'indépendance de la Bosnie et de la Croatie, mais Vance n'a pas dit ce qu'il voulait vraiment dire : que c'était vraiment "trop dangereux" pour le Nouvel Ordre

Mondial — le Gouvernement Unique !

Le pape Jean-Paul II a mis un frein au plan Bush en faisant savoir qu'il "enverrait un message aux républiques reconnaissant leur indépendance". Cette annonce a provoqué une onde de choc au sein du Comité des 300 et des institutions de Washington et de Londres, contribuant à persuader l'Allemagne de reconnaître la Croatie et la Bosnie-Herzégovine.

Le leader serbe Milosevic a abandonné la "Yougoslavie" en faveur de la "Grande Serbie". Toutes les unités militaires régulières et irrégulières serbes sont maintenant concentrées pour s'emparer d'un maximum de territoire avant que les États-Unis et la Grande-Bretagne ne soient forcés par la pression de l'opinion publique de faire une faible tentative pour mettre un terme à ses actions crapuleuses. Le modèle sur lequel Milosevic a fondé ses ambitions territoriales est celui formulé par les Britanniques lors de la conférence de Lausanne de 1923, où un plan d'expulsions massives de la population civile de Grèce et de Turquie a été accepté et a causé des milliers de morts. C'est aussi une copie presque conforme de la façon dont le Liban a été découpé.

L'administration Bush, pleinement consciente de la stratégie serbe, l'a suivie. La Grande-Bretagne et les États-Unis ont fermé les yeux sur le massacre en cours dans les Balkans, où le génocide de masse et l'acquisition de territoires se déroulent si rapidement que, si l'on n'arrête pas immédiatement l'avancée de Milosevic, il sera trop tard. Il y a eu quelques changements ; alors qu'en Croatie, la majeure partie de la population a été chassée, maintenant, en Bosnie, surtout dans les zones musulmanes, les citoyens sont délibérément massacrés.

Le problème des réfugiés est pris en charge par la mort à une échelle jamais vue depuis la Seconde Guerre mondiale. Des villages entiers et des petites villes ont été détruits, leurs habitants, jeunes et vieux, abattus, ou délibérément touchés par des tirs d'obus et de mortier. Des sources des services de renseignement français m'ont dit que

"près de 68% de la Bosnie risquent d'être éliminées, les gens, les églises, les écoles et les maisons. C'est la pire forme de terreur que nous ayons connue au cours des soixante-dix dernières années."

"Et les troupes de l'ONU ?" ai-je demandé, "que font-elles pour protéger les Bosniaques ? N'est-ce pas pour cela qu'elles sont censées être là ?" Ma source a répondu :

"Les forces de l'ONU travaillent en fait du côté des Serbes, qui ne sont pas censés se battre à l'intérieur du territoire bosniaque capturé, patrouillé par l'ONU, mais les Serbes utilisent simplement les troupes de l'ONU comme bouclier. D'autre part, les forces de l'ONU empêchent les forces bosniaques de reprendre le territoire perdu par les Serbes ; les forces de l'ONU se mettent en travers de leur chemin, mais ne font rien pour empêcher les forces serbes d'attaquer de derrière les Casques bleus."

Les Serbes ont utilisé les "zones démilitarisées" pour faire entrer l'artillerie lourde et les chars. Les dirigeants bosniaques sont maintenant certains que les forces de l'ONU favorisent le plan de Lausanne de Lord Carrington : pendant que Lord Owen parle de "paix", les Serbes frôlent les forces de l'ONU.

Tout ce que les États-Unis et la Grande-Bretagne ont fait jusqu'à présent, y compris la moquerie des soi-disant "sanctions" contre la Serbie, a été un plus pour Milosevic ; il a pu dire aux Serbes qu'ils sont victimes d'une "agression britannique et américaine", tout en ne subissant aucune privation du fait de sanctions édentées. Même le *Washington Post* a admis que les sanctions ne font aucune différence et a conclu que les combats ne cesseront pas tant que les Serbes n'auront pas satisfait leurs ambitions territoriales.

Comme toujours dans le cas de la stratégie politique mondiale, le gouvernement britannique montre la voie lorsqu'il s'agit d'infliger de la douleur et de la souffrance à d'autres nations. Lord Carrington, un ancien "négociateur" dont les antécédents de trahison pourraient remplir deux volumes, affirme que "les deux parties mentent", la plus vieille ruse utilisée pour déformer la vérité. Le *Daily Telegraph* de Londres a déclaré qu'aucune aide d'aucune sorte ne devait être accordée à la Bosnie, pas même de la nourriture :

> "Cela leur permet juste de continuer à se battre plus facilement. Ils arrêteraient plus tôt si on les laissait mourir de faim et de leurs blessures ou de maladies. Il faut être cruel pour être gentil. Il y a des moments où c'est une décision difficile de rester assis et de voir les autres souffrir, mais c'est quand même la bonne."

Le gouvernement britannique devrait le savoir. Au cours de la guerre anglo-boer (1899-1902), alors qu'ils n'étaient pas en mesure de vaincre une force boer insignifiante et irrégulière, Lord Kitchener a rassemblé toutes les femmes et les enfants boers, les a mis dans des camps de concentration et les a laissés mourir de faim et de maladie. Quelque 25 000 femmes et enfants boers ont péri, ce qui, en comparaison, aurait signifié que 17 à 18% de la population américaine aurait succombé à cette barbarie. Apparemment, Lord Carrington et Lord Owen répètent la tactique de Kitchener en Bosnie et en Croatie.

Une chose est sûre : lâche dans l'âme comme toutes les brutes, Milosevic n'aurait jamais osé détruire des vies humaines et des biens s'il n'avait pas su qu'il ne serait pas arrêté et qu'il ne subirait pas de représailles de la part de la Grande-Bretagne et des États-Unis. Milosevic n'a pas l'intention de mettre fin aux combats avant d'avoir capturé 100% de la Bosnie-Herzégovine. S'il n'est pas arrêté rapidement, les combats risquent de déborder sur le Kosovo, qui est une région d'ethnie albanaise.

La Turquie s'est déjà engagée à venir en aide aux musulmans si le Kosovo est attaqué. La Turquie utiliserait son pacte avec l'Albanie pour justifier une telle action. Si cela se produit, le danger d'une guerre engloutissant toute l'Europe sera d'autant plus grand, car les réfugiés afflueront en Macédoine, qui compte une importante population albanaise-musulmane. Si la Turquie vient à l'aide des musulmans, nous pouvons nous attendre à ce que la Grèce s'y oppose, préparant ainsi le terrain pour une escalade rapide vers une guerre majeure.

En ce moment, la Macédoine fait l'objet de la stratégie de la

"Perfide Albion", ce qui signifie que tout ce qui peut être fait est fait pour saper le gouvernement macédonien, qui a été élu démocratiquement le 1ᵉʳ septembre 1991 et a reçu sa nouvelle constitution le 17 novembre 1991. D'après les rapports de renseignement que j'ai reçus, il semble que l'on encourage l'isolement politique depuis Londres, ce qui permettra à la population serbe d'appeler plus facilement à l'aide, ouvrant ainsi la porte à une attaque de l'armée serbe contre la Macédoine. Ma source des services de renseignements m'a dit : "Il est presque certain que cela se produira une fois que la Bosnie sera terminée".

Le plan de paix Owen-Carrington-Vance pour la Bosnie est une farce macabre. Il accomplira pour les Serbes ce qu'ils ont décidé de faire, sans leur faire subir de nouvelles pertes en vies humaines. Le plan prévoit la partition de la Bosnie, donnant aux Serbes une plus grande part de la Bosnie, sans la moindre garantie qu'une fois la paix signée et déclarée, les Serbes ne reviendront pas pour éponger ce qui reste des Bosniaques et, surtout, mettre fin à sa présence musulmane séculaire.

Lord Carrington a exprimé son mépris pour le peuple de Bosnie-Herzégovine dans le *Times* de Londres le 13 mai 1992 :

> "Si les gens veulent se battre, il n'y a que deux options. Soit les laisser se battre, soit les séparer par la force."

Cela implique que la Bosnie et la Croatie ont choisi de combattre l'agression serbe sans raison valable, la Serbie étant l'agresseur, et qu'il s'agit d'une querelle de famille, ou d'une guerre civile. Il ne s'agit pas d'un combat, mais d'une tentative de la part de la Croatie et de la Bosnie d'empêcher que leurs terres leur soient enlevées et que leur peuple et leur culture soient anéantis.

Nous pouvons assez bien déduire que la Grande-Bretagne est en charge des opérations dans les Balkans depuis avant la Première Guerre mondiale. On dit que le MI6 dirige en fait de nombreux pays, et ce n'est pas exagéré. Comment cela se fait-il ? Principalement par le biais d'activités de renseignement secrètes autorisées par le monarque britannique, qui est actuellement la reine Elizabeth II.

Le MI6 ne répond qu'au monarque, et la reine Elizabeth II a été beaucoup plus active que la plupart des autres dans les affaires du MI6. Bien sûr, elle peut le faire, car les fonds proviennent entièrement de son porte-monnaie. La reine Elizabeth est informée quotidiennement par la section "M" du MI6, ce qui la rend mieux informée que le président des États-Unis. Son intérêt pour les Balkans, en tant qu'opération britannique, est incontestable.

Dans l'opération actuelle en Yougoslavie, qui a commencé au début de 1984, les services de renseignements britanniques ont un contrôle total. En prévision des événements à venir, de grandes quantités de poudre à canon ont été commandées pour la Yougoslavie à l'Afrique du Sud qui, à l'époque, fabriquait la meilleure qualité de poudre à canon au monde. Une grande partie de la production sud-africaine est allée en Iran en 1984, mais ensuite, sur les ordres de quelqu'un à Londres, la Yougoslavie a commencé à siphonner des quantités substantielles de ces cargaisons pour son propre usage. Les rapports des services de renseignements auxquels j'ai eu accès ont révélé que l'aspect financier était géré par la banque Arbuthnot Latham à Londres, tant pour les Iraniens que les yougoslaves. L'accumulation d'armes s'est poursuivie dans les années qui ont précédé la "crise constitutionnelle" en Yougoslavie.

La "crise constitutionnelle" a éclaté à l'instigation du MI6 le 15 mai 1991, lorsque Milosevic, ses "bolcheviks" formés par le MI6 et une faction militante de l'armée serbe ont bloqué le système des présidents d'État collectifs, alternant entre la Serbie, la Croatie, la Slovénie, la Macédoine, le Monténégro et la Bosnie. Cela s'est produit au moment où c'était le tour du Croate Stipe Mesic d'occuper le poste.

Cette action a également bloqué la signature par toutes les parties d'un accord constitutionnel visant à créer quatre républiques distinctes, comme le demandaient les élections populaires. La Serbie, la Croatie, la Bosnie et la Macédoine avaient accepté de devenir une confédération d'États. Si cela s'était produit, le contrôle du MI6 aurait été considérablement affaibli. L'intention de Milosevic, agissant sur les instructions du MI6, était de déclencher une guerre dans laquelle la Serbie, avec l'armée la plus puissante, pourrait s'emparer de territoires qui ne lui appartenaient pas.

Mesic est allé à la radio de Belgrade pour dénoncer le geste incendiaire de Milosevic : "Il ne s'agit pas d'un conflit interethnique, mais d'une crise provoquée par l'expansionnisme bolchevique-serbe." Ces paroles prophétiques sont passées au-dessus de la tête de la plupart des dirigeants occidentaux et des peuples du monde ; pour eux, il ne s'agissait que d'une tempête dans une tasse de thé, et non du début de la troisième guerre mondiale. Même à ce stade, tout n'est pas désespéré ; la Serbie est isolée, avec le seul soutien du Monténégro, et il semble que le MI6 puisse être contrecarré.

Comme le veut la coutume du Comité des 300 depuis des années, les États-Unis se sont mêlés au conflit afin de faire le sale boulot pour les Britanniques. Bush est intervenu en Yougoslavie comme il l'avait fait lors de la guerre du Golfe. Le 20 mai 1991, Bush a annoncé que toute l'aide américaine à la Yougoslavie serait suspendue. Bush savait trop bien que son action déstabiliserait une situation délicate et provoquerait une guerre armée, mais il a persisté en invoquant le motif spécieux que "la Yougoslavie mène une répression sévère au Kosovo". Même le moment de l'annonce était très suspect — la Serbie était alors dans sa troisième année de violence contre les non-Serbes au Kosovo — un modèle qu'elle devait suivre en Croatie et en Bosnie, et qu'elle suivra bientôt en Macédoine.

Quelle était la raison de la crise artificiellement créée ? Le gouvernement britannique voulait empêcher l'expansion du commerce allemand dans le bassin du Danube, ainsi que la restructuration des Balkans en petits États faciles à contrôler. Alors que la crise s'élargit, la Russie émet un avertissement selon lequel les Balkans pourraient à nouveau devenir la poudrière susceptible de déclencher une guerre majeure en Europe. Adressant ses commentaires de manière très pointue à Londres, Moscou a déclaré :

"La frontière est très mince entre les bons offices et l'ingérence dans les affaires intérieures."

Les guérillas soutenues par les Serbes, qui semblent désormais avoir peu d'importance pour l'Occident, commencent à attaquer la Croatie, avec la bénédiction de Moscou. Déclarant sans ambages que la Russie s'opposerait à toute initiative visant à soutenir des États indépendants, Moscou avertit que "s'engager d'un côté du conflit signifierait entrer en conflit avec d'autres à l'intérieur et à l'extérieur de la Yougoslavie, un conflit qui pourrait devenir paneuropéen". Moscou a continué à fournir un soutien militaire aux Serbes.

L'Allemagne a déclaré que "les tentatives de modification des frontières par la force sont totalement inacceptables" et a laissé entendre que la Grande-Bretagne, la Russie et les États-Unis essayaient d'aider à la création d'une Grande Serbie, une observation très factuelle. Bush avait rencontré Gorbatchev juste avant que la déclaration allemande ne soit faite en août. Pourtant, en dépit de tous les avertissements selon lesquels une guerre majeure était en préparation, les États-Unis et la Grande-Bretagne n'ont rien fait pour conseiller leur peuple ni pour arrêter les actes de guerre expansionnistes de la Serbie.

Le 6 août, le ministre néerlandais des Affaires étrangères, M. Van den Broek, a lancé un avertissement à ses collègues européens :

"Notre mission en Yougoslavie a échoué. Pour l'instant, il n'y a rien que nous puissions faire ici, mais nous voulons que le monde sache que c'est la partie serbe qui a été responsable de l'échec des pourparlers. La Yougoslavie est maintenant confrontée à une tragédie et à une catastrophe".

Ce que Van den Broek n'a pas dit, c'est que l'intransigeance serbe était secrètement soutenue par Londres, Washington et Moscou. Le principal intrigant des États-Unis s'appelle Vance. Les flammes de la troisième guerre mondiale s'élèvent de plus en plus vite, mais personne ne semble prêter attention au danger.

Les renseignements top secret qui m'ont été montrés décrivent les plans expansionnistes serbo-britanniques plus ou moins comme suit :

Les Serbes lancent un assaut et tracent de nouvelles frontières avec la Croatie et la Slovénie. La ville de Vinkovci, un important centre ferroviaire, serait le point central de l'attaque. Cela permettrait de déplacer 170 000 Croates et de laisser la place à des Serbes qui viendraient grossir la population serbe existante de 29 000 personnes. C'est ce qui s'est passé : le premier "nettoyage ethnique" a commencé, sans que Londres ou Washington protestent vraiment. Comment pourrait-il y avoir des protestations, après tout, cela a été fait en conformité avec la stratégie américano-britannique pour les Balkans.

Le plan britannique, conçu par le MI6, soutient une "Grande Yougoslavie" qui chercherait à revenir aux frontières d'avant 1915 dans les Balkans. Je dirai que 1915 a été l'année optimale de la guerre serbe contre l'Autriche, une guerre qui a abouti à un élargissement considérable des frontières serbes, et tout ce que fait le MI6, c'est reprendre là où il s'est arrêté en 1915.

Les services secrets britanniques ont dit à Milosevic d'abandonner l'étiquette de communiste et de commencer immédiatement à promouvoir une patrie serbe, ce que les chacals des médias aux États-Unis ont également fait. Dans la première étape de la mise en œuvre du plan britannique, les villes de Karolbag, Karlovac et Virovitica ont été envahies par des irréguliers Serbes sous le commandement de Vojslav Seselj, qui a commis toutes sortes d'atrocités et a ensuite déclaré à un journal londonien :

> "... Les Croates doivent se déplacer ou mourir.... Nous ne voulons pas d'autres nationalités sur nos territoires, et nous nous battrons pour nos véritables frontières."

Dans tout cela, la CIA a apparemment fermé les yeux, tout comme l'administration Bush. Si une action résolue avait été entreprise par les États-Unis à ce moment-là, il n'y aurait pas eu d'autre "nettoyage ethnique". Peut-on imaginer que la CIA et l'administration Clinton ferment les yeux si l'Afrique du Sud blanche adoptait les tactiques de Milosevic et repoussait les tribus noires vers leurs terres d'origine avec une grande violence et un bain de sang ?

Il ne fait aucun doute qu'il y aurait un tollé dans le monde entier, et nous verrions les Nations Unies, la Grande-Bretagne et les États-Unis envoyer des troupes en Afrique du Sud, en un clin d'œil. L'hypocrisie de ces puissances dans leurs relations avec la Serbie et l'Afrique du Sud est atroce.

Il ne fait aucun doute qu'aucune action n'a été entreprise pour mettre un terme aux atrocités commises par les Serbes ni à l'accaparement des terres à cause de la pression sioniste. Les sionistes espèrent utiliser les transferts massifs de population pour résoudre ce qu'ils appellent "le problème palestinien". L'écrivain sioniste Sholomo Tadmor avait exprimé une telle opinion, et cité à l'appui de ses dires, le transfert massif d'hindous et de musulmans au moment de la séparation du Pakistan et de l'Inde, supervisé par Lord Louis Mountbatten. Mountbatten a été assassiné, certains disent à la discrétion du MI5, parce que ses activités homosexuelles présumées devenaient gênantes pour la reine Elizabeth. "Oncle Dicky", dit-on, sortait un peu trop souvent du placard et refusait d'écouter les conseils du MI5 qui l'invitait à être plus circonspect sur sa vie privée.

Les liens entre la Serbie et le sionisme jouent un rôle important dans la tragédie prophétisée par le ministre néerlandais des Affaires étrangères, M. Van den Broek. Les attaques sauvages contre l'Allemagne et la Croatie, notamment les épithètes "nazies" lancées au président croate Tudjman et au chancelier allemand Kohl, en disent long. Selon mon contact dans les services de renseignement, les efforts européens pour trouver une solution viable au problème "ont été sabotés de l'intérieur par la Grande-Bretagne et des sources à Jérusalem". Apparemment, la méthode britannique d'un équilibre des pouvoirs entre la France, la Russie, la Turquie et les États-Unis est la voie prédéterminée.

En septembre 1991, il était devenu parfaitement clair que les Serbes avaient l'intention de découper la Croatie et la Bosnie-Herzégovine, ce qui serait suivi d'un "nettoyage ethnique" de la

Macédoine. Les rapports des services secrets britanniques indiquaient clairement que le programme des Balkans était sur la bonne voie et se déroulait comme prévu. Toutes les demandes d'arrêt de l'agression serbe formulées par les ministres des Affaires étrangères de la Communauté européenne à Bruxelles sont soigneusement ignorées par Milosevic, Whitehall et Washington.

Ma source de renseignement a déclaré qu'aucun des dirigeants européens n'a osé révéler qu'ils avaient les mains liées lorsque James Baker III et les Britanniques ont fait de même.

Le ministre des Affaires étrangères Douglas Hurd a donné à Milosevic le feu vert pour lancer un assaut complet sur la Bosnie-Herzégovine.

> "Les ministres européens savent très bien que c'est un exercice futile que d'essayer d'empêcher les Serbes, qui savent qu'ils sont soutenus par Londres et Washington, de suivre nos propositions. Rien ne peut être fait pour arrêter l'assaut serbe, à moins que le soutien britannique et américain ne soit retiré."

Cette affirmation est sans doute exacte : sans le soutien tacite des Britanniques et des Américains, Milosevic n'aurait pas osé commettre les ignobles atrocités qui ont fait près de 250 000 morts, 2 millions de blessés et au moins 4 millions de réfugiés. La position des Serbes de Yougoslavie est sous-tendue par le soutien américain et britannique.

L'histoire a prouvé que le gouvernement secret de la Grande-Bretagne a toujours remporté un succès étonnant dans la réalisation de ses objectifs à travers la diplomatie par le mensonge. Je pense aux négociations sur la Palestine, qui étaient frauduleuses dès le début et contrôlées par le chef de la Fédération sioniste en Grande-Bretagne, Lord Rothschild.

En septembre 1991, ce n'est pas Lord Rothschild, mais son sous-fifre Lord Carrington, un sioniste confirmé, qui s'est avancé pour négocier en Yougoslavie. Carrington avait acquis une excellente expérience en démolissant la Rhodésie, l'Afrique du Sud, l'OTAN et l'Argentine. En tant que maître de la tromperie, la conférence de paix de la Communauté européenne organisée par Carrington le 7 septembre 1991 à La Haye, en Hollande, était une charge en faveur de la Serbie. La conférence a eu pour effet de renforcer l'agression serbe, permettant à la Serbie de redessiner les frontières de la Yougoslavie à l'avantage d'une Grande Serbie.

En adoptant un embargo sur le commerce et les affaires économiques avec la Yougoslavie, la conférence n'a pas précisé que la Croatie était punie : la plus grande partie du commerce européen avec la Yougoslavie est réalisée par la Croatie. Semblant punir Milosevic, c'est la Croatie qui a ressenti le poids du gros bâton parrainé par la Grande-Bretagne. La conférence de paix pour la Yougoslavie n'était pas censée se tenir à moins que les Serbes ne cessent de se battre, mais lorsque Milosevic a fait un pied de nez à cette condition, les délégués de la CE l'ont quand même tenue, ce qui a constitué une véritable victoire politique pour le boucher de Belgrade.

Après la conférence frauduleuse, le ministre italien des Affaires étrangères Gianni de Michelis — qui a soutenu avec ferveur la guerre illégale de Bush contre l'Irak — a soutenu Milosevic de manière flagrante en posant la question suivante : "Irions-nous vraiment faire la guerre en Yougoslavie ? Mourrions-nous pour Zagreb ? Sûrement pas". Le 19 septembre, Lord Carrington a officiellement reconnu que la conférence était un échec. Bien sûr, il n'a pas dit qu'il était prévu qu'elle échoue. Comment aurait-elle pu être un succès, alors que Carrington avait refusé de poser des conditions préalables à la rencontre entre les Serbes et les autres parties ?

La conférence parrainée par les Britanniques et les Américains avait pour but de donner aux agresseurs serbes tout le temps nécessaire pour s'emparer de plus de terres et tuer davantage de Croates, de musulmans et de Bosniaques. C'est précisément ce qui s'est passé. En outre, pour la première fois, l'armée de l'air yougoslave a lancé des raids aériens sur des villes civiles. Les combats se sont poursuivis tout au long de la conférence sans que

Lord Carrington réprimande une seule fois Milosevic pour sa conduite. La situation en Rhodésie s'est répétée presque à l'identique : tandis que Carrington parlait de "paix" et que les forces rhodésiennes retenaient leur feu, le communiste Robert Mugabe poursuivait ses assauts meurtriers contre les femmes et les enfants dans des communautés isolées, sans que Carrington émette la moindre critique.

Ma source de renseignement m'a dit que Carrington avait menacé l'Allemagne de "représailles économiques" si elle sortait du rang et offrait un réel soutien aux Croates et aux Bosniaques. Lord Carrington a établi sa propre décision secrète concernant une force de "maintien de la paix" des Nations Unies. Après la conférence, le chancelier Kohl demande à rencontrer George Bush. Sa demande est acceptée à condition que l'on ne parle pas d'intervention militaire ou de sanctions financières contre Belgrade. La seule chose que Bush accepte est qu'une force de maintien de la paix soit placée le long des lignes entre la Croatie et la Serbie, reconnaissant ainsi de facto l'occupation serbe du territoire croate.

Mis en garde par les Britanniques, Milosevic a rejeté même un geste aussi insignifiant contre la Serbie, déclarant qu'il n'appréciait "aucune présence militaire étrangère". Kohl a été prévenu que si l'Allemagne faisait des vagues, cela pourrait déclencher une guerre majeure dans les Balkans qui pourrait rapidement s'étendre à toute l'Europe. Ce que Bush ne voulait pas reconnaître, c'est qu'une telle guerre était déjà bien engagée, et que rien ne pourrait l'empêcher de se produire.

Ainsi, pendant que les diplomates discutaient, les Croates, les musulmans et les Bosniaques continuaient à saigner. Ajoutant son soutien à la farce, Bush a dépêché Cyrus Vance, membre de longue date des Illuminati et haut fonctionnaire du Comité des 300, pour négocier une nouvelle série de pourparlers de paix. Arrivé à Belgrade le 9 octobre, Vance, membre originel du Colloque interreligieux pour la paix qui s'est tenu en 1972 — et qui a jeté les bases des actions actuelles qui se déroulent en Yougoslavie — a obtenu une couverture médiatique maximale.

Tout ce qui est ressorti de la visite de Vance, c'est que le Département d'État américain a demandé aux Américains en Yougoslavie de quitter le pays et a réduit le personnel consulaire de son ambassade à Zagreb. L'embargo sur les armes décrété par Vance à l'encontre des Serbes était, là encore, une fraude totale, car il savait que le gouvernement de Belgrade avait constitué d'importants stocks de poudre à canon pour son artillerie et que sa propre industrie florissante de l'armement ne serait pas entamée par un embargo parrainé par les Américains. Comme dans le cas de l'embargo économique, ce sont les Croates, les musulmans et les Bosniaques qui ont été sévèrement touchés par l'embargo sur les armes. Il serait difficile de trouver une politique de diplomatie par le mensonge plus cruelle.

Le 6 novembre 1991, le chancelier allemand Helmut Kohl ne pouvait plus se contenir. Bravant le bâillon imposé par Lord Carrington et George Bush, Kohl déclare au Bundestag (Parlement) qu'il est nécessaire de reconnaître immédiatement les républiques indépendantes de Slovénie, de Croatie et de Bosnie-Herzégovine. Kohl a été poussé par le troisième rejet d'un plan de paix européen par Milosevic.

Ma source au sein des renseignements m'a dit que Kohl était scandalisé par les tactiques de Lord Carrington, dont les édits pro-serbes étaient de plus en plus effrontés. Carrington avait dit à Milosevic qu'il n'y aurait pas de demande à la Serbie de respecter la région du Kosovo dominée par les Albanais. Carrington a alors donné le feu vert aux forces serbes pour attaquer le Kosovo, puis marcher sur la Macédoine. Kohl avait discuté en privé avec ses chefs des services de renseignements de la possibilité de geler tous les avoirs yougoslaves dans les banques allemandes et d'obliger les investisseurs allemands à retirer leur argent dans les banques de Belgrade.

Ma source m'a également informé que lorsque les discussions secrètes de Kohl ont été "divulguées" à Carrington, il est entré dans une colère noire et aurait averti Milosevic de ce qui pourrait se passer. Milosevic a alors publié un décret urgent ordonnant à la Banque centrale yougoslave de déposer jusqu'à 95% de ses devises étrangères — soit près de 5 milliards de dollars — sur des comptes bancaires suisses. Cette mesure a été prise quelques heures après la réception du "tuyau" de Carrington à Belgrade.

Insatisfait des dommages qu'il avait déjà causés aux républiques indépendantes de Croatie, de Slovénie et de Bosnie-Herzégovine, Bush, très probablement sur les instructions du Royal Institute for International Affairs, s'est rendu à La Haye. Le 9 novembre, il s'est adressé aux délégués de la Communauté européenne. Déclarant

> "il n'y a pas de place pour ces vieilles traces d'animosité dans la nouvelle Europe, et ce que nous voyons maintenant en Yougoslavie est la façon dont la fierté nationale peut diviser un pays en guerre civile".

Bush a ensuite reproché à la Croatie de vouloir son indépendance.

Poursuivant son attaque contre la Croatie, M. Bush a déclaré :

> "... Tandis que le travail urgent de construction de la démocratie et de réforme du marché progresse, certains voient dans le triomphe de la liberté une récolte amère. De ce point de vue, l'effondrement du communisme a ouvert la boîte de Pandore des anciennes haines ethniques, du ressentiment et même de la vengeance… Toute l'Europe a été réveillée par les dangers d'un vieil ennemi — le nationalisme — animé par la haine et indifférent à des fins plus nobles. Ce nationalisme se nourrit de vieux préjugés éculés qui enseignent l'intolérance et la suspicion, et même le racisme et l'antisémitisme."

La fin du discours est la clé du discours de Bush : l'aspiration à l'indépendance doit être assimilée à l'antisémitisme. La façon dont le lien est établi ne sera pas claire pour ceux qui ne sont pas familiers avec les mots-codes et le jargon des services de renseignement. Qu'y avait-il derrière ce message ? Mes contacts dans les services de renseignements, qui sont spécialisés dans les mots codés, m'ont dit que le message était destiné à l'Allemagne, comme un avertissement de ne pas venir au secours de la Croatie, de la Slovénie et de la Bosnie, de peur qu'il ne soit confondu avec une montée du nationalisme qui assimilerait les tentatives d'aide allemandes au "nazisme".

Au Parlement canadien, le gouvernement a également été obligé de montrer patte blanche. Le 18 novembre 1991, la ministre des Affaires étrangères Barbara McDougall a été contrainte d'annoncer qu'il n'y aurait pas de reconnaissance des républiques indépendantes de Croatie et de Bosnie-Herzégovine. Au milieu des hurlements de rage des deux côtés de la Chambre, McDougall a déclaré qu'elle avait été convaincue par Carrington et Vance que la reconnaissance des républiques serait une mauvaise décision. Des échanges furieux ont lieu alors que le rôle véritablement maléfique, trompeur et traître des deux faux "négociateurs" est révélé. Incroyablement, McDougall a déclaré que

> "... la reconnaissance de la Croatie, de la Bosnie et de la Slovénie à l'heure actuelle marquerait la fin du processus négocié et laisserait la force et la violence régler la question".

C'est précisément la politique des Serbes, et ce qu'ils ont toujours souhaité.

Pendant ce temps, l'embargo sur les armes contre la Yougoslavie continuait à être une plaisanterie, car les Serbes continuaient à recevoir de la poudre à canon des marchands suédois, ainsi que d'autres armes non produites en Yougoslavie. Le train d'armes n'avait pas de fin. Les musulmans ne reçoivent aucune arme et les Bosniaques ne reçoivent qu'une petite quantité de fusils et de grenades via l'Iran. Ces armes ne font pas le poids face à l'artillerie et aux chars serbes. L'armée serbe, lourdement armée, poursuit sa campagne de "refuges de morts". La Croatie et la Bosnie, qui avaient reçu 7000 fusils et suffisamment de munitions pour tenir trois mois, ont été opposées à l'artillerie serbe de 155 mm, aux mortiers, aux mitrailleuses lourdes, aux lance-grenades, aux chars et aux véhicules blindés de transport de troupes.

La Convention de Genève a été totalement bafouée par les Serbes, mais les États-Unis ne peuvent pas vraiment se plaindre à ce sujet, car nous avons fait exactement la même chose en Irak, si ce n'est pire. Je ne connais aucun incident qui puisse égaler la brutalité barbare de l'enterrement de 12 000 soldats irakiens vivants. L'artillerie lourde serbe a fait pleuvoir un barrage meurtrier sur les églises (probablement la cible numéro un), les hôpitaux, les écoles et même les crèches. L'intention des Serbes de terroriser, d'assassiner et de mutiler autant de civils que possible ne faisait aucun doute.

L'avenir de la Bosnie-Herzégovine est sans aucun doute très sombre ; les agresseurs serbes occupent déjà 78% de la masse terrestre et repoussent quotidiennement tout devant eux dans un assaut redoutable, tandis que les Nations Unies se précipitent sur les routes secondaires et ne font rien pour empêcher la terreur et le massacre en masse d'innocents. Ma source m'a indiqué :

> "[Les Nations Unies sont] totalement décrédibilisées, elles ne font rien pour aider la population civile, et encore moins pour la protéger des atrocités serbes. La mission de l'ONU en Bosnie en particulier est une imposture et une honte."

Non content des ravages qu'il a déjà causés en Croatie, en Bosnie-Herzégovine et en Slovénie, le Conseil des ministres de la Communauté européenne s'est réuni au Portugal le 2 mai 1992 et a immédiatement publié une déclaration refusant de reconnaître l'indépendance de la République de Macédoine. C'était, en effet, la troisième fois que des forces de déstabilisation extérieures à la Yougoslavie entraient dans l'arène pour faire en sorte que la Macédoine soit la prochaine cible de l'agression serbe.

La Macédoine a droit à l'indépendance, comme tous les États des Balkans. Elle dispose d'un territoire, d'un peuple souverain, d'un parlement souverain et du soutien écrasant à l'indépendance exprimé par le peuple lors d'un référendum tenu le 18 septembre 1991. L'Assemblée (parlement) a été élue en novembre 1990 et une nouvelle constitution a été promulguée et acceptée un an plus tard.

Alors pourquoi le Conseil européen ne veut-il pas reconnaître l'indépendance de la Macédoine ? La raison invoquée est que la Grèce n'aime pas le nom "Macédoine", ce qui pourrait être une cause de conflit futur. Entre-temps, la porte est laissée grande ouverte à une agression serbe au motif que la Macédoine n'est pas une république, mais une partie intégrante de la Yougoslavie. Je m'attends à ce que la Macédoine subisse le sort de la Croatie et de la Bosnie-Herzégovine, avec l'approbation tacite des États-Unis, de la Grande-Bretagne et de la France. Le président français Mitterrand est déterminé à jouer un rôle important en Yougoslavie, même s'il est un président boiteux.

Ainsi, le décor est planté pour le nettoyage ethnique en Macédoine, mais cette fois-ci, il s'intensifiera et s'étendra à l'Albanie et à la Hongrie, ce qui implique une forte possibilité que la Russie intervienne, ce qui signifierait le début d'une guerre européenne majeure dans laquelle les États-Unis seraient entraînés. Nos forces porteront le principal fardeau en hommes, équipements et coûts financiers.

On ne doit pas permettre que cela se produise. Le peuple américain doit d'une manière ou d'une autre être éveillé à ce qui se passe, malgré la tromperie des médias. Il existe de nombreuses autres alternatives qui peuvent être utilisées pour arrêter la guerre. De telles mesures ont été utilisées avec succès pour renverser le Shah d'Iran, mettre une pression sévère sur l'Afrique du Sud, et détruire l'Irak après la fin des violences.

L'une des principales armes dont disposent les États-Unis et la Grande-Bretagne est le contrôle financier. En quelques jours, les Serbes pourraient être contraints de mettre fin à leur agression en interdisant le commerce de la monnaie yougoslave, en gelant tous les fonds yougoslaves, où qu'ils se trouvent, et en imposant des sanctions sévères à toute nation commerçant avec la Yougoslavie serbe. Ces mesures, appliquées rigoureusement, feront beaucoup plus qu'aucune force terrestre ne peut faire, et peuvent être rapidement mises en œuvre. En aucun cas, les États-Unis ne doivent engager des forces terrestres dans les Balkans, car cela annoncerait le début d'une guerre européenne majeure.

Parallèlement à ces mesures financières et économiques, les États-Unis devraient donner à la Serbie un délai de trois jours pour retirer son artillerie lourde et ses mortiers, après quoi les

États-Unis, avec l'approbation du Congrès, devraient envoyer des chasseurs-bombardiers ou des missiles de croisière rééquipés pour détruire les emplacements d'armes serbes. L'excuse boiteuse selon laquelle nos pilotes ne seront pas en mesure de trouver leurs cibles rend un très mauvais service à nos forces armées. Compte tenu des progrès technologiques, notamment en matière d'imagerie infrarouge et laser, il ne fait aucun doute que nos pilotes pourraient trouver leurs cibles par presque tous les temps, de jour comme de nuit. La seule chose qui empêche ce type d'action est la réticence de Washington à agir contre les intérêts de la Grande-Bretagne. L'utilisation de missiles de croisière rééquipés éliminerait également toute possibilité de pertes américaines dans les airs.

Les experts du renseignement de la défense disent qu'il faudrait une force de 35 000 à 40 000 soldats pour mettre fin à l'agression serbe. C'est une sous-estimation absolue destinée à tromper le peuple américain, qui pourrait être prêt à consentir à l'implication d'un tel nombre de troupes, mais rechignerait devant une force plus importante. Le grand plan est d'impliquer nos troupes terrestres, soit en Bosnie, soit (plus probablement) en Macédoine. Au moment opportun, on nous dira que nos forces terrestres risquent d'être débordées et que 50 000 soldats supplémentaires sont nécessaires. À première vue, qui d'entre nous dirait "pas plus de troupes, trop c'est trop". C'est ainsi que la guerre va s'intensifier. Il est temps de dire "NON" aux forces terrestres et "OUI" aux frappes aériennes ou aux missiles de croisière pour détruire l'artillerie lourde et les mortiers serbes.

Une telle action contrecarrerait le grand dessein des stratèges britanniques qui prévoient depuis longtemps de maintenir l'Europe dans un état d'asservissement — économique et militaire — en utilisant les ailes politiques et militaires de l'OTAN. Il n'y a plus besoin de tromperie une fois que le plan est connu. Il s'agit de mettre en évidence ce qui doit être fait. L'intention claire de Washington et de Londres est d'imposer le nouvel ordre mondial à l'Europe, en utilisant les Serbes comme terroristes de substitution pour montrer aux autres nations que la protection de l'OTAN est toujours une nécessité vitale.

Ce que les partisans du Nouvel Ordre Mondial tentent d'établir, c'est qu'il existe une tendance à long terme vers l'anarchie lorsque les intérêts nationalistes dominent. La fragmentation continue de l'Europe, selon le plan IRPC 1972 — Bellagio devait montrer que les peuples vivant ensemble, qu'ils soient majoritaires ou minoritaires, auront toujours des différences et chercheront à mettre fin à leurs différends dans des conflits violents. Ainsi, la protection d'un gouvernement non nationaliste du Nouvel Ordre Mondial est absolument nécessaire, et même souhaitable.

Selon les stratèges du NWO,[10] un équilibre des forces entre les nations ne résoudra pas le problème, car les nations se méfieront toujours les unes des autres, craignant que l'une ne cherche à s'assurer un avantage sur l'autre. On peut en voir un exemple dans les relations entre le Japon et les États-Unis, qui se sont fortement détériorées au cours des cinq dernières années. Un Nouvel Ordre Mondial — un gouvernement mondial unique s'occupera des tensions et les fera disparaître, car la cause profonde du problème est la rivalité nationaliste qui serait supprimée.

Ce simulacre idéaliste proposé par le Nouvel Ordre Mondial impliquera bien sûr des transferts massifs de grands groupes de population, qui, nous dit-on, ne seront pas accompagnés d'effusions de sang. "Vous avez vu ce qui s'est passé en Yougoslavie", diront les stratèges du NWO, "il est sûrement préférable d'accomplir de tels transferts de manière pacifique". Ils pourraient évoquer les transferts pacifiques des hindous et des musulmans, des Grecs et des Turcs ; ces derniers à la fin de la Première Guerre mondiale. La vérité est toute autre : des millions d'hindous et de musulmans sont morts, ainsi que des milliers de Grecs et de Turcs, lors de ces transferts "pacifiques".

"Peut-être", diront les planificateurs du NWO, "mais le véritable avantage viendra d'un détournement de la politique mondiale". À l'appui de leur théorie, ils évoquent les horreurs de la Yougoslavie, qui, promettent-ils, ne pourront jamais se répéter

---

[10] New World Order, Ndt.

dans un Nouvel Ordre Mondial/Gouvernement Unique. Ils soulignent l'incapacité de l'Europe à faire cesser les hostilités en Yougoslavie, promettant que sous un Gouvernement Unique, de tels conflits n'auraient pas lieu. Si, par hasard, ils éclataient, ils seraient rapidement étouffés. L'échec flagrant de l'Europe à empêcher le conflit yougoslave sera considéré comme un modèle de la manière dont le monde ne devrait pas être autorisé à gérer ses affaires à l'avenir.

Dans ces circonstances, l'effondrement de l'Europe dans une guerre majeure serait un grand avantage pour le Nouvel Ordre Mondial — Un Gouvernement Mondial. Les Français se sont précipités pour embrasser Woodrow Wilson comme un faiseur de paix et un sauveur lorsqu'il est arrivé à Paris avec son plan de paix, et la tromperie est sur le point d'être reproduite. Les nations européennes et américaines vont probablement se précipiter pour adopter le Nouvel Ordre Mondial — Un Gouvernement Mondial comme le seul espoir de paix éternelle.

Comme le plan de paix en 14 points de Wilson, ce que chacune des nations obtiendra est un esclavage éternel et une barbarie jamais vue sur terre. La tragédie yougoslave est une tragédie créée artificiellement, avec des objectifs beaucoup plus larges dans la stratégie globale. La brutalité des Serbes est une bonne chose, car elle fait craindre chaque jour aux nations d'Europe qu'elles pourraient être les prochaines et, le moment venu, elles auront été suffisamment "amadouées" pour accueillir à bras ouverts leurs futurs maîtres esclavagistes.

Après avoir hésité pendant des mois, le président Clinton a promis d'armer les musulmans de Bosnie. Des cris d'indignation s'élèvent de Londres. D'une seule voix, le plan a été dénoncé par Lord Owen, Lord Carrington et Cyrus Vance. Selon ma source des services de renseignements, le message reçu par Clinton de la part de ces dignes représentants était qu'il

> "serait peu judicieux d'armer les musulmans bosniaques, car cela ne ferait qu'accroître le niveau de violence qui bloquerait un règlement pacifique auquel nous travaillons."

En raison de cette pression inconvenante sur la politique

étrangère des États-Unis, Clinton a retardé le projet d'aider les musulmans à se défendre, un retard qui permettra aux agresseurs serbes de continuer à assassiner et à s'emparer des terres. Voilà à quoi en est arrivée "notre" nation indépendante et souveraine : nous plions le genou à toutes les exigences du Comité des 300.

Nous ne savons pas encore qui, parmi la noblesse noire, contrôle les Serbes, mais il est évident que certains de leurs membres les plus importants sont impliqués. Le Liban est un bon exemple des choses à venir en Bosnie, en Croatie et en Slovénie. La "guerre civile" au Liban a été déclenchée et contrôlée par des membres de la noblesse noire, le prince Johannes von Thurn und Taxis, Lord Harlech (David Ormsby Gore) et Lord Carrington, agissant conjointement avec Alexander Haig, Julian Amery, Henry Kissinger, Sir Edmund Peck, Nicholas Elliot (chef de la station du MI6 pour le Moyen-Orient), Rupert Murdoch et Charles Douglas Home, entre autres.

Ce crime contre le Liban a été qualifié par les médias de guerre civile alors qu'il n'en était rien. L'attaque meurtrière de la Serbie contre ses voisins est décrite de la même manière. Seulement, cette fois-ci, les conspirateurs prennent beaucoup plus de précautions pour brouiller les pistes, étant donné la façon dont ils ont été suivis au Liban, ce qui a conduit à leur découverte par moi-même et un autre écrivain. Dès que j'aurai les noms des contrôleurs de l'ombre en Serbie, je n'hésiterai pas à les exposer.

Comme au Liban, le plan consiste à découper les Balkans en un certain nombre de petits États autonomes et faibles qui ne seront pas en mesure d'opposer une quelconque résistance aux plans du Nouvel ordre mondial — un gouvernement mondial. Si les troupes terrestres américaines et alliées sont envoyées en Bosnie et au Kosovo, elles seront en mesure de faire face à la situation.

En Macédoine, ils se produiront à la manière du corps expéditionnaire allié qui a débarqué à Mourmansk dans les derniers jours de la Première Guerre mondiale.

La sournoiserie des compagnons Lawrence Eagleburger et Brent Scowcroft dans les entreprises commerciales yougoslaves doit être exposée, et l'importance des connexions de Milosevic à Washington ne saurait être surestimée. Les peuples de Slovénie, de Bosnie-Herzégovine et de Macédoine ne recevront aucune aide de la seule superpuissance du monde, contrôlée comme une mauviette par le Comité des 300 et son département des affaires étrangères, le Royal Institute for International Affairs.

X. Anatomie des assassinats

L'assassinat a longtemps été une méthode privilégiée pour se débarrasser d'un rival politique ou d'un dirigeant dont les politiques présentent un antagonisme envers un autre pouvoir, ou lorsqu'un dirigeant nommé par un organisme secret ne continue pas à obéir à ses ordres, comme dans le cas du président John F. Kennedy.

Des assassinats sont également perpétrés pour provoquer des changements politiques, économiques ou religieux jugés souhaitables par les parties opposées à un gouvernement, à une instance dirigeante ou à un précepte religieux. L'histoire est remplie d'exemples.

Très souvent, des conspirations entourent des assassinats qui ne sont jamais découverts, comme dans le cas du meurtre de Martin Luther King Jr, John F. Kennedy et Robert Kennedy. Dans ces trois cas, le meurtrier présumé a été réduit au silence, Oswald avant qu'il ne puisse avoir sa chance au tribunal ; Ray en étant détourné par un avocat sans scrupules ; Sirhan Sirhan en prison. C'est ainsi que des millions d'Américains sont convaincus que ni Ray, ni Oswald, ni Sirhan Sirhan n'ont appuyé sur la gâchette.

Immédiatement après le meurtre de King, la police de Memphis a eu une occasion en or de relever des empreintes digitales dans la pension de famille où Ray était censé avoir séjourné. La maison d'hôte se trouvait sur South Main Street, dans un quartier noir de Memphis ; Ray y est arrivé à 15 heures le 4 avril 1968. Des témoins ont dit avoir vu trois hommes sortir de l'immeuble, dont l'un était Ray. Il serait intéressant de savoir pourquoi aucun effort n'a jamais été fait pour retrouver les deux autres hommes vus avec Ray.

Il n'y a pas eu d'identification positive des empreintes digitales de Ray dans la maison de chambres. Selon le major Barney Ragsdale, du Georgia Bureau of Investigation, le pénitencier d'État du Missouri, où Ray avait été incarcéré, a envoyé au FBI une mauvaise série d'empreintes digitales. Pour une raison encore inexpliquée, le FBI a mis deux semaines à trouver les empreintes de Ray avant d'annoncer qu'il était le tueur. Cela contredit l'affirmation de longue date du FBI selon laquelle il peut identifier une personne par comparaison d'empreintes en 10 minutes. La comparaison des empreintes digitales a été effectuée à partir des dossiers de Los Angeles, ce qui constitue une entorse à la procédure normale. Atlanta aurait été l'endroit logique pour vérifier les dossiers. Les empreintes digitales de Los Angeles étaient celles d'Eric Starvo Galt. Une photographie accompagnait les empreintes. Ce retard avait-il un rapport avec Eric Starvo Galt ? Est-ce que "Galt" était Ray ?

Lorsque la police de Memphis a été écartée par le FBI, le journaliste de l'AP Don McKee a écrit :

"Les agents fédéraux ont parcouru la ville en montrant des croquis du visage d'un homme et en posant des questions sur le nom d'Eric Starvo Galt, l'objet mystérieux d'une chasse liée à la recherche de l'assassin du Dr Martin Luther King. Ce que les agents ont appris ou ce qu'ils veulent de Galt est un secret bien gardé".

Gaylord Shaw, également reporter à l'AP, a envoyé une dépêche qui disait :

"Le FBI retient la distribution à l'échelle nationale d'un portrait-robot de l'assassin du Dr Martin Luther King. Lorsque la Mustang blanche, que Ray aurait utilisée pour s'enfuir après la fusillade, a été retrouvée à Atlanta, elle a été attribuée à Eric Starvo Galt. Le FBI a publié un bulletin d'arrestation de Galt pour "conspiration avec un autre homme qu'il prétendait être son frère pour blesser, opprimer, menacer et intimider le Dr King".

Le bulletin est d'abord retiré, puis rétabli. On y apprend notamment que Galt a pris des cours de danse à La Nouvelle-

Orléans en 1964 et 1965. James Earl Ray était alors dans le pénitencier d'État du Missouri.

Deux semaines après le meurtre de King, J. Edgar Hoover annonce que Galt est en fait James Earl Ray. Hoover n'a pas dit ce qu'il était advenu du frère de Galt. Pourquoi aucune enquête n'a-t-elle été menée sur le sort du "frère" de Galt ?

L'éviction mystérieuse de l'inspecteur Redditt, de la police de Memphis, de la zone du Lorraine Motel n'a toujours pas été élucidée. Après que Redditt a été escorté chez lui, le lieutenant Arkin de la police de Memphis a reçu un message des services secrets indiquant qu'"une erreur avait été commise" concernant le "contrat" sur la vie de Redditt." Le détective Arkin s'est ensuite rendu au domicile de Redditt dans un but inconnu. Arkin ne veut toujours pas parler à qui que ce soit de cet étrange épisode.

Redditt était en fait accompagné dans sa mission de surveillance par W. B. Richmond, un collègue inspecteur. Richmond a déclaré qu'il n'était pas en mission de surveillance au moment où King a été abattu, mais qu'il se trouvait au quartier général de la police de Memphis et ne savait rien du meurtre. Plus tard, Richmond a fait volte-face et a admis qu'il se trouvait dans une caserne de pompiers, juste en face du Lorraine Motel, au moment exact où King a été abattu. Pourquoi cette contradiction ? Richmond a-t-il témoigné de ce fait sous serment devant le ministère de la Justice et, dans l'affirmative, pourquoi n'a-t-il jamais été inculpé pour parjure ?

Lorsque Scotland Yard a arrêté Ray à l'aéroport d'Heathrow à Londres, il a dit aux agents qu'il s'appelait "Ramon George Sneyd". Une fois de plus, le FBI a fait quelque chose d'étrange : les empreintes digitales de Galt à Los Angeles ont été envoyées à Scotland Yard, plutôt que celles figurant dans les dossiers du FBI à Washington.

La photographie désormais célèbre de King gisant mort sur le balcon du Lorraine Motel montre Jesse Jackson et Andrew Young pointant non pas vers la fenêtre de la maison de chambres, mais vers le monticule où des témoins disent avoir vu un homme couvert d'une serviette se cacher derrière des buissons. L'orientation de la blessure sur le corps de King indique, au-delà de tout doute raisonnable, qu'il s'agit très probablement de la zone d'où le coup de feu a été tiré, plutôt que de la fenêtre de la salle de bain de la maison d'hôte.

Il ne fait aucun doute que le procès de Ray a été une parodie de justice. Ray n'a pas été autorisé à mentionner le mot "conspiration" qui figurait à plusieurs reprises dans son plaidoyer initial. Le juge refuse également de laisser Ray discuter de sa déclaration de conspiration et son avocat, Percy Foreman, est d'accord avec le juge. Sur les conseils de Foreman, Ray a plaidé coupable, ce qui a réduit à néant ses chances d'obtenir un procès complet et équitable.

En octobre 1974, Ray a obtenu une nouvelle audience devant le tribunal fédéral de district de Memphis, mais après huit jours d'audience, son plaidoyer a été rejeté. Ray continue de clamer son innocence et dit à sa famille qu'il est déterminé à ce que la vérité éclate. C'est peut-être pour cela qu'en 1977, alors qu'il se trouvait à la prison d'État de Brushy Mountain, on a tenté de l'assassiner. Bien qu'il ait subi de graves coups de couteau, Ray a survécu. Il y a trop de détails à régler pour qu'il soit possible de prouver que Kay a tiré le coup de feu qui a tué King.

Le Comité des 300 s'efforce constamment de contrôler toutes les ressources naturelles dans tous les pays. Leur position a été énoncée et réaffirmée par H.G. Wells et Lord Bertrand Russell. Nulle part ailleurs cette position n'a été plus fermement appliquée qu'au Congo et en Afrique du Sud.

Connu sous le nom de Congo belge, cet immense pays, le deuxième plus grand d'Afrique, a été pendant des décennies impitoyablement dépouillé de ses ressources naturelles : cuivre, zinc, étain, caoutchouc, ivoire et produits agricoles tels que le cacao, le café et l'huile de palme. Le roi belge Léopold II disait souvent que tout ce qui avait de la valeur au Congo lui appartenait. C'était certainement vrai, car le gouvernement belge gérait les chemins de fer, les mines, les fonderies, les plantations de cacao et d'huile de palme, les usines et les hôtels du pays par le biais de sociétés-écrans. Ces sociétés dépendaient du roi Léopold II, en fait du Comité des 300. C'était la politique du Comité des 300 à son meilleur.

Les travailleurs congolais recevaient peu de salaire, et ce qu'ils obtenaient se présentait essentiellement sous la forme d'un logement gratuit, de prestations médicales et de vêtements. Tout cela est menacé par un aspirant leader politique du nom de Patrice Lumumba qui, en 1959, annonce la formation d'un parti politique national pour s'opposer à la domination belge du pays. Les autorités belges qualifient Lumumba de "communiste" et de danger pour le bien-être du pays. Il est arrêté, puis relâché. En fait, Lumumba n'était pas préoccupé par le communisme, mais s'efforçait d'améliorer la vie du peuple congolais.

En 1960, de grands troubles ont eu lieu lorsque Lumumba a demandé l'indépendance à l'égard de la Belgique. Lumumba a sollicité l'aide des Nations Unies et des États-Unis, mais elle lui a été refusée. Il a été qualifié d'"homme qui joue avec le verbiage marxiste" par le département d'État qui, soit dit en passant, n'a pas apporté de preuve de son affirmation. L'étonnant don de Lumumba pour l'art oratoire fait une telle impression sur le peuple congolais que le Comité des 300 commence à s'intéresser à la question.

En août 1960, deux officiers de la CIA, ayant tous deux un casier judiciaire, ont reçu l'ordre d'Allen Dulles d'assassiner Lumumba dans les trois mois. Le don d'orateur de Lumumba était noté par les rapports de la CIA au Congo et décrivait également les prétendues connexions communistes de Lumumba. Le mois suivant, la CIA a ordonné à Joseph Schneider, un scientifique en bactériologie, de se rendre au Congo avec une valise diplomatique contenant une fiole d'un virus mortel qui devait être utilisé pour tuer Lumumba. Dulles a ordonné l'élimination de Lumumba après avoir consulté Eisenhower, mais le virus transporté par Schneider ne pouvait pas être administré, car Lumumba était constamment en mouvement.

La commission sénatoriale chargée de superviser les opérations de renseignement, présidée par Frank Church, a rapporté que la

CIA était en contact avec des éléments au Congo qui voulaient tuer Lumumba. Le rapport Church laissait entendre qu'il s'agissait d'agents du gouvernement belge. Craignant pour sa vie, Lumumba a demandé la protection des Nations Unies, mais toute assistance lui fut refusée. Au lieu de cela, les Nations Unies l'ont placé en résidence surveillée, mais il a réussi à s'échapper dans une voiture fournie par son frère, et avec sa femme et l'un de ses enfants, Lumumba s'est enfui à Stanleyville, où il a bénéficié d'un fort soutien.

Les rapports de la CIA de 1960 racontent comment l'agence a aidé à recapturer Lumumba en montrant aux militaires congolais comment et où installer des barrages routiers. Le dirigeant fantoche nommé par le Comité des 300, un certain Joseph Mobutu, a supervisé les recherches. Lorsque Lumumba a été capturé par les hommes de Mobutu le 1ᵉʳ décembre 1960, il a été retenu prisonnier jusqu'au 17 janvier 1961.

Le 12 février 1961, Mobutu a annoncé que Lumumba s'était échappé d'une maison située dans une région éloignée où il était détenu et qu'il avait été tué par des tribus hostiles. Mais John Syckwell de la CIA a déclaré qu'un agent de la CIA avait promené le corps de Lumumba dans le coffre de sa voiture tout en décidant de ce qu'il fallait en faire, ce qui ne fut jamais révélé exactement. Cependant, les Nations Unies ont rapporté que deux mercenaires belges, le colonel Huyghe et le capitaine Gat étaient les tueurs. Le ministère de la Justice a terminé ses enquêtes en concluant qu'il n'y avait aucune preuve de l'implication de la CIA dans le meurtre de Lumumba.

Le meurtre du pape Jean-Paul Iᵉʳ peut également être qualifié d'assassinat politique si l'on tient compte du fait que le Vatican est un État et que son chef titulaire, le pape, peut exercer et exerce un pouvoir énorme qui a changé le cours de l'histoire. D'après les documents que j'ai étudiés, il est certain que quatre papes ont été assassinés, tous par l'administration de poison.

L'histoire du pape Clément XIII (Carlo Rezzonico) est bien documentée, sinon prouvée. À l'instigation de la royauté européenne, Clément décide de mettre fin à la subversion des jésuites au sein de la hiérarchie de l'Église catholique. Après des mois d'attente, la proclamation de Clément supprimant l'ordre des Jésuites était prête. Mais il n'a jamais eu l'occasion de la lire pour l'inclure dans le droit canon. Après une nuit de terribles convulsions et de vomissements, Clément meurt le 12 février 1769. La proclamation de Clément disparut, pour ne plus jamais être retrouvée, et les Jésuites devinrent plus forts que jamais.

Le pape Clément XIV (Lorenzo Gananelli) a repris là où le pape Clément XIII avait été contraint (par la mort) de s'arrêter. Le 16 août 1773, Clément a publié la bulle "Dominus ac Redemptor" qui déclarait les jésuites ennemis de l'Église. Une action immédiate s'ensuit avec l'arrestation et l'emprisonnement du général des jésuites et de sa hiérarchie, la saisie des biens des jésuites et la fermeture de leurs établissements d'enseignement. C'est le plus grand coup jamais porté aux Jésuites. Immédiatement après, des murmures sinistres contre Clément commencent à circuler au Vatican.

Le 2 octobre 1774, le pape Clément XIV tombe violemment malade et, après des heures d'horribles souffrances, il s'éteint. Un poison puissant, administré par des personnes inconnues, a mis fin à sa vie. Le poison était si puissant qu'il a provoqué un effondrement immédiat de ses organes internes, suivi d'une décomposition étonnamment rapide de son corps entier. Son visage était complètement méconnaissable et son corps ne pouvait pas reposer en état. Le message était clair : laissez la franc-maçonnerie et les jésuites tranquilles, ou vous trouverez la mort.

Lorsque Albini Luciani accepta à contrecœur la couronne papale et devint le pape Jean-Paul Ier, il se rendit immédiatement compte de l'étendue de l'influence des francs-maçons et des jésuites dans les plus hauts conseils du Vatican. Excellent érudit doté d'un esprit remarquablement vif, il fut complètement mal interprété par ses ennemis ; sa douce humilité fut prise pour de la servilité. C'est peut-être pour cette raison que parmi les 99 cardinaux qui ont voté pour lui se trouvaient d'éminents partisans de la franc-maçonnerie et des jésuites.

Mais l'attitude du pape Jean-Paul cachait la volonté de fer et la détermination d'un homme qui, une fois sa décision prise, ne pouvait être dissuadé de faire ce qu'il pensait devoir faire. Les cardinaux libéraux qui ont voté pour lui en croyant, à tort, que le pape Jean pouvait être facilement manipulé ont été choqués d'apprendre qu'il avait l'intention de démasquer les francs-maçons dans la hiérarchie du Vatican et de mettre fin au pouvoir du grand capital sur l'Église.

Pablo Panerai, rédacteur en chef de *Il Mondo,* un grand journal de Rome, avait spécifiquement attaqué ce qu'il appelait "Vatican Inc.". Panerai a nommé Menini et Paul Marcinkus et a critiqué leurs liens avec Sindona et la Continental Illinois Bank de Chicago. Panerai a choqué le Vatican en attaquant vivement Mgr Marcinkus pour avoir siégé au conseil d'administration de la Cisalpine Overseas Bank de Nassau, aux Bahamas.

Cela a suffi pour que le pape Jean-Paul Ier prenne des mesures. Le 27 août 1978, il invite son secrétaire d'État, le cardinal Villot, à dîner avec lui dans son appartement privé. Il y a ici un détail qui dérange : Le Pape Jean savait que le nom de Villot figurait sur la liste P2 de Gelli, qui répertoriait plus de 100 francs-maçons catholiques au Vatican. Cette liste a été saisie lorsque la police italienne a fait une descente dans la villa de Gelli. Pourquoi alors le pape a-t-il prévenu Villot de ce qu'il s'apprêtait à faire ?

Ce soir-là, au cours du dîner, le pape Jean-Paul Ier a ordonné à Villot de préparer une liste des francs-maçons occupant des postes élevés au Vatican. Il a déclaré à Villot qu'il était inadmissible que des catholiques fassent partie d'une organisation secrète qui, selon lui, était vouée à la destruction du christianisme, comme l'avaient constaté trois papes précédents et comme l'avait confirmé Weishaupt, fondateur des Illuminati.

Il a ensuite ordonné qu'une fois que Villot aurait accompli sa tâche, il y aurait un remaniement spectaculaire des francs-maçons ; ils devaient être dispersés à l'étranger où ils pourraient faire moins de mal à l'Église. Selon mes sources des services secrets du Vatican, Villot a d'abord été en colère, puis stupéfait, arguant que des changements aussi radicaux n'apporteraient que le chaos. Mais comme tant d'autres, Villot a sous-estimé la détermination de fer de son pape. Luciani reste inflexible, son ordre est maintenu. Villot doit préparer la liste sans délai.

Ceux qui avaient le plus à perdre étaient Marcinkus, Calvi, Sindona, Cody, de Stroebel et Menini dans "Vatican Inc.", tandis que les principaux jésuites risquaient de perdre tout pouvoir et toute influence si leurs noms apparaissaient sur la liste de Villot. Villot lui-même avait beaucoup à perdre en tant que membre du club financier exclusif du Vatican, l'Administration du Patrimoine du Saint-Siège. Il perdrait sa position à sa tête, ainsi que sa position de secrétaire d'État du Vatican. Pour Villot, peut-être encore plus que pour les autres, il est absolument nécessaire d'empêcher l'exécution de l'ordre de Luciani.

Un mois plus tard, le 28 septembre 1978, Villot est à nouveau invité à dîner dans l'appartement privé du pape. Luciani cherche à calmer les craintes de Villot, en parlant en français, l'une des nombreuses langues qu'il maîtrise. Selon le cardinal Benelli, qui était présent, cela n'a eu aucun impact sur l'attitude glaciale de Villot. D'une voix ferme, Luciani a exigé que ses ordres concernant la liste des francs-maçons soient exécutés immédiatement. Le pape se dit troublé par les rapports du cardinal Bennelli selon lesquels l'Istituto per le Opere di Religione (OPR, la banque du Vatican) serait impliqué dans des affaires irrégulières. Il souhaite que Monseigneur de Bomnis, Marckinkus, de Stroebel et Ortolani soient démis de leurs fonctions et que les liens de l'OPR avec Sindona et Calvi soient immédiatement rompus.

Luciani avait déclenché une série d'événements qui allaient le conduire à sa perte. D'autres, qui s'imaginaient que leur pouvoir était suffisant pour l'emporter sur celui de la franc-maçonnerie, n'ont pas réalisé à quel point leurs convictions étaient erronées. Le pape Clément XIV était peut-être conscient de son destin lorsqu'il a murmuré "Je suis perdu" en signant la bulle de dissolution des Jésuites.

Les détails de ce que Luciani se proposait de faire furent donnés au cardinal Benelli, et le pape appela son ami intime, le cardinal

Colombo, à Milan, et lui confia les détails. Cela a été confirmé par le père Diego Lorenzi, qui a passé l'appel pour le pape Jean et a entendu ce qui s'est passé entre eux. Sans cela, il n'y aurait eu aucune trace de ce que le pape Jean Paul Ier a exigé de Villot ; le document papal contenant les instructions à Villot de livrer les noms des francs-maçons n'a jamais été retrouvé.

Peu après sa rencontre avec Villot, le soir du 28 septembre 1978, le pape Jean-Paul s'est retiré dans son bureau. Curieusement, cette nuit-là, aucun médecin n'était de service au Vatican et, plus curieux encore, aucun garde n'était posté à l'extérieur de l'appartement du pape Jean. Entre 21 h 30 ce soir-là et 4 h 30 le lendemain matin, le pape Jean Paul Ier a été assassiné. Une lampe de lecture qui brûlait toute la nuit a été vue par un garde suisse, mais rien n'a été fait par la sécurité du Vatican pour vérifier cette circonstance inhabituelle. Le pape Jean-Paul Ier a été le premier pape à mourir sans surveillance, mais pas le premier à mourir des mains d'empoisonneurs.

Villot a joué un rôle important dans la dissimulation de la mort de Luciani. Appelé par Sœur Vicenza, qui s'occupait des besoins simples de Luciani et qui fut la première à découvrir le corps du pape le 29 septembre, Villot a glissé dans sa poche un flacon d'Efortil, un médicament prescrit pour le pape Jean qui se trouvait sur la table de nuit. Il a ensuite enlevé les lunettes et les pantoufles de Luciani. Ensuite, Villot s'est rendu au bureau de Pape Jean et a retiré les dernières volontés et le testament de son Pape. Il est ensuite sorti de l'appartement sans dire un mot à Sœur Vicenza, qui était présente. Sœur Vicenza a décrit le comportement singulier de Villot au Cardinal Belleni. Lorsque Belleni l'a interrogé sur ses actions, Villot a nié le rapport de Sœur Vicenza. Il a également menti sur les circonstances de la découverte du corps de Luciano.

D'autres personnes ont péri aux mains des empoisonneurs, comme le président Zachary Taylor, qui a payé de sa vie son refus d'exécuter les ordres de la franc-maçonnerie. Ces ordres avaient été émis par le représentant de Mazzini, de Leon, fondateur de Young America, un mouvement franc-maçonnique. Le soir du

4 juillet 1850, Taylor est tombé malade et s'est mis à vomir une épaisse substance noire. Il mourut d'une mort lente et douloureuse, que les médecins attribuent au fait d'avoir "bu trop de lait froid et mangé trop de cerises". Mais cela n'explique pas la substance noire et épaisse. Des vomissements d'une telle gravité indiqueraient la présence d'un poison mortel. Comme dans le cas du Pape Jean-Paul Ier, aucune autopsie n'a été pratiquée sur Taylor, et la manière dont il est mort a été décrite de manière fortuite par des médecins qui ne pouvaient pas en connaître la cause exacte. À cet égard, la mort du pape Jean-Paul Ier a été traitée de manière tout aussi cavalière par le médecin du Vatican, le Dr Buzzonnetti, qui aurait dû avoir les plus grands soupçons d'acte criminel.

Le meurtre du membre du Congrès Louis T. McFadden est le résultat de son attaque frontale contre le Conseil de la Réserve fédérale et les banques de la Réserve fédérale, la plus sacrée des nombreuses vaches sacrées du gouvernement secret de l'Amérique. McFadden était président de la commission bancaire de la Chambre des représentants en 1920. Il a ouvertement attaqué les gouverneurs de la Réserve fédérale et les a accusés d'avoir provoqué le krach de 1929 à Wall Street.

La guerre de McFadden contre la Réserve Fédérale a eu des répercussions dans tout Washington. George Stimpson, fondateur du *National Press Club*, a déclaré que les accusations de McFadden contre les gouverneurs étaient incroyables et que la communauté ne pouvait pas croire ce que McFadden disait. Mais lorsque McFadden a été accusé d'être fou, c'est Stimpson qui a dit qu'il n'y croyait pas une minute.

McFadden a mené une guerre sans relâche contre la Réserve fédérale pendant plus de 10 ans, exposant certains des crimes les plus vils du 20ème siècle. L'une des accusations les plus cinglantes de McFadden était que le système de la Réserve Fédérale avait conspiré de façon traître pour détruire le gouvernement constitutionnel des États-Unis. Il a également attaqué le président Roosevelt et les banquiers internationaux.

Le vendredi 10 juin 1932, devant la Chambre, McFadden a fait la déclaration suivante

> "Monsieur le président, nous avons dans ce pays l'une des institutions les plus corrompues que le monde ait jamais connues. Je fais référence à la direction de la Réserve Fédérale et aux banques membres de la Réserve fédérale. Le Conseil de la Réserve Fédérale, un conseil du gouvernement, a escroqué les États-Unis et son peuple de suffisamment d'argent pour payer la dette nationale... Cette institution maléfique a appauvri et ruiné le peuple des États-Unis ; elle s'est ruinée elle-même et a pratiquement ruiné notre gouvernement. Elle a fait cela à cause des défauts de la loi sous laquelle elle opère, à cause de la mauvaise administration de cette loi par le Conseil de la Réserve Fédérale, et à cause des pratiques corrompues des vautours de l'argent qui la contrôlent."

Dans un discours enflammé et passionné devant la Chambre le 23 mai 1933, McFadden a déclaré ce qui suit :

> "Monsieur le président, il n'y a pas un homme à portée de voix qui ne sache que ce pays est tombé entre les mains des banquiers internationaux, et il y a peu de députés ici qui ne le regrettent pas... Monsieur le président, nous sommes aujourd'hui sur le pont. Notre ennemi, le même ennemi perfide, avance sur nous. Monsieur le Président, je mourrai sur place avant de lui céder un pouce carré du sol américain ou un seul dollar de sa dette de guerre envers nous.

> "Monsieur le président, j'exige que le stock d'or des États-Unis soit retiré des banques de la Réserve fédérale et placé dans le Trésor américain. J'exige un audit des affaires financières du gouvernement des États-Unis, du haut en bas de l'échelle. J'exige la reprise des paiements en espèces sur la base de la valeur totale de l'or et de l'argent..."

Cette dénonciation, suivie de l'exposition par McFadden des Reparation Bonds et des Foreign Securities en 100 millions de dollars d'obligations de réparation commercialisées par l'Allemagne, a tellement ébranlé le gouvernement parallèle secret de haut niveau que les observateurs de la conspiration pensent que c'est à ce moment-là que l'ordre a été donné de réduire McFadden au silence de façon permanente. En tout, il y a eu trois tentatives d'assassinat sur la vie de McFadden. La première s'est produite lorsqu'il assistait à un dîner et qu'il est soudainement tombé violemment malade. Un médecin qui était assis près de lui a pu le tirer des griffes de la mort. La deuxième tentative a eu lieu alors que McFadden descendait d'un taxi près du Capitole. Deux coups de feu ont été tirés, mais les deux ont manqué leur cible. La troisième tentative, qui a été couronnée de succès, a eu lieu à New York, où McFadden assistait à un autre dîner. Là encore, il est pris d'une violente crise de vomissement et meurt avant que les secours ne puissent l'atteindre. L'empoisonneur a réussi à débarrasser les banquiers internationaux et le Conseil des gouverneurs de la Réserve fédérale du seul homme qui aurait pu exposer complètement leurs activités et retourner la nation contre eux, forçant ainsi la fin de leur contrôle sur notre système monétaire.

Le Dr Hendrik Verwoerd est le père de l'"apartheid" en Afrique du Sud. Originaire de Hollande, le Dr Verwoerd a traversé le paysage politique sud-africain comme un colosse. Sans peur et méprisant la machine Oppenheimer et les politiciens libéraux qu'elle contrôlait, le Dr Verwoerd n'a pas perdu de temps pour attaquer les banquiers internationaux et leurs laquais en Afrique du Sud.

M. Verwoerd méprisait les Nations Unies et critiquait vivement leur ingérence dans les affaires internes de l'Afrique du Sud, en particulier leur invitation à l'Inde pour discuter de la discrimination contre les Indiens en Afrique du Sud. Les Indiens étaient les descendants de travailleurs sous contrat amenés en Afrique du Sud par Cecil John Rhodes. En tant que classe, ils avaient atteint une prospérité énorme, principalement aux dépens des autochtones bantous, ce qui a été attribué aux émeutes du 13 janvier 1949 entre les Zoulous et les Indiens à Durban, qui ont fait 100 morts et plus de 1000 blessés. La majorité des victimes étaient des Indiens.

Le Dr Verwoerd ne voulait rien avoir à faire avec les Indiens, affirmant que leurs dirigeants étaient tous communistes. Plus tard, après son assassinat, son affirmation semble avoir été étayée par le fait que la représentation juridique des Indiens et des Noirs accusés de crimes politiques était tombée entre les mains d'avocats indiens, qui appartenaient tous au Congrès indien, une organisation liée au communisme.

Le 27 avril 1950, le projet de loi sur les zones collectives (Group Areas Bill) est introduit, dont l'objectif principal est de séparer les races dans des zones différentes. À la suite des émeutes d'avril 1953, une nouvelle législation antiterroriste est introduite et mise en œuvre.

C'est alors que le Comité des 300 a trouvé un larbin en la personne d'Alan Paton, dont le livre "Cry the Beloved Country" a été artificiellement transformé en une œuvre littéraire de renommée internationale. Paton était le favori des libéraux, qui ont fait une sorte de héros d'un homme tout à fait désagréable. Paton a fondé le Parti libéral qui préconisait le vote pour "tous les gens civilisés". En cela, il avait le soutien de la puissante machine Oppenheimer. Les preuves de ces accusations peuvent être trouvées dans les dossiers du *Sunday Times*, un journal de Johannesburg appartenant à Oppenheimer.

Le Dr Verwoerd a été élu Premier ministre le 3 septembre 1958. Le 5 octobre 1960, un référendum a approuvé une proposition visant à établir une forme républicaine de gouvernement et à mettre fin à l'appartenance au Commonwealth britannique. Le 31 mai 1961, le Dr Verwoerd est accueilli en héros à son retour de Londres, où il a prononcé la déclaration de retrait qui a fait l'effet d'une bombe devant le Parlement britannique. Les Nations Unies demandent immédiatement à leurs États membres d'interdire la vente de matériel militaire à la République d'Afrique du Sud.

Les lignes politiques ont été tracées alors que la troisième guerre anglo-boer était en cours. Le 20 avril 1964, un soi-disant groupe d'experts de l'ONU a publié un rapport appelant à une démocratie non raciale en Afrique du Sud, ignorant totalement le système des castes qui était en vigueur depuis des centaines d'années en Inde. Le système des castes, une ségrégation stricte des classes sociales, bien plus sévère que tout ce qui a été vu en Afrique du Sud, reste en vigueur. Aujourd'hui encore, les Nations Unies gardent le silence sur l'"apartheid" en Inde.

Le Dr Verwoerd dirige le pays de manière ordonnée et ne tolère aucun groupe antigouvernemental noir ou indien. Le 12 juin 1964, Nelson Mandela et sept Noirs sont pris en flagrant délit de fabrication de bombes et de possession de littérature communiste interdite. Les mentors de Mandela — les instigateurs de ces crimes — Abrams et Wolpe, ont fui le pays, mais Mandela et ses partisans ont été condamnés à la prison à vie pour des actes de sabotage, des vols, des crimes violents et des tentatives de subversion du gouvernement.

Le procès a été mené de manière scrupuleusement équitable dans le cadre du système judiciaire indépendant de l'Afrique du Sud. Mandela a été emprisonné pour des crimes de droit commun et non pour des raisons politiques. Les dossiers de l'affaire que j'ai étudiés à la Cour suprême du Rand, indiquent clairement la nature des actes criminels civils dont Mandela a été reconnu coupable. C'est la presse occidentale qui a occulté cette vérité et fait croire que Mandela a été emprisonné pour des raisons politiques. Les États-Unis et la Grande-Bretagne n'ont jamais essayé d'être objectifs au sujet de Mandela.

Le 6 septembre 1966, le Dr Verwoerd est poignardé à mort par un messager alors que le Parlement est en session au Cap. Le messager était bien connu, car il occupait cette fonction depuis des années et était une figure familière qui se déplaçait librement dans l'hémicycle pour remettre des papiers et des documents aux différents membres. La police a suggéré la conclusion évidente que des éléments étrangers étaient impliqués dans cet assassinat. Déjà, les forces obscures étaient à l'œuvre pour détruire la République d'Afrique du Sud.

L'assassin a été décrit comme "mentalement dérangé", mais les agents de renseignements du monde entier pensaient qu'il était programmé pour commettre le meurtre, sachant ce que nous savons aujourd'hui de l'utilisation de l'hypnotisme par les agences de renseignement. L'assassin n'avait jamais montré de signes de troubles mentaux avant son attaque contre le Dr Verwoerd. La question est la suivante : "Qui a donné l'ordre d'assassiner Verwoerd et qui a fait la programmation ?" À l'époque, seules deux agences de renseignement avaient le pouvoir de mener des missions impliquant le contrôle mental ; la CIA et le KGB. Rien n'a pu être prouvé, mais l'opinion générale est que le meurtre est l'œuvre de la CIA.

En 1966, les expériences secrètes menées par la CIA à l'aide de rayons gigahertz altérant l'esprit n'étaient pas dans le domaine public et sont restées secrètes jusqu'à ce que John Markus, en 1977, et Gordon Thomas, en 1990, exposent pleinement la conduite de la CIA dans ce domaine. Certains experts sont aujourd'hui convaincus que le Dr Verwoerd a été l'une des premières victimes de ces expériences de la CIA.

Comme beaucoup d'autres, j'ai écrit un ouvrage de fond sur l'assassinat de John F. Kennedy. De nombreuses affirmations que j'ai faites n'ont pu être corroborées à l'époque, mais aujourd'hui, d'autres sources indépendantes viennent confirmer ce que j'ai dit. Jusqu'à présent, aucun des auteurs de ces crimes odieux n'a été arrêté et il est peu probable que l'un d'entre eux soit jamais appréhendé. La menace d'un assassinat, quelle qu'en soit la méthode, pèse toujours sur tous les dirigeants nationaux, en particulier aux États-Unis, où si quelqu'un prend sur lui de faire connaître la vérité, la possibilité de subir un préjudice ne peut être écartée.

L'une de ces sources est Robert Morrow, un ancien employé contractuel de la CIA. Morrow confirme que Kennedy devait mourir parce qu'il n'était pas apprécié de la CIA et parce qu'il avait annoncé qu'il se débarrasserait à la fois de Hoover et de Lyndon Johnson. Morrow a confirmé ce que j'ai dit sur Tippit, à savoir qu'il a été envoyé pour tuer Oswald afin de l'empêcher de parler, mais qu'Oswald, le reconnaissant, l'a abattu le premier.

Morrow a également confirmé ce que j'ai dit sur le fait qu'Oswald s'est rendu dans un cinéma après la fusillade pour un rendez-vous avec Jack Ruby. Morrow a également confirmé qu'Oswald n'a jamais tiré sur Kennedy, et qu'au moment de la fusillade, Oswald se trouvait au deuxième étage du Texas School Book Depository, buvant un Coca et mangeant un sandwich.

Morrow pense également que Kennedy a été tué par un tir de face provenant d'une butte herbeuse située devant le cortège. Il a également confirmé mon récit selon lequel la limousine du Président a été éloignée de la scène et expédiée pour être démontée avant que quiconque ne puisse effectuer un travail médico-légal complet sur celle-ci.

Morrow fait quelques allégations intéressantes ; l'une d'entre elles en particulier veut que George Bush ait reçu le poste de directeur du renseignement central (DCI) dans le seul but d'empêcher la commission sénatoriale Church d'obtenir tous les faits concernant l'assassinat de Kennedy, ce qu'il a fait. Morrow affirme également que Bush sait tout ce qu'il y a à savoir sur l'assassinat de Kennedy.

XI. L'Apartheid et le système des castes en Inde

L e Comité des 300 a beaucoup parlé des "maux" de la politique de séparation des races en Afrique du Sud. Pourtant, rien ou presque n'a été dit sur la séparation rigide des classes dans la société indienne. Se pourrait-il que l'Afrique du Sud soit attaquée parce qu'elle possède les gisements d'or les plus riches du monde, alors que l'Inde ne possède que quelques ressources naturelles d'une moindre valeur ?

Activement aidée par le maître fourbe Cecil John Rhodes, un serviteur des Rothschild, une agitation pour des "droits" a été soulevée par les carpetbaggers et les hordes d'étrangers qui ont afflué au Transvaal lorsque la découverte d'or a été annoncée. Ce que ces vagabonds et chasseurs de fortune demandaient était le droit de vote, la première des escroqueries du type "un homme, un vote" utilisées pour séparer le peuple boer et ses descendants de leur souveraineté nationale. L'agitation était orchestrée par la machine politique des Rothschild-Rhodes à Johannesburg et soigneusement contrôlée par Lord Alfred Milner depuis Londres.

Il était évident pour les dirigeants boers qu'en permettant aux nouveaux arrivants de voter, leur gouvernement serait balayé par les hordes d'aventuriers étrangers qui s'étaient abattus sur eux. Lorsqu'il est devenu évident que les dirigeants boers n'allaient pas permettre docilement à leur peuple d'être privé de ses droits par les demandes politiques d'"un homme, un vote", les plans de guerre, qui avaient été élaborés pendant un an alors que les ministres et les émissaires de la reine Victoria parlaient de paix, ont éclaté sur la scène.

La reine Victoria a envoyé la plus puissante armée jamais rassemblée à ce jour pour combattre les minuscules républiques boers. Il faut avoir une imagination débordante pour croire que la reine d'Angleterre se souciait du droit de vote des chasseurs de fortune et des trafiquants de tapis qui pullulaient dans les républiques boers. Après trois ans d'un conflit des plus brutaux au cours duquel les Britanniques n'ont montré aucune pitié pour les femmes boers et des enfants, dont 25 000 ont péri dans les premiers camps de concentration jamais créés. Les Boers, largement invaincus sur le champ de bataille, sont obligés de s'asseoir à la table des négociations. À Vereeniging, où la conférence s'est tenue, les Boers ont été dépouillés de tout ce qu'ils représentaient, y compris les vastes richesses qui se trouvaient sous le sol stérile de leurs républiques.

Il est important de se rappeler que les Boers étaient une nation chrétienne dévote. Les sous-fifres et conseillers Illuminati-Gnostiques-Cathare-Bogomile de la reine Victoria étaient déterminés non seulement à vaincre militairement les Boers et à s'emparer des richesses minérales de leurs républiques, mais aussi à les écraser et à faire disparaître leur langue et leur culture. L'architecte principal de cette entreprise criminelle est l'aristocrate hautain Lord Alfred Milner, qui, en 1915, a financé les bolcheviks et rendu possible la révolution "russe". Les Britanniques ont banni Paul Kruger, le vénérable président du Transvaal, ainsi que la plupart de ses ministres et ceux qui avaient mené la lutte armée contre l'impérialisme britannique. C'est le premier cas enregistré d'un traitement aussi barbare de la part d'une nation prétendument civilisée.

La raison pour laquelle l'apartheid flagrant et rampant était, et est toujours, autorisé à prospérer en Inde, est que l'Inde est le foyer de la religion du Nouvel Âge, qui est favorisée par la noblesse noire de Venise et les oligarques de Grande-Bretagne. La religion du Nouvel Âge est carrément basée sur la religion hindoue. On attribue à la grande prêtresse théosophe Annie Besant le mérite d'avoir adapté la religion hindoue aux idées du Nouvel Âge après s'être rendue en Inde en 1898.

L'idée d'"un homme, un vote", dans laquelle l'apartheid est présenté comme le méchant, n'a pas sa place dans l'histoire des États-Unis. Il s'agissait simplement d'une ruse pour convaincre le monde que les Nations Unies se préoccupaient du bien-être des tribus noires d'Afrique du Sud. (Les Noirs sont divisés en 17 tribus et ne constituent pas une nation homogène de personnes politiquement unies). La clameur anti-apartheid a été soulevée pour couvrir le véritable objectif, à savoir prendre le contrôle total des vastes richesses minérales de l'Afrique du Sud, qui passeront désormais au Comité des 300. Une fois ce but atteint, Mandela sera mis de côté comme un outil usé qui a rempli son rôle.

La Constitution américaine ne prévoit pas "un homme, une voix", une observation qui peut être perdue dans les cris sur le "mal de l'apartheid sud-africain", comme Mandela aime l'appeler.

Le Congrès des États-Unis est déterminé par le comptage de la population effectué par le Bureau du recensement dans des zones données une fois tous les dix ans, et non sur la base du principe "un homme, une voix". C'est pourquoi il y a un vaste remaniement des frontières tous les quatre ans. C'est le nombre de personnes vivant à l'intérieur de ces frontières qui choisit ensuite son représentant.

Il se peut que les politiciens libéraux souhaitent avoir un représentant noir ou hispanique pour une région donnée, dont ils espèrent qu'il votera avec eux sur leur programme libéral. Mais il se peut qu'il n'y ait pas assez d'électeurs noirs ou hispaniques dans la région pour effectuer le changement nécessaire, alors les politiciens libéraux essaieront de faire modifier les frontières, même en utilisant le subterfuge ridicule de relier deux régions séparées par une distance de 160 km par un couloir étroit entre les deux régions. L'idée est que si les Noirs ou les Hispaniques de la zone ciblée sont minoritaires, il faut créer une majorité en reliant deux zones, qui éliront un représentant noir ou hispanique redevable aux libéraux de la Chambre et du Sénat.

Tout au long de la clameur sur l'apartheid, la presse britannique a pris soin de dissimuler un apartheid bien plus important qui a précédé l'Afrique du Sud de plusieurs centaines d'années : le système indien des castes, qui est toujours en place aujourd'hui et est toujours appliqué de manière rigide.

Dès l'incursion britannique en Inde en 1582, les soufis ont été utilisés pour diviser les musulmans et les sikhs et les monter les uns contre les autres. En 1603, John Mildenhall est arrivé à Agra en quête de concessions pour la Compagnie anglaise des Indes orientales, fondée à Londres le 31 décembre 1600. La compagnie changea son nom en British East India Company et utilisa ses agents pour briser le pouvoir des sikhs, qui s'opposaient au système des castes. En 1717, les pots-de-vin et la diplomatie trompeuse de la BEIC, ainsi que les dons de fournitures médicales, suffirent à obtenir de vastes concessions des Moghols, qui exemptèrent également la BEIC de l'impôt sur les revenus tirés de la culture du pavot et de la fabrication d'opium brut.

En 1765, Clive des Indes, figure légendaire de l'occupation britannique de l'Inde, avait pris le contrôle total des champs de pavot les plus riches du monde au Bengale, Bénarès et Bihar, exerçant un contrôle sur la collecte des revenus auprès des Moghols. En 1785, le commerce de l'opium était fermement sous l'emprise du BEIC, sous la direction de Sir Warren Hastings. L'une des "réformes" indiennes de Hastings consistait à sécuriser toutes les terres de culture du pavot et à les placer sous son contrôle. Cela incluait la fabrication de l'opium brut.

La couronne britannique a prolongé la charte de la BEIC de 30 ans après que des représentations aient été faites au Parlement en 1813. En 1833, le Parlement a de nouveau prolongé la charte du BEIC pour une autre période de 20 ans. Voyant que le pouvoir leur échappait, la caste supérieure indienne a commencé à se rebeller contre la domination britannique par le biais de la BEIC. Pour éviter cela, le Premier ministre britannique a trompé les dirigeants indiens en faisant adopter le Government of India Act le 2 août 1856. Cette loi transférait ostensiblement tous les actifs et les terres du BEIC en Inde à la couronne britannique. Cette manœuvre diplomatique reposait sur du pur mensonge, car en fait, rien n'avait changé. Le BEIC était la Couronne.

Le Premier ministre Disraeli a poussé la supercherie un peu plus loin lorsqu'en 1896, à son instigation, le Parlement a déclaré la reine Victoria "impératrice des Indes". La même année, la famine a tué plus de 2 millions d'Indiens des castes inférieures. Au total, sous la domination britannique (imposé par la BEIC), plus de 6 millions d'Indiens de caste inférieure sont morts de famine. Rien qui ressemble de près ou de loin à ce désastre ne s'est jamais produit en Afrique du Sud. Lors des émeutes de "Sharpeville", provoquées par la CIA, l'Afrique du Sud a fait l'objet d'un tollé et d'une condamnation dans le monde entier, lorsque moins de 80 émeutiers noirs ont été tués par les forces de sécurité. Les Noirs ont été incités à l'émeute par des forces extérieures, sans se rendre compte qu'ils étaient utilisés.

Le système de castes "Jati" en vigueur en Inde est basé à 100% sur la race. Au sommet de la pyramide se trouvent les Aryens (blancs aux yeux bleus, censés être les descendants d'Alexandre le Grand - Grec qui a occupé le pays). Directement en dessous d'eux se trouvent les brahmanes, dont la couleur varie du blanc au brun clair. Les prêtres brahmanes sont issus de cette caste. Sous les brahmanes viennent les guerriers et les dirigeants, appelés Kshatriyas, qui ont également la peau très claire. Sous les Kshatriyas se trouve la classe des Vaisyas, composée de petits fonctionnaires, de marchands, de commerçants, d'artisans et d'ouvriers qualifiés. Ils ont la peau plus foncée.

Viennent ensuite les Sudras ou travailleurs non qualifiés, ceux qui n'ont pas de métier de plombier, d'électricien, de mécanicien automobile ou autre. Enfin, à la base très large de la pyramide du pouvoir, on trouve les "Harijans", qui signifient littéralement "parias", connus collectivement sous le nom de "Parias". Ils sont également connus sous le nom d'"intouchables" et ont la peau très foncée ou noire. Plus leur peau est noire, moins ils sont "touchables". En 1946, Lord Louis Mountbatten (Battenberg), représentant directement le Comité des 300, a offert l'indépendance totale à l'Inde, un subterfuge pour calmer les graves émeutes provoquées par la famine persistante qui a emporté le foie de centaines de milliers d'Harijans. Cet événement a été largement ignoré par la presse occidentale. Autre geste vide de sens, l'"intouchabilité" est déclarée illégale un an plus tard, mais la pratique se poursuit comme si la loi n'avait jamais été adoptée.

L'"intouchabilité" était le plus cruel de tous les systèmes de castes rigides de l'Inde. Elle signifiait que les Harijans n'étaient pas autorisés à toucher les membres des autres castes.

Si cela se produisait, la personne de la classe supérieure ainsi offensée avait le droit de faire tuer l'offenseur Harijan. Le système de séparation rigide n'était pas seulement une mesure de classe, mais devait également empêcher la propagation des maladies qui sévissaient parmi les Harijans.

Les Harijans constituent le plus grand groupe racial de l'Inde et, pendant des siècles, ils ont été scandaleusement maltraités et abusés. Lorsque des changements politiques sont souhaités, ce groupe sert de chair à canon, leurs vies étant considérées comme ayant peu ou pas de valeur. Nous en avons eu la démonstration lorsque les Harijans ont été utilisés pour détruire une ancienne mosquée en Inde afin de provoquer des changements politiques au sein du gouvernement indien. Ce mal est rarement, voire jamais, mentionné dans la presse occidentale ou dans les émissions de télévision.

Malheureusement pour les Noirs, ils ne sont que des pions dans un jeu. Leur importance prendra fin lorsque le Comité des 300 aura atteint son objectif et que Mandela sera mis de côté comme un outil usé qui a fait son temps. Le programme de réduction de la population de Global 2000 leur sera alors appliqué pour de bon. Ils méritent un meilleur sort que celui que leur réservent les contrôleurs de Mandela, les Oppenheimer et le Comité des 300.

XII. Notes sur la surveillance de masse

Les États-Unis et la Grande-Bretagne collaborent très étroitement pour espionner leurs citoyens et les gouvernements étrangers. Cela s'applique à tout le trafic : communications commerciales, diplomatiques et privées. Rien n'est sacré et rien n'est hors de portée de la National Security Agency (NSA) et du Government Communications Headquarters (GCHQ) qui se sont associés pour surveiller illégalement et à grande échelle les transmissions par téléphone, télex, fax, ordinateur et voix.

Ces deux agences disposent de l'expertise nécessaire pour écouter n'importe qui à tout moment. Chaque jour, 1 million de communications sont captées par les postes d'écoute du GCHQ à Menwith Hill dans le Yorkshire et à Morwenstow, en Cornouailles, en Angleterre. Ces stations sont gérées par la NSA afin de contourner les lois britanniques qui interdisent à la sécurité nationale d'espionner ses citoyens. Techniquement, le GCHQ n'enfreint pas la loi britannique puisque les interceptions sont effectuées par la NSA.

Les ordinateurs du GCHQ/NSA recherchent des mots déclencheurs qui sont marqués et stockés. Il s'agit d'une procédure simple, étant donné que toutes les communications sont transmises sous forme d'impulsions numériques. Cela s'applique aussi bien à l'écrit qu'à l'oral. Ensuite, les messages marqués sont analysés, et s'il y a quelque chose qui intéresse ces agences, des enquêtes supplémentaires sont lancées. Le fait que toute l'opération soit illégale n'empêche pas l'une ou l'autre de ces agences d'accomplir la tâche qu'elle s'est assignée.

Les ordinateurs "HARVEST" de la NSA peuvent lire 460 millions de caractères par seconde, soit l'équivalent de

5000 pages de livres. Actuellement, les sources du renseignement estiment que les ordinateurs "HARVEST" utilisés par le GCHQ et la NSA interceptent plus de 80 millions d'appels par an, dont 2,5 millions sont marqués et stockés pour un examen plus approfondi. Les deux agences disposent d'un important personnel de spécialistes qui parcourent le monde, trouvant et évaluant de nouveaux produits susceptibles d'être utilisés pour protéger la vie privée des individus, qu'elles trouvent ensuite les moyens de briser.

Un grand défi est apparu avec l'avènement des téléphones cellulaires. À l'heure actuelle, le trafic des téléphones cellulaires est "mis sur écoute" en écoutant les signaux des cellules (qui sont conçus à des fins de facturation) et les différents codes de cellules, qui ont leur propre identification, sont remontés afin de pouvoir retracer l'origine de l'appel. Mais les téléphones cellulaires A5 de nouvelle génération posent un sérieux problème pour l'espionnage gouvernemental.

Ces nouveaux téléphones sont dotés d'un code de brouillage A5, très proche des systèmes de brouillage militaires, qui rend pratiquement impossible pour les agences gouvernementales de déchiffrer les messages et de retrouver l'origine de l'appel. Actuellement, il faudrait 5 mois aux équipes de surveillance du GCHQ et de la NSA pour débrouiller les messages transmis par des téléphones cellulaires A5.

Le gouvernement affirme que cela entravera sérieusement ses efforts de lutte contre le trafic de drogue et le crime organisé, une vieille excuse boiteuse que peu de gens acceptent. Rien n'est dit sur le fait que, dans le cadre de ces mesures de lutte contre la criminalité, les droits des citoyens à la vie privée sont grossièrement violés.

Aujourd'hui, la NSA, le FBI et le GCHQ exigent que les téléphones portables équipés du brouilleur A5 existant soient rappelés pour être "modifiés". Bien qu'ils ne le disent pas, le gouvernement a besoin d'avoir la même accessibilité aux transmissions privées qu'il a eue jusqu'à l'avènement du système de brouillage A5. Les agences gouvernementales britanniques et américaines exigent donc que le système de brouillage cellulaire A5 soit remplacé par un système A5X, ce qui leur donne une "trappe" vers des téléphones cellulaires autrefois sécurisés.

Les appels téléphoniques par ligne fixe (appels locaux) sont facilement interceptés en étant "commutés" vers un centre d'échange géré par la NSA et le GCHQ. Les appels longue distance ne posent pas de problème, car ils sont généralement relayés par des tours à micro-ondes et peuvent facilement être captés dans l'air. En outre, la NSA dispose également de ses satellites RHYOLITE qui ont la capacité de capter toutes les conversations transmises par télex, micro-ondes, ondes radiotroniques, signaux VHF et UHF.

Bruce Lockhart du MI6, le contrôleur de Lénine et Trotsky

Sydney Reilly—spécialiste économique du MI6.

Somerset Maugham — agent spécial du MI6 auprès de Kerensky.

Quartier général du MI6, Londres.

L'ancien président américain Bush et l'émir Al-Sabah.

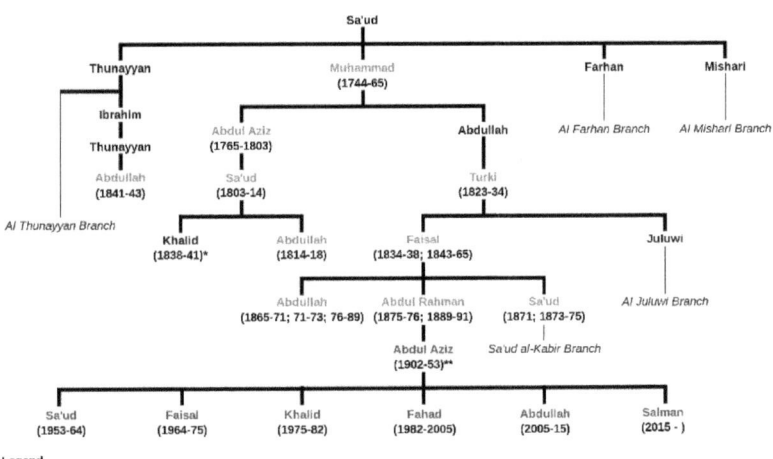

La dynastie saoudienne wahhabite.

Notes sur les sources

La source de l'assassinat de **Martin Luther King Jr** provient d'un reportage de l'Associated Press à Memphis le 9 avril 1965. Deux autres reportages de l'Associated Press ont été réalisés à Memphis, l'un par Don McKee et l'autre par Gaylord Shaw, le 14 avril 1965. Le véritable assassin a été vu par le journaliste du *New York Times* Earl Caldwell, qui n'a jamais été interrogé par aucun organisme d'application de la loi ou d'enquête.

Papiers privés Vittorio Orlando.

Papiers privés du général Anton Denikin.

Procès-verbaux des réunions de la Conférence de San Remo.

Archives du Congrès des États-Unis, Chambre et Sénat.

Procès-verbaux des réunions, Conférence de Lausanne.

Wells. H. G. "Après la démocratie".

Russell. Sir Bertrand. "Impact de la science sur la société".

Compagnie britannique des Indes orientales (BEIC). India House, Londres. Wilson, président Woodrow.

Congressional Record, Chambre et Sénat.

Documents du Traité de Versailles, Paris, France.

Jan Christian Smuts. Archives du mémorial de la guerre des Boers, Pretoria.

Les demandes de réparations des Alliés. Conférences de Versailles et de San Remo.

The Collected speeches of Congressman L.T. McFadden. Documentation de la Société des Nations, Genève.

Institut Royal des Affaires Internationales.

Dr Coleman, "Comité des 300".

Le socialisme : F. D. Roosevelt "Our Way". Manifeste communiste de 1848.

"Fabian Freeway : la route du socialisme en Amérique." Rose Martin.

Sénateur Walsh. La dictature des cinq grands aux Nations Unies.

Congressional Record, Sénat, pages 8165-8166.

Dr J. Coleman. "Les objectifs de la guerre du Golfe examinés".

Loi publique 85766, section 1602. Loi publique 471, section 109.

John Rarick. "U.N. a creature of invisible government"

Congressional Record, House, pages E 10400-10404, 14 décembre 1970.

Débat entre le sénateur Allen et le sénateur Teller Congressional Record (Senate) 6586-6589 1er juillet 1898.

Dr J. Coleman. "Pas un organe souverain".

Charte des Nations Unies, dite "Charte". Pages 2273–2297 Congressional Record, House February 26, 1900.

Rep. Smith. Limites du pouvoir présidentiel Congressional Record Page 12284.

Allen Dulles. Pressions au Congrès, Congressional Record Pages 8008 — 80209, 25 juillet 1945.

Leonard Mosley. "Dulles ; Une biographie d'Eleanor, Allen et John Foster Dulles."

Droit constitutionnel. Juge Cooley. La Constitution ne cède pas au traité ou à l'acte législatif.

Professeur van Halst "Droit constitutionnel des États-Unis".

House, Colonel. CFR et contrôleur de Wilson et Roosevelt, documentation du British War Museum, et du British Museum, Londres.

Dr J. Coleman "L'aide étrangère est une servitude involontaire". Terre d'Arabie. Musée britannique, et Musée du Caire.

Les principes du Coran. Du Coran.

Lawrence d'Arabie trahi. Sir Archibald Murray Papiers arabes.

Dépêches du ministère britannique des Affaires étrangères, British Museum, Londres.

Déclaration de Balfour.

Documents de Sir Arthur Balfour, British Museum, Londres.

Général Edmund Allenby, Palestine Papers, British Museum, London.

Louis Fischer. "L'impérialisme pétrolier : la lutte internationale pour le pétrole".

Indépendance de l'Irak.

Protocole 1923. Documents de la Société des Nations, Genève.

L. M. Fleming, Le pétrole dans la guerre mondiale.

Annales de l'Académie américaine des sciences politiques. Supplément de mai 1917, "la Constitution mexicaine".

Washington Soviet Review, janvier 1928. *London Petroleum Times,* 26 novembre 1927.

Dr. J. Coleman "William K. D'Arcy. Le mystérieux Néo-Zélandais qui a ouvert la voie au Comité des 300 compagnies pétrolières. Le Comité des 300."

Turkish Petroleum Company. Papers, Sir Percy Cox, London Petroleum Institute, Foreign Office, Londres.

Le statut du Koweït et de Mossoul est laissé vague.

Procès-verbaux des réunions des conférences de San Remo et de Lausanne, 1920 et 1923.

Statut de la Palestine.

Livre blanc britannique de la Commission Passfield.

Directive consulaire du département d'État américain du 16 août 1919. Souligne la nécessité vitale pour les États-Unis d'obtenir des concessions pétrolières étrangères et encourage le personnel consulaire à espionner les agents étrangers qui font concurrence aux États-Unis pour le contrôle du pétrole.

Département d'État "Foreign Relations of the United States". 1913 pp. 820.

Federal Trade Commission supra pp XX-XXI, 69e Congrès, State

Dept. Doc. vol 10 p 3120.

Mohr, Anton. "La guerre du pétrole".

Eaton, M. J. "La réponse de l'industrie pétrolière aujourd'hui".

Commerce Dept T.I.B No.385 "Foreign Combinations to Control Prices Raw Materials".

Bertrand Russell. "L'une des matières premières les plus importantes est le pétrole." Déclaration faite en 1962.

Coolidge. Conseil fédéral de conservation du pétrole. Politique de "porte ouverte" du gouvernement fédéral pour le pétrole. Déclarations de Charles Evans Hughes devant ce conseil.

Concessions pétrolières et foncières avec le Mexique : tiré des archives de la bibliothèque du Congrès du traité de Guadalupe et Hidalgo, 1848.

"Rockefeller Internationalists" Emmanuel Josephson décrit les politiques pétrolières internationales de R Rockefeller.

Le scandale du Teapot Dome. Le rôle d'Albert B. Fall et l'origine du terme "fall guy".

Les documents consultés proviennent de sources du British Museum, du Congressional Record, de la Chambre et du Sénat et des rapports des journaux de l'époque.

Auditions de la Commission des relations étrangères du Sénat sur la "Révolution au Mexique" 1913. En 1912, le président Wilson a enflammé le peuple américain en parlant de la "menace Huerta" comme d'un danger pour le canal de Panama.

Henry, J. D. "Grab for Russian Oil, Baku and Eventful History". L'Espagnol de la Tramerga, Pierre. "La lutte mondiale pour le pétrole".

Revue de l'Union Soviétique, Jan.1928.

McFadden, L.T. L'accord Huerta Thomas Lamont

Bureau d'information de l'Union soviétique. "Conditions économiques russes 1928".

La partition de la Palestine.

"Juifs et Arabes ne peuvent pas vivre ensemble." Le rapport de la

Commission Peel, documents du Foreign Office britannique.

Mémo du département d'État à James Baker III, octobre 1989. "Wall off Agricultural Department" en référence au scandale de la BNL.

Directive 26 sur la sécurité nationale concernant l'Irak et BNL, autorisant des crédits étendus à l'Irak.

Mémo de la Banque de la Réserve Fédérale de New York du 6 février. Révèle les mécanismes de dissimulation des prêts de la BNL pour l'Irak.

Le Comité des suppléants inter-agences de la note du Conseil de sécurité nationale convoque une réunion à la Maison-Blanche pour limiter les dégâts de BNL-Irak.

"Le résident Bush falsifie l'effectif des troupes irakiennes. Session conjointe du Congrès, Congressional Record 11 septembre 1990.

Henry Gonzalez pose des questions embarrassantes : Congressional Record, House et lettres au procureur général Thornburgh septembre 1990. Copies des lettres House, Congressional Record.

William Barr, procureur général, refuse de coopérer avec l'homme du Congrès Gonzalez. Lettres mai 1992.

Documents judiciaires, juge Marvin Shoob, Christopher Drougal, affaire BNL, Atlanta, le juge Shoob demande au ministère de la Justice de nommer un procureur spécial.

Lettre du sénateur Boren au procureur général Barr, demandant la nomination d'un procureur spécial. 14 octobre 1992.

"Vente de livres" à l'Irak et à l'Iran. Témoignage de Ben Mashe lors de son procès en 1989, tiré de documents judiciaires.

Dr John Coleman. "Cecil John Rhodes, Conspirateur Extraordinaire."

Dr J. Coleman. "Pas de loi 'un homme, un vote' exprimée dans la Constitution".

Le commerce britannique de l'opium avec l'Inde.

India House Documents sur la British East India Company, India House, Londres. John Mildenhall, qui a obtenu la première concession de l'Inde, est mentionné. On y trouve également des détails sur le travail de "Clive des Indes" et sur la façon dont diverses "chartes" d'opium ont été négociées avec les Moghols indiens.

Disraeli. Discours à la Chambre des communes sur la politique indienne, "Hansard" 1896.

Traité Thomspon-Urruttia 20 avril 1921. Documents dans le British Museum et Congressional Record, Chambre et Sénat.

Le "droit des gens" de Vattel sur les traités et les accords. Dr.Mulford. "Souveraineté des nations".

John Lawn. Directeur de l'Agence américaine de lutte contre la drogue (DEA). Lettre à Manuel Noriega le 27 mai 1987.

Service secret de renseignement britannique.

Les débuts, Sir Francis Walsingham, maître-espion de la reine Elizabeth I, documents au British Museum, Londres.

George Bernard Shaw. "Notes sur la Fabian Society".

Déjà parus

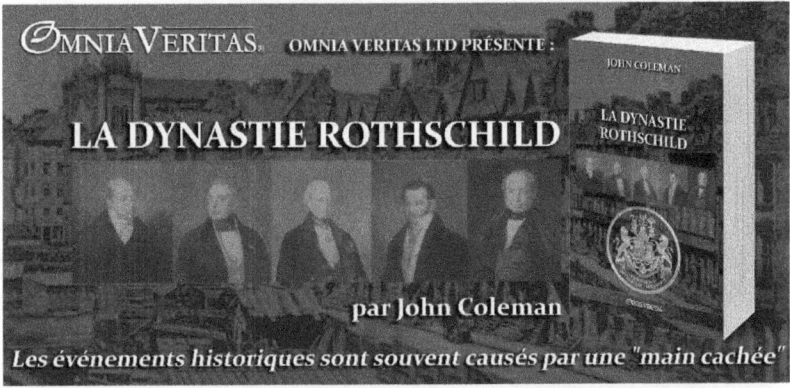

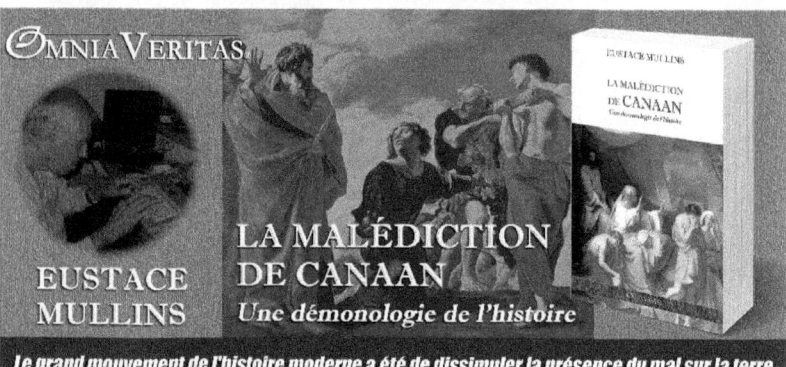

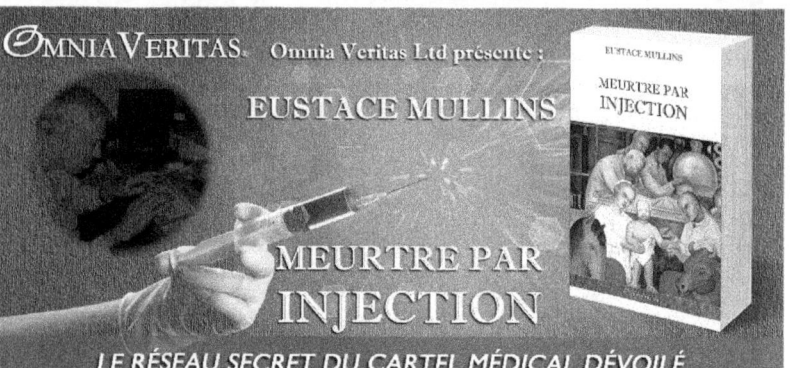

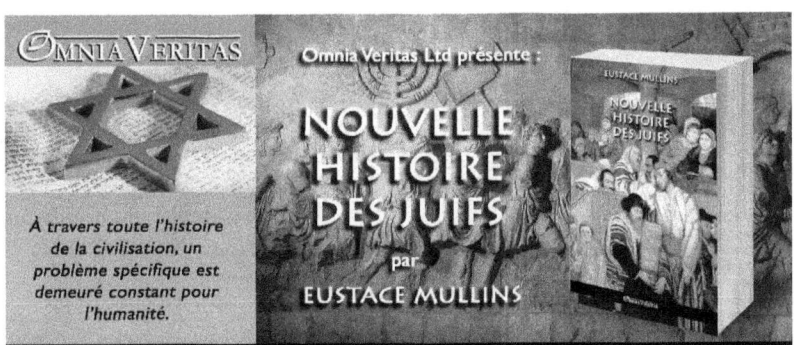

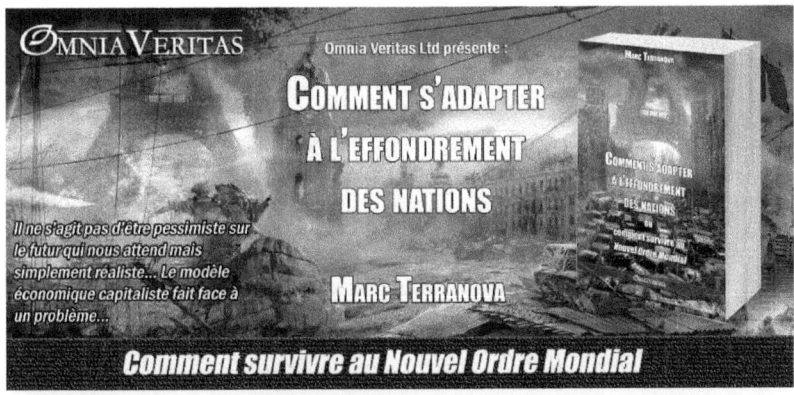

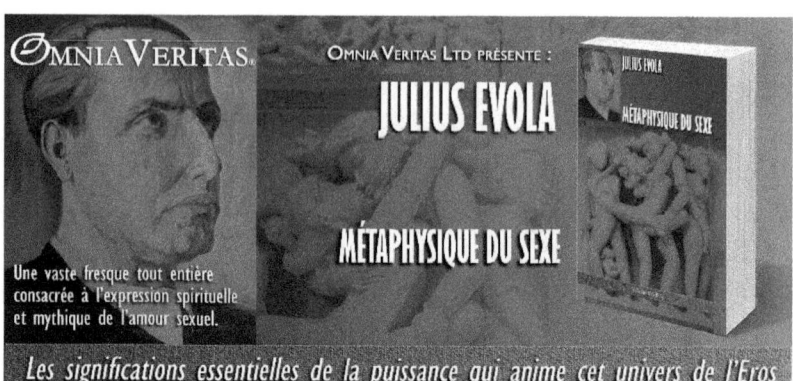

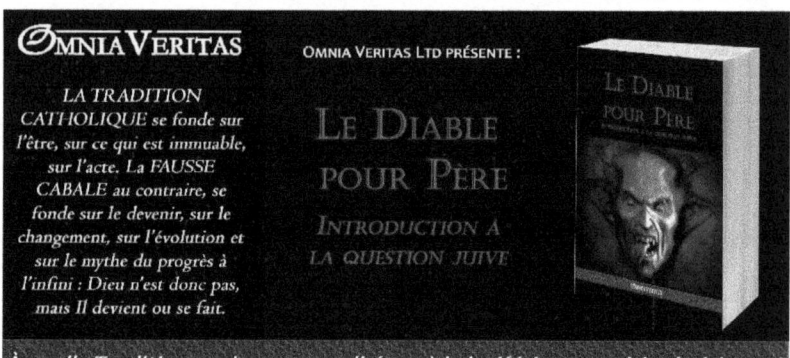

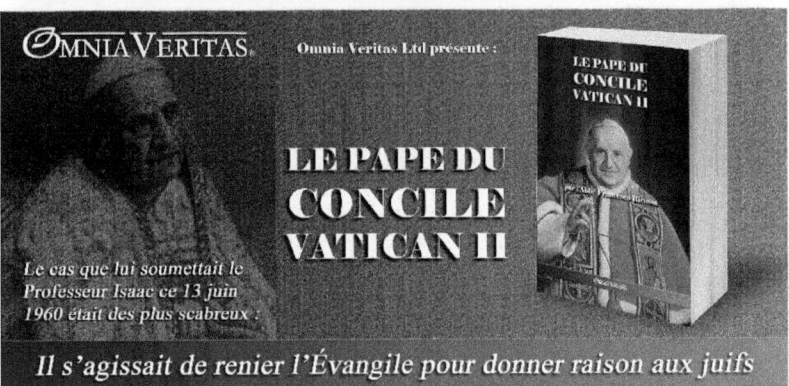

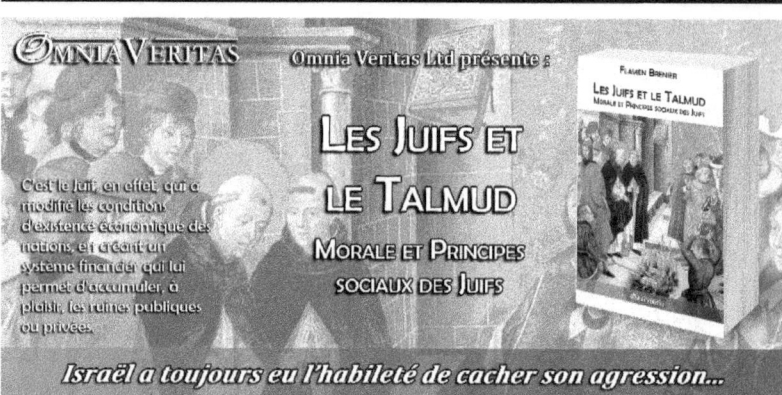